American Musicological Society
Music Library Association Reprint Series

Dover Publications, Inc., New York, in cooperation with the American Musicological Society and the Music Library Association, has undertaken to bring back into print a select list of scholarly musical works long unavailable to the researcher, student, and performer. A distinguished Committee representing both these professional organizations has been appointed to plan and supervise the series, which will include facsimile editions of indispensable historical, theoretical and bibliographical studies as well as important collections of music and translations of basic texts. To make the reprints more useful and to bring them up to date, new introductions, supplementary indexes and bibliographies, etc., will be prepared by qualified specialists.

Sir John Hawkins, *A General History of the Science and Practice of Music*
W. H., A. F., and A. E. Hill, *Antonio Stradivari, His Life and Work*
Curt Sachs, *Real-Lexikon der Musikinstrumente,* new revised, enlarged edition
The Complete Works of Franz Schubert (19 volumes), the Breitkopf & Härtel
    Critical Edition of 1884-1897 *(Franz Schubert's Werke. Kritisch
    durchgesehene Gesammtausgabe.)*
Charles Read Baskervill, *The Elizabethan Jig and Related Song Drama*
George Ashdown Audsley, *The Art of Organ-Building,* corrected edition
Emanuel Winternitz, *Musical Autographs from Monteverdi to Hindemith,*
    corrected edition
William Chappell, *Popular Music of the Olden Time,* 1859 edition
F. T. Arnold, *The Art of Accompaniment from a Thorough-Bass as
    Practised in the 17th and 18th Centuries*
The Breitkopf Thematic Catalogue, 1762-1787, with new introduction and
    indexes by B. S. Brook
Otto Kinkeldey, *Orgel und Klavier in der Musik des 16. Jahrhunderts*
Andreas Ornithoparcus, *Musice active micrologus,* together with
    John Dowland's translation, *A. O. his Micrologus, or Introduction,
    Containing the Art of Singing*
O. G. T. Sonneck, *Early Concert-life in America (1731-1800)*
Giambattista Mancini, *Practical Reflections on the Figurative Art of Singing*
    (translated by Pietro Buzzi)
Denis Stevens, *Thomas Tomkins, 1572-1656*
Thoinot Arbeau, *Orchesography* (translated by Mary Stewart Evans)
Edmond vander Straeten, *La Musique aux Pays-Bas avant le XIXe siècle*
Frits Noske, *La Mélodie française de Berlioz à Duparc* (translated
    by Rita Benton)
Board of Music Trade, *Complete Catalogue of Sheet Music and
    Musical Works* (1870)

A.M.S.-M.L.A. JOINT REPRINT COMMITTEE

Barry S. Brook, Queens College, Chairman
Sydney Beck, The New York Public Library
Walter Gerboth, Brooklyn College
Hans Lenneberg, University of Chicago
Gustave Reese, New York University

FRANZ SCHUBERT: COMPLETE WORKS

BREITKOPF & HÄRTEL CRITICAL EDITION OF 1884–1897

(Franz Schubert's Werke. Kritisch durchgesehene Gesammtausgabe.)

The Dover edition of the Complete Works of Schubert will be complete in nineteen volumes, corresponding to the original Breitkopf & Härtel series as follows:

Franz Schubert

COMPLETE WORKS

Breitkopf & Härtel Critical Edition of 1884–1897

VOLUME NINETEEN

EDITORS' COMMENTARY ON THE CRITICAL EDITION

(Revisionsbericht, 1897)

With Concordance of Composition Numbers and Deutsch Catalogue Numbers

DOVER PUBLICATIONS, INC., NEW YORK

VERLAG BREITKOPF & HÄRTEL, WIESBADEN

Published in Canada by General Publishing Company, Limited, 30 Lesmill Road, Don Mills, Toronto, Ontario.
Published in the United Kingdom by Constable and Company Limited. 10 Orange Street, London W.C. 2.

This Dover edition, first published in 1969, is an unaltered and unabridged republication of the *Revisionsbericht* first published by Breitkopf & Härtel, Leipzig, in 1897. The present edition is published by special arrangement with Breitkopf & Härtel, Wiesbaden.

A new Preface has been written for this Dover edition by Barry S. Brook on behalf of the Joint Reprint Committee of the American Musicological Society and the Music Library Association. A new Concordance of Composition Numbers and Deutsch Catalogue Numbers has also been prepared specially for this edition.

Standard Book Number: 486-21341-2
Library of Congress Catalog Card Number: 65-12295

Manufactured in the United States of America

Dover Publications, Inc.
180 Varick Street
New York, N.Y. 10014

PREFACE TO THE DOVER EDITION

The reprinting of the complete works of Franz Schubert, originally published in 1884-1897 by Breitkopf & Härtel under the editorship of Mandyczewski, Brahms, Hellmesberger, et al., will bring to fruition a major project of the Joint Reprint Committee of the American Musicological Society and the Music Library Association. Surveys and questionnaires during the past three years have consistently shown the Schubert edition to be at the top of the list of reprint desiderata among MLA and AMS members. The willingness of Dover Publications, Inc. to follow the committee's recommendation on so vast a venture has been gratifying. Furthermore, by reorganizing the original 41 volumes into 19 bound volumes and by slightly reducing the original size, it has been possible to bring out the entire edition at a modest price.

In view of the projected *Neue Schubert-Ausgabe* announced by Bärenreiter, the committee's sponsorship of a reprint edition at this time warrants explanation.

Plans for the present edition were first announced at the national meetings of the AMS and MLA in December, 1962 and January, 1963. Word reached the Joint Reprint Committee during the summer of 1964 that the Internationale Schubert-Gesellschaft, founded in November of 1963, was planning a *Neue Schubert-Ausgabe* to be published by Bärenreiter in some 50 volumes with a parallel series of *Kritische Berichte*. At about the same time, members of the Schubert-Gesellschaft learned about the AMS-MLA project. Otto Erich Deutsch, Walter Gerstenberg and Wolfgang Rehm expressed their deep concern over the appearance of a reprint edition just as their new edition was being launched. The Committee was faced with a dilemma: Since Schubert scholarship, during the next dozen years, will inevitably be centered in the Schubert-Gesellschaft and linked to the success of its edition, would the AMS-MLA Reprint Committee be defeating its avowed purposes by sponsoring a reprint that might act to inhibit research by reducing the market for the *Neue Schubert-Ausgabe?* After due deliberation, the Committee decided that its proper course of action was to proceed with the sponsorship of the Dover edition. There was no question of the desirability, after 80 years, of a completely new critical edition of the works of Schubert; we wholeheartedly support and approve of the *Neue Schubert-Ausgabe*. However, the *present* need for the complete works of Schubert in American libraries, for scholarly and practical purposes, is acute. The number of available sets is pitifully small. The Dover edition will fulfill an urgent demand. Most of its 19 volumes will have already appeared before the first volumes of the *Neue Ausgabe* are ready. Furthermore, the latter will not be completed for 10 to 15 years. It should be noted that existing reprints of the complete works of Bach and Mozart have done no injury to the sales of the new editions presently appearing. In some libraries, as the new Bach and Mozart volumes arrive, the old B & H reprint volumes are moved from "Reserve" to "Circulating" status, to the delight of all concerned.

The Dover edition and the *Neue Schubert-Ausgabe* will, in our view, serve different and complementary functions. It is our expectation that the cause of modern Schubert research will be furthered by this much demanded reprint. May both editions ultimately reside in peaceful coexistence on our library shelves.

New York, 1964

BARRY S. BROOK,
for the Joint Reprint Committee

CONTENTS

N.B. The names in parentheses refer to the editors of the series.

SCHUBERT'S WERKE.

Revisionsbericht.

—••—

Serie I. Symphonien.

Nr. 1. Symphonie in D.

Vorlage: Autographe Partitur im Besitze von Nicolaus Dumba in Wien.

Bemerkungen: Die Partitur bildet einen kräftigen Band von 91 Blättern zwölf-zeiligen Notenpapiers in Querformat. Sie ist schön und breit geschrieben und spricht sehr deutlich gegen die oft wiederkehrende Behauptung, dass Schubert in seiner frühesten Zeit immer zu wenig Notenpapier gehabt habe. Schubert's Handschriften aus frühester Zeit zeigen durchwegs kühne, grosse Schriftzüge, und eher eine Papierverschwendung als ein schonungsvolles Umgehen mit dem theuren Material. Erst in späteren Jahren wurden Schubert's Schriftzüge zierlicher, feiner und kleiner, und vom liederreichen Jahre 1815 an geht er immer sparsamer und vorsichtiger mit dem Papier um.

Ein Titelblatt fehlt. Die Überschrift auf der ersten Seite lautet: »Synfonia«. Die rechte obere Ecke des ersten Blattes ist herausgeschnitten, eine bei den früheren Besitzern Schubert'scher Handschriften sehr beliebt gewesene Art der Verstümmelung. Bekannt-lich pflegte Schubert auf die erste Seite einer Composition rechts oben seinen Namen und oft auch das Datum zu setzen.

Schubert's Orchesterpartituren, dies sei hier nebenbei bemerkt, haben immer folgende Anordnung: Viol. I, Viol. II, Viola, Flauti, Oboi, Clarinetti, Fagotti, Corni, Clarini, Tympani, Violoncello e Basso. Kommen Posaunen dazu, so stehen sie bald über, bald unter den Trompeten.

Die autographe Partitur der ersten Symphonie weist sehr wenig Correcturen auf. Nennenswerth ist nur eine. Seite 40 stand an Stelle der jetzigen Takte 16 und 17 ur-sprünglich Folgendes:

die anderen Instrumente pausirten.

Schubert scheint die Symphonie probirt und gehört zu haben. Die Unzulänglichkeit seines Orchesters mag die jetzige Form der Violinfiguren auf Seite 49 und 50 verursacht haben. Ursprünglich lauteten sie:

Ähnlich die 2. Geige und im weiteren Verlaufe der Stelle auch die Bratsche. Das war im *Allegro vivace* dieses Satzes offenbar zu viel verlangt. Vereinzelte Überbleibsel dieser Triolenbewegung hat die Bratsche noch bewahrt S. 49, Takt 11 und 12.
Dieselbe Änderung erfuhr die Parellelstelle S. 61, Takt 13 u. ff., welche

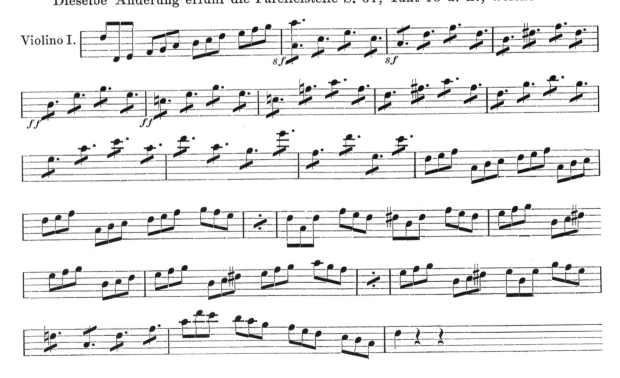

lautete, und der Schluss S. 64, Takt 10—15, der in allen Streichinstrumenten die Triolen-bewegung hatte.

Am Schlusse der Symphonie schreibt Schubert »*Finis et Fine*« und setzt das Datum hinzu.

Nr. 2. Symphonie in B.

Vorlage: Autographe Partitur im Besitz von Nicolaus Dumba in Wien.

Bemerkungen: Das Äussere des Autographs wie bei Nr. 1: Zwölfzeiliges Noten-papier, 94 Blätter, Querformat. Der Einband dürfte, wie bei Nr. 1, aus Schubert's Zeit herrühren. Auf dem Deckel steht in Golddruck: »SYNFONIA IN. B. OPERA. II.« Auf dem ersten Blatte steht von Schubert's Hand: »Synfonie in B von Franz Schubert mpia«. Anfangs hatte Schubert »Symfonie« geschrieben, dann änderte er das Wort. Auf der Rückseite dieses Blattes fängt die Partitur an. Hier steht wieder: »Synfonia« und rechts oben »Franz Schubert«, links unten »den 10. Dec. 814«.

Das Hauptthema des ersten Satzes, *Allegro vivace*, S. 3, Takt 2 lautete ursprünglich:

und erst als Schubert an die ff-Stelle Seite 67, Takt 14 kam, änderte er die rhythmische Fassung des Themas. Diese unwesentliche Aenderung gewinnt an Interesse, wenn man sie mit der gleichfalls unscheinbaren aber weitaus wichtigeren Umgestaltung ver-gleicht, welcher das Hauptthema des ersten Satzes der grossen *C*-dur-Symphonie (Nr. 7) unterzogen wurde. Die Themen in dieser Weise zu ändern, erst nachdem aus ihnen schon ein kleinerer oder grösserer Theil des Satzes entwickelt worden, ist bezeichnend für die Unbefangenheit und Frische, mit der Schubert seine Werke entwarf und auch gleich ausführte.

Das zweite Thema dieses Satzes S. 7, Takt 8 war ursprünglich folgendermassen an-gelegt:

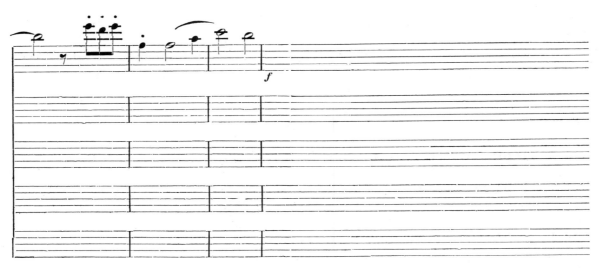

Nach diesen 8 Takten sollte ein *Forte,* wahrscheinlich im ganzen Orchester, eintreten. Doch schon nachdem er die ersten vier Takte davon harmonisirt hatte, gefiel Schubert diese Fassung nicht und er bildete das Thema um. In harmonischer und melodischer Beziehung sieht man diesem auch deutlich die Abhängigkeit von dem ursprünglich Entworfenen an; nur in rhythmischer Beziehung ist die Umgestaltung eine eingreifende gewesen. Dass das Thema in dieser neuen Fassung doppelt so breit geworden ist, ist wieder echt schubertisch. Im Gegensatze zu dem stets nach Knappheit im Ausdruck ringenden Beethoven zeugen die Änderungen, die Schubert in seinen Compositionen vornahm, fast durchwegs von dem Behagen, das er an einer breiteren, behaglicheren, musikalischen Ausdruckweise fand, welche sich über den darzustellenden Inhalt nicht ausführlich genug ergehen lassen kann.

Seite 21 stand an Stelle der Takte 8 und 9 ursprünglich folgende Partie von acht Takten:

Zwischen dem ersten und zweiten Satze waren im Autograph drei leere Seiten.
Auf die erste derselben schrieb Schubert folgende fünf Takte aus der Ballade »Der
Taucher«:

sein, und sollst sie als Eh - ge-mahl heut noch um-ar-men, die jetzt für dich bit-tet mit

zar - tem Er - bar - men.

Die Ballade entstand, wie die Symphonie, im Jahre 1814.

Nr. 3. Symphonie in D.

Vorlage: Autographe Partitur im Besitze von Nicolaus Dumba in Wien.

Bemerkungen: Papier und Format des Autographs wie bei den ersten zwei Symphonien. Das Autograph besteht aus 56 Blättern. Es hat erst in neuester Zeit einen Einband erhalten. Ein Titelblatt ist nicht vorhanden; die Überschrift auf der ersten Seite lautet: »Symphonie«. Rechts oben: »Den 24. May 1815 Franz Schubert mpia«. Im Verlaufe der Arbeit sieht man Schubert immer sparsamer mit dem Papier umgehen. Mit Takt 4 auf Seite 7 unserer Ausgabe beginnt im Autograph eine neue Seite. Schubert setzt zu diesem Takt das Datum: »11. July«. Offenbar war er im May nur bis hierher gekommen, und setzte von hier an erst am 11. Juli die Arbeit fort. Diese gieng dann rasch von Statten. Am Schluss des ersten Satzes steht: »Den 12. July 1815«; zu Anfang des zweiten Satzes: »Den 15. July 1815«; am Schluss der Symphonie: »*Fine* den 19. July 1815«.

Auch dieses Autograph zeigt, wie Schubert selbst an die Composition von Orchesterwerken ohne jede Vorbereitung zu schreiten pflegte. Das *Allegro con brio*, Seite 3, Takt 7 sollte ursprünglich ohne Blasinstrument beginnen. Viol. I hatte:

dann machte Schubert aus dem ff ein pp und setzte zu den Streichinstrumenten ein Oboesolo und das kleine Motiv in den Hörnern:

dann durchstrich er das Oboesolo und setzte wieder ff zur ersten Geige. Endlich überlegte er sich die Stelle zum letzten Male und gestaltete sie so, wie sie jetzt ist. Das geschah aber Alles, bevor er zum 4. Takt des *Allegro con brio* gekommen war; dieser Takt steht schon auf einer neuen Seite und trägt keine Correcturspuren mehr an sich.

Der zweite Satz, S. 19, sollte ursprünglich so beginnen:

Weiter kam Schubert nicht. Schon nach diesen Anfängen verwarf er seinen Plan, machte in allen Systemen den $^3/_4$-Takt zum $^2/_4$-Takt, das *Adagio molto* zu einem *Andante molto* und fieng den neuen Satz an. Erst im Verlaufe der Arbeit scheint er dann das *Andante molto* durch *Allegretto* ersetzt zu haben. Ähnlich ergieng es ihm mit dem zweiten Thema dieses Satzes. Dieses, S. 21, Takt 5, sollte ursprünglich in *E*-moll stehen, und so anheben:

Aus der ersten Geige geht hervor, dass er die Melodie, die er der Clarinette geben wollte, im Geiste bereits geformt hatte; und doch verwarf er sie, bevor sie aufs Papier kam.

Das Tempo des letzten Satzes, S. 29, war ursprünglich *Vivace Allo*.

Nr. 4. Tragische Symphonie.

Vorlage: Autographe Partitur im Besitze von Nicolaus Dumba in Wien (früher C. F. Peters in Leipzig).

Bemerkungen: Die Partitur bildet einen Band von 94 Blättern zwölfzeiligen Notenpapiers in Hochformat. Auf die erste Seite schrieb Schubert den Titel: »Symphonie in C minor«; rechts oben: »Aprill 1816 Franz Schubert mpia«. Das Wort »Tragische« ist von Schubert später hinzugefügt worden, wahrscheinlich erst nach Vollendung der Symphonie.

Auch für diese Symphonie dürfte Schubert keine Skizzen entworfen haben. Obwohl die Partitur nur sehr wenig Correcturen aufweist, deuten doch zwei Stellen darauf, dass er das Werk ohne jede Vorbereitung gleich in Partitur setzte. Das *Andante*, S. 18, dachte er sich zuerst im $^3/_4$-Takt. Ob es aber die jetzige Melodie oder eine andere zu bringen bestimmt war, lässt sich der Handschrift nicht entnehmen; denn Schubert machte aus dem $^3/_4$-Takt in allen Systemen den $^2/_4$-Takt, noch bevor die Composition begann. Ein Irrthum mit dem $^3/_4$-Takt ist ausgeschlossen, wenn Schubert Skizzen vor sich gehabt hätte. Die zweite Stelle fängt im letzten Satz S. 38, Takt 2 an. Hier sollte der Satz ursprünglich folgendermassen fortgeführt werden:

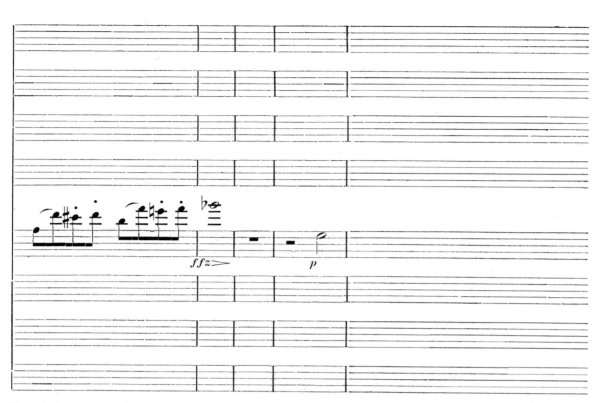

Es scheint, dass ein Seitensatz in *Es*-dur beabsichtigt war, und dass derselbe früher hätte eintreten sollen, als es jetzt geschieht.

Der dritte Satz, S. 32, ist im Autograph mit »Menuetto« bezeichnet, trotz des *Allegro vivace*. Diese Bezeichnung ist in unserer Ausgabe nachzutragen.

Nr. 5. Symphonie in B.

Vorlage: Autographe Partitur im Besitze der königlichen Bibliothek in Berlin.

Bemerkungen: Das Autograph besteht aus 27 Blättern sechzehnzeiligen Notenpapiers in Querformat. Ein Titelblatt fehlt. Die Überschrift auf der ersten Seite lautet: »Symphonie in B. Sept. 1816 Frz. Schubert mpia«. Die Handschrift weist sehr wenig Correcturen auf, und diese sind belanglos.

Eine Kleinigkeit mag erwähnt werden. Beim ersten Satz schreibt Schubert Violonzello, beim letzten Satz Violoncello. Bis zu dieser Symphonie scheint er an der Schreibweise Violonzello hartnäckig festgehalten zu haben, sie tritt uns in allen seinen Handschriften aus dieser Zeit entgegen. Später schreibt er immer Violoncello und kommt nur selten, offenbar unbewusst, auf seine frühere Schreibweise zurück.

Nr. 6. Symphonie in C.

Vorlage: Autographe Partitur im Besitze von Nicolaus Dumba in Wien.

Bemerkungen: Das Äussere des Autographs wie bei Nr. 1. Im Ganzen 82 Blätter. Ein Titelblatt fehlt. Schubert liess Anfangs die erste Seite für den Titel frei, irrte sich aber im Verlauf der Arbeit und schrieb nach Beendigung einer Bogenlage von 15 Seiten die Takte Seite 7 Takt 7—13 auf diese Seite. Als er den Irrthum gewahrte, durchstrich er hier diese Takte und schrieb sie noch einmal auf die erste Seite einer neuen Bogenlage. Den Titel setzte er nach Vollendung der Partitur auf den noch übriggebliebenen Rand der ersten Seite. Hier heisst es: »Sinfonie von Franz Schubert 1818 Febr.«

Die Überschrift auf der zweiten Seite, auf welcher die Partitur anfängt, lautet: »Grosse Sinfonie in C. Oct. $\overline{817}$. Franz Schubert mpia«. Das »Oct. $\overline{817}$« stand am äussersten oberen Rande, und ist bis auf die Hälfte dem Messer des Buchbinders zum Opfer gefallen. Am Schluss der letzten Seite steht: »Februar $\overline{818}$. Fine«.

Auch die Partitur dieser Symphonie hat, wie es bei Nr. 5 der Fall war, sehr wenig und nur unwesentliche Correcturen. Möglich, dass Schubert zu beiden Werken Skizzen entworfen hat. Jedenfalls war der Schluss des letzten Satzes ursprünglich anders gedacht, als er jetzt steht. Schubert entwarf ihn mit Bleistift gleich in die Partitur und einzelne Spuren davon, so weit sie sich mit der jetzigen Fassung nicht decken, sind im Autograph noch ersichtlich. Danach hätte die Partie der ersten Geige von S. 67 Takt 4 angefangen folgendermassen lauten sollen:

Nr. 7. Symphonie in C.

Vorlage: 1. Autographe Partitur im Besitze der Gesellschaft der Musikfreunde in Wien.

2. Die erste Ausgabe. Sie erschien im Jahre 1840 in Stimmen, 1850 in Partitur bei Breitkopf und Härtel in Leipzig unter dem Titel: »Sinfonie in *C*-dur für Grosses Orchester von Franz Schubert«.

Bemerkungen: Die autographe Partitur bildet einen starken Band von 130 Blättern sechzehnzeiligen Notenpapiers in Querformat. Kein Titelblatt. Überschrift auf der ersten Seite: »Symfonie«. Rechts oben: »März 1828 Frz. Schubert mpia«.

Die Partitur enthält sehr wenig Correcturen. Interressant ist, zu erfahren, dass das Hauptthema des ersten Satzes, Seite 6, Takt 1 und 2 ursprünglich so lautete:

Mit diesem Thema wurde der ganze Satz componirt. Überall, wo es erscheint, hatte es diese Form; auch S. 16 im Violoncell und bald darauf in der Umkehrung. Erst nachdem der Satz fertig war, hat Schubert, dem dieses Thema im Verhältnis zu dem inzwischen so prächtig gediehenen Satze denn doch zu dürftig vorgekommen sein mag, demselben durch Änderung der vierten und der achten Note die jetzige Gestalt gegeben, und durch den ganzen Satz die Correctur vorgenommen. S. 39, Takt 8 u. ff. war die Begleitung in den Streichinstrumenten ursprünglich so gedacht:

S. 41, Takt 13 u. ff. lautete die Melodie ursprünglich:

und hatte diese Form durch den ganzen Satz, so S. 43, S. 45, S. 49, S. 51, S. 60.

S. 59, Takt 16 u. ff. lautete die Partie der ersten Oboe ursprünglich:

Daneben waren aber Clarinette und Flöte, wie sie jetzt stehen.

Änderungen dieser Art, die theils während der Arbeit theils nach Vollendung derselben gemacht worden sind, kommen in diesem Satz überhaupt häufiger vor. Hier sind nur die wesentlichsten genannt worden.

Im Scherzo standen S. 66 zwischen Takt 12 und 13 folgende vier Takte:

diese hat Schubert nachträglich mit Bleistift durchgestrichen.

Der Schluss des Scherzo war ursprünglich eigenartiger gedacht, als er jetzt ist; der Satz hätte S. 71 mit Takt 21 schliessen sollen, und zwar mit den drei Viertelnoten, wie sie der Takt jetzt hat.   Die zwei letzten Takte auf dieser Seite sind eine spätere Hinzufügung Schubert's.

Zwei Stellen in der autographen Partitur legen die Vermuthung nahe, dass Schubert die Composition dieser Symphonie erst in der Partitur ausgeführt hat, und vorher entweder gar keine, oder doch nur vereinzelte und zusammenhanglose Skizzen dazu entworfen hatte.   Vor dem Eintritt der Achtelbewegung in den Geigen S. 38, Takt 14 beabsichtigte Schubert ursprünglich einen anderen Übergang aus dem Quartsextaccord auf *cis* nach dem Dreiklang auf *c*; er skizzirte:

Wie diese Takte an die Stelle S. 37, Takt 1 oder an S. 35, Takt 16 hätten anschliessen
sollen, ist aus dem Autograph nicht ersichtlich. Es scheint, dass sie nur Überbleibsel
einer grösseren, ausgeschiedenen Partie bilden, die durch die jetzige Fassung ersetzt
wurde. Besser können wir Schubert bei der Ausarbeitung des letzten Satzes verfolgen.
Diesen hatte er schon bis S. 85 Takt 7 ausgeführt, ohne sich darüber klar zu sein, wie
der zweite Hauptgedanke beschaffen sein werde, der hier einzutreten hat. Als er an
diese Stelle kam, componirte und setzte er gleich in die Partitur:

Kaum war er so weit gekommen, so hatte die Melodie in seinem Innern auch schon
eine neue Form gewonnen, sie war schnell breit und gross geworden. Er durchstrich
den ersten Entwurf und setzte das jetzt Bestehende an seine Stelle. An einzelnen Zügen
aber erkennt man noch die Herkunft der Melodie. — Vergl. Symphonie Nr. 2.

Hier muss nachgetragen werden, dass die Einleitung zum ersten Satz dieser Symphonie, *Andante*, Seite 1, der autographen Partitur zufolge im ₵-Takt steht.

Nr. 8. Symphonie in H-moll.

Vorlage: Die autographe Partitur im Besitze von Nicolaus Dumba in Wien.

Bemerkungen: Papier und Format wie bei Nr. 7. Im Ganzen 39 Blätter; die
letzten vier Blätter sind leer. Auf der ersten Seite steht der Titel von Schubert's Hand
geschrieben: »Sinfonia in *H*-moll von Franz Schubert mpia«. Links unten: »Wien
den 30. Octob. 1822«. Auf der zweiten Seite fängt die Partitur an. Sie ist mit der
grössten Sauberkeit geschrieben; Correcturen kommen nur hie und da vor und betreffen
nur ganz geringfügige Dinge oder Schreibversehen gewöhnlichster Art. Unter allen
Symphonie-Partituren Schubert's ist diese äusserlich die schönste. Thatsächlich hat
Schubert diese Symphonie zuerst skizzirt und die ganze Composition in eine Art Clavierauszug gebracht, bevor er an die Ausführung der Partitur gieng. So viel sich von diesen Skizzen erhalten hat, soll hier mitgetheilt werden. Sie zeigen, wie Schubert seine
Compositionen erdachte und wie er sie ausführte, und geben uns ein Bild davon, wie
der dritte Satz dieser eigenartigen Symphonie geplant war.

Die letzte beschriebene Seite der autographen Partitur enthält die ersten Takte des dritten Satzes:

Weiter kam Schubert nicht; die darauffolgende Seite in der Partitur ist leer.

SCHUBERT'S WERKE.

Revisionsbericht.

— •• —

Serie II. Ouverturen und andere Orchesterwerke.

Nr. 1. Ouverture zum Lustspiel mit Gesang: „Der Teufel als Hydraulicus".

Vorlagen: 1. Autographe Partitur im Besitze von A. Cranz (Firma C. A. Spina) in Wien. Sie giebt über die Zeit der Entstehung des Werkes keinen Nachweis.
2. Stimmen im Archiv der Gesellschaft der Musikfreunde in Wien.

Nr. 2. Ouverture in D.

Vorlage: Autographe Partitur im Besitze von Nicolaus Dumba in Wien. Auf dem Titelblatt: »Ouverture«. Die Überschrift auf der ersten Seite der Partitur, die wahrscheinlich auch Schubert's Namen enthielt, ist herausgeschnitten worden. Am Schluss der letzten Seite steht »Vollendet den 26. Juni 1812«.

Bemerkung: Wie das Werk jetzt ist, ist es eine Umarbeitung des am 26. Juni 1812 vollendeten. Aus der Schrift und dem Papier des Autographs ist ersichtlich, dass der Anfang der Ouverture S. 1 — S. 5 Takt 6 (incl.) von der Umarbeitung herstammt und ursprünglich anders gewesen sein muss. Ferner stand an Stelle der Partie S. 13, Takt 2—7 in der ersten Fassung Folgendes:

und an Stelle von S. 15, Takt 4—11 Folgendes:

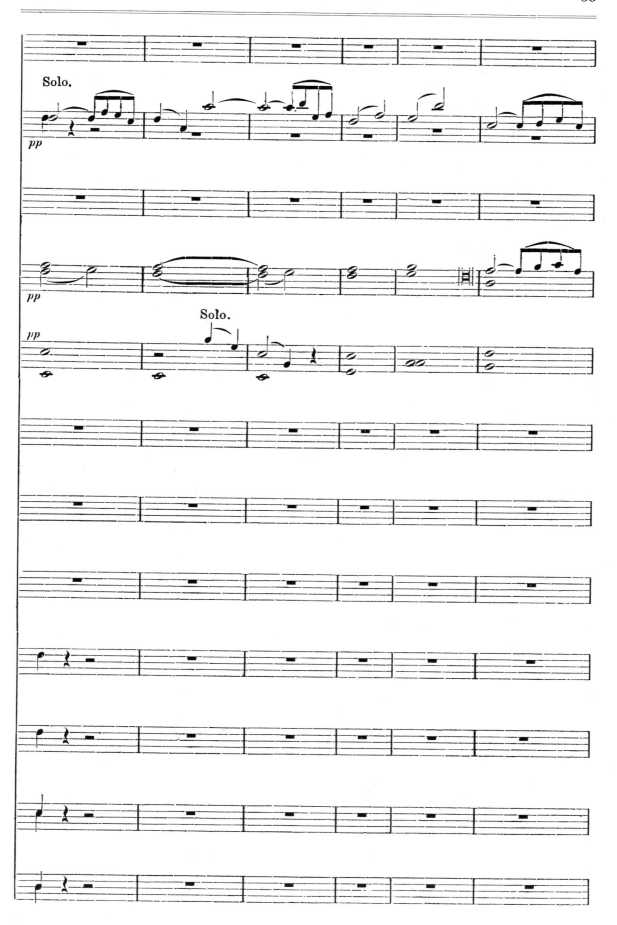

Dass durch die Umarbeitung dieser Stellen keine Kürzung der Ouverture beabsichtigt war, zeigt die Stelle S. 17, Takt 19 — S. 18, Takt 19, welche in der ersten Bearbeitung überhaupt nicht stand. Hier folgte auf S. 17, Takt 18, gleich S. 18, Takt 20. Im Zusammenhange damit schloss die Ouverture ursprünglich nicht mit 𝄐 sondern kurz mit

♩ ▬ ab.

Mehrere kleinere Veränderungen, theils die Instrumentirung, theils das Figurenwerk der Streichinstrumente betreffend, können als unwesentlich übergangen werden.

Nr. 3. Ouverture in B.

Vorlage: Die autographe Partitur im Besitze von Nicolaus Dumba in Wien. Kein Titelblatt. Überschrift: »Ouverture. Septemb. 1816. Franz Schubert mpia.«

Nr. 4. Ouverture in D.

Vorlage: Die autographe Partitur im Besitze von A. Cranz in Wien. Überschrift: »Ouverture. Mai 1817.«

Nr. 5. Ouverture in D.

Vorlage: Die autographe Partitur im Besitze von A. Cranz in Wien. Überschrift: »Ouverture.«

Bemerkungen: S. 11, Takt 6 mussten die Achtelnoten in der Oboe nach Analogie von S. 4, Takt 12 ergänzt werden, da sie im Autograph fehlen. S. 14, Takt 7 steht im Autograph am Ende einer Seite, und zu Beginn der nächsten Seite wieder. Da die Symmetrie des Baues eine Wiederholung dieses Taktes nicht zulässt, so wurde ein Versehen Schubert's angenommen. S. 17, Takt 15 fehlt im Autograph die Tempobezeichnung. Die Bezeichnung »im italienischen Stile« für diese und für die folgende Ouverture stammt aus Schubert's Zeit. Ferdinand Schubert gebraucht sie auch in dem von ihm veröffentlichten Verzeichnis der Compositionen seines Bruders; Neue Zeitschrift für Musik 1839, Band 10, S. 139.

Nr. 6. Ouverture in C.

Vorlagen: 1. Die autographe Partitur im Besitze von A. Cranz in Wien. Überschrift: »Ouverture. Nov. 1817. Franz Schubert mpia.« Unter dem Worte Ouverture steht von fremder Hand »im italienischen Style.«
2. Die erste Ausgabe. Sie erschien bei C. A. Spina in Wien unter dem Titel: »Ouverture im italienischen Style für das Orchester von Franz Schubert. Op. 170. Nachgelassenes Werk. Wien 1866.« Verlagsnummer 17979. In Partitur und Stimmen.

Nr. 7. Ouverture in E.

Vorlage: Die autographe Partitur im Besitze von Nicolaus Dumba in Wien. Titel: »Ouverture.   Franz Schubert mpia.   Febr. 1819.«

Nr. 8 u. 9. Menuette und Deutsche.

Vorlage: Die autographen Stimmen im Besitze von Nicolaus Dumba in Wien. Titel bei Violino primo: »V Menuette mit 6 Trio und V Deutsche mit Coda und 7 Trio in Quartetto.   Componirt vom H. Franz Schubert.   Den 19. November 813.«   Jede der Stimmen trägt die Bezeichnung »2. Heft.«   Die vierte Stimme heisst bei Schubert: »Basso Violonzello.«

Nr. 10. Menuett.

Vorlage: Die autographe Partitur im Besitze von Nicolaus Dumba in Wien. Ein einzelnes Blatt. Auf der Rückseite der Anfang der Sopran-Solopartie eines Offertoriums in *C* »Clamavi ad te« von Franz Schubert's Hand, und daneben ein Clavierauszug des Menuetts von Ferdinand Schubert's Hand, mit einer Widmung an Petter in Wien.

SCHUBERT'S WERKE.

Revisionsbericht.

— ◦ —

Serie III.   Octette.

Nr. 1.   Octett (op. 166).

Vorlage: Die autographe Partitur im Besitze von Nicolaus Dumba in Wien. Titel: »Octett für 2 Violinen, Viola, Clarinett, Fagott, Corno, Violoncello und Violon. Franz Schubert mpia Febr. 1824«.   60 Blätter sechzehnzeiligen Notenpapiers in Querformat.   Am Schlusse der letzten beschriebenen Seite: »Finis, den 1. März 1824. Frz. Schubert mpia«.

Bemerkungen: Die autographe Partitur weist an vielen Stellen Correcturen meist geringfügiger Art auf, die Schubert während der Arbeit vornahm.   Erwähnenswerth ist, dass das *Adagio* S. 20 ursprünglich zwei Einleitungstakte hatte:

Die Melodie hätte erst im dritten Takte eintreten und die Begleitung dabei offenbar in der angedeuteten Form fortgesetzt werden sollen.

Die Melodie S. 53, Takt 19 und ff. hat mehrere Wandlungen durchgemacht, bevor sie so wurde, wie sie jetzt ist.   Eine im Autograph noch erkennbare Form war diese:

So war sie auch in den nächsten vier Takten den Geigen zugetheilt.   Dann scheint die Änderung im dritten Takte

gemacht worden zu sein.   Auch andere Versuche dieser Art wurden mit der Melodie gemacht; der Rhythmus war aber immer derselbe.

S. 55, Takt 10 und S. 56, Takt 8 verräth die autographe Partitur als nachträglich eingeschobene Takte.

Nach S. 63, Takt 5 war ursprünglich folgende Fortsetzung geplant:

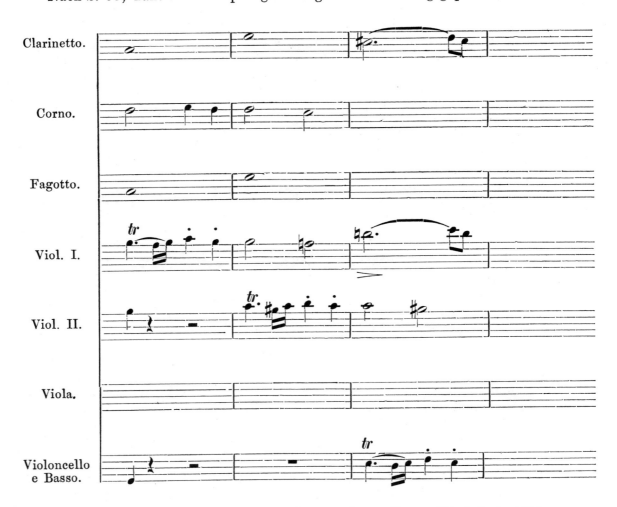

Darnach kann man vermuthen, dass Schubert auch zu diesem Werk keine Skizzen gemacht hat, sondern es gleich in die Partitur schrieb.

Nr. 2. Menuett und Finale eines Octetts für Blasinstrumente.

Vorlage: Die autographe Partitur im Besitze von Nicolaus Dumba in Wien.

Bemerkungen: Dieses Octett hatte auch einen ersten Satz; von diesem hat sich jedoch nur ein Bruchstück erhalten, welches wir im Folgenden mittheilen:

Man vergleiche dieses Bruchstück mit der Ouverture in *D*, Serie II Nr. 2, und den im Revisionsbericht zu dieser Serie über dieses Werk gemachten Bemerkungen.

Der Menuettsatz des Octetts hatte ursprünglich folgenden Anfang:

Es ist nicht unmöglich, dass das Octett auch einen langsamen Satz gehabt hat. Das Autograph der mitgetheilten Sätze besteht aus losen Blättern verschiedener Form, von denen leicht auch mehr verloren gegangen sein können, als noch zum ersten Satz gehört haben.

Nr. 3. Eine kleine Trauermusik für Blasinstrumente.

Vorlage: Die autographe Partitur im Besitze von Nicolaus Dumba in Wien.

Bemerkungen: Die ersten Takte dieses Stückes schrieb Schubert zuerst mit Bleistift und zog sie dann mit Tinte nach. Auch eine Überschrift von Schubert's Hand hatte das Stück; davon sind jedoch nur schwache unkenntliche Bleistiftzüge bemerkbar. Eine fremde Hand hat mit Tinte darübergesetzt: »Franz Schubert's Begräbniss-Feyer«.

SCHUBERT'S WERKE.

Revisionsbericht.

———◆•◆———

Serie IV. Quintett.

Vorlage: Die erste Ausgabe. Sie erschien um 1854 bei C. A. Spina in Wien unter dem Titel: »Grand Quintuor (en Ut) pour deux Violons, Alto et deux Violoncelles par François Schubert. Oeuvre 163.« Verlagsnummer 9101. D. & C. (Diabelli & Comp.) Stimmen.

Bemerkungen: Dieses Werk wurde an einem Hellmesberger'schen Kammermusik-Abende in Wien am 17. November 1850 zum ersten Male öffentlich gespielt. Die bei dieser Aufführung benutzten Stimmen scheinen die Vorlage für die erste Ausgabe gewesen zu sein. Diese enthält, wie die erste Ausgabe des *B* dur-Quartetts Ser. V, No. 8, zahlreiche Vortrags- und Strichartenbezeichnungen für die Spieler, und ist daher, namentlich in Bezug auf die Phrasirung, ebenso wenig verlässlich wie jene. Die auffallendsten Zuthaten wurden beseitigt. Einzelne Stellen sind erwähnenswerth:

S. 7, Takt 26, Violoncell I, letzte Note: *ais*; hingegen S. 8, vorletzter Takt Violoncell I, letze Note: *g*. — S. 10, Takt 19 Querstand zwischen Viola und Violoncell I. — S. 20, Takt 3, dritter Takttheil, hat Viol. II in der Vorlage blos die oberen Noten der Doppelgriffe; es wurde ein Versehen angenommen und die Stelle nach S. 19, Takt 7 ergänzt. — S. 25, Scherzo, Takt 14, Quartsextaccord auf *A*; hingegen S. 28, Takt 27 Dreiklang auf *D*. — Bei den überflüssigen Doppelgriffen in der Vorlage an den Stellen S. 28, Takt 6—9

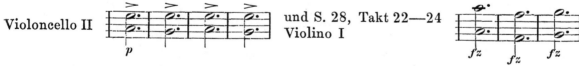

wurden gleichfalls Versehen angenommen. Zahlreiche Unebenheiten gleichlaufender Stellen wurden der Vorlage gemäss beibehalten.

———◆•◆———

SCHUBERT'S WERKE.

Revisionsbericht.

———•••———

Serie V. Streichquartette.

Vorbemerkung: Das Lied ausgenommen, lässt sich bei Schubert keine Kunstgattung in ihrer Entwicklung so genau verfolgen, wie das Streichquartett. Durch praktische Übung angeregt, pflegte er es, zumal in seinen früheren Jahren, mit besonderer Vorliebe. Aus dem vorhandenen Materiale wird in unserer Ausgabe so viel veröffentlicht, als zur Darlegung des Entwicklungsganges nothwendig schien. Quartette, wie die ersten der hier mitgetheilten, hat Schubert mehrere geschrieben. Nicht Alles, was Schubert in dieser Gattung schuf, hat sich erhalten; nicht Alles, was sich erhalten hat, mochte veröffentlicht werden. Das Gebotene genügt vollauf, um zu zeigen, welchen Fleiss Schubert diesem Zweige seiner Thätigkeit zuwandte und wie viel Mühe und Zeit es ihn trotzdem gekostet hat, sich zur Beherrschung der Form aufzuschwingen. Und erst lange nachdem er dies erreicht hatte, war es ihm beschieden, eigenartige Werke wie die Quartette in *D* moll und *G* dur zu schaffen.

Aber trotz des langwierigen Weges, den Schubert auf diesem Felde gieng, haben alle seine Quartette Eines gemein: die Neigung zum Orchestermässigen. Dies gilt sowohl von der inneren Beschaffenheit der musikalischen Gedanken als auch demgemäss von der Behandlung der Streichinstrumente. Es ist etwas specifisch Schubertisches, und mag darin seine Erklärung finden, dass ihn, wie aus allen seinen Werken ersichtlich ist, der mächtige Drang beherrschte, sich immer möglichst voll und ganz auszusprechen. Diese Neigung zum Orchestermässigen, in Schubert's Natur wie in seiner Musikübung begründet, zeugte auch 1811 die »Quintett-Ouverture« und 1812 die »Quartett-Ouverture«, Werke ungefähr von der inneren Beschaffenheit des ersten Satzes im Quartett No. 4. Von ihrer Veröffentlichung wird indessen abgesehen, da sie weder mit den Ouverturen, noch mit den Quartetten, und am allerwenigsten mit dem Quintett (Ser. IV) in logischen Zusammenhang zu bringen sind.

Dank Schubert's Gewohnheit, seine Werke mit dem Datum ihrer Entstehung zu versehen, war die Chronologie der Quartette fast durchwegs zweifellos festzustellen. Nur über die Zeit der Entstehung der Quartette No. 7, 10 und 11 sind wir nicht genau unterrichtet. Beim Quartett No. 7 konnte Nottebohm's Angabe[*] angenommen werden. Dagegen erwies sich Nottebohm's die Quartette No. 10 und 11 betreffende Vermuthung[**] »wahrscheinlich im Jahre 1824 componirt« bei der Betrachtung der Entwicklung des Schubert'schen Streichquartetts als hinfällig, und alle inneren Gründe sprechen für die Zeit zwischen 1815 und 1820.

---

[*] »Thematisches Verzeichnis der im Druck erschienenen Werke von Franz Schubert« Wien 1874. S. 206.
[**] A. a. O. S. 134.

———

Nr. 1. Quartett. (1812).

Vorlage: Autographe Stimmen im Besitze von Nicolaus Dumba in Wien. Ein Umschlag trägt von Schubert's Hand den Titel: »Quartetto à Violino Primo Violino Secundo Viola et Violonzello. Del Sig^re Franz Schubert«. Ferdinand Schubert setzte hinzu: »812«.

Bemerkungen: Schubert hat drei Quartette dieser Art geschrieben.*) Nur um ihre Beschaffenheit zu zeigen, wird eines davon mitgetheilt.

Nr. 2. Quartett (*C* dur.)

Vorlagen: Autographe Partitur des ersten Satzes im Besitze von Nicolaus Dumba in Wien. Autographe Partitur der übrigen Theile im Besitze der Gesellschaft der Musikfreunde in Wien.

Bemerkungen: Anschliessend an die Partitur des Kyrie in *D* (Ser. XIV No. 14) schrieb Schubert den ersten Satz dieses Quartetts. Am Schlusse des Satzes steht: »Finis primae partis«. Die übrigen Sätze stehen auf losen Blättern. Nachträglich sind die Sätze von Schubert mit Bleistift nummerirt worden. Man ersieht daraus, dass ein Satz — wahrscheinlich ein langsamer — verloren gegangen, und dass vom letzten Satz der Anfang fehlt. Von diesem Satz hat sich noch folgendes erhalten:

*) Vergl. Nottebohm, a. a. O. S. 257.

col Primo

col Basso

Nr. 3. Quartett (*B*dur).

Vorlagen: Autographe Partitur im Besitze der Gesellschaft der Musikfreunde in Wien. Stimmen (autograph?) im Besitze von Nicolaus Dumba in Wien.

Bemerkungen: Die autographe Partitur zeigt Schubert während der Arbeit. Im ersten Satze war die Überleitung zum Hauptgedanken, S. 6, Takt 6 u. ff. ursprünglich so gedacht:

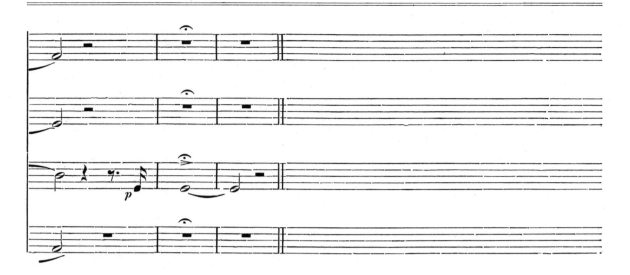

Dann trat der Hauptgedanke (S. 6, Takt 13) ein. Der Schluss dieses Satzes fiel auf S. 8, Takt 7 und lautete kurz:

Den zweiten Satz setzte Schubert mehrmals unmittelbar hinter einander an. Zuerst so:

Dann so:

Dann wieder so:

Endlich so wie er zur Aufführung kam.

Das Quartett hatte ursprünglich keinen Menuett-Satz. Dieser Satz ist später hinzucomponirt worden. Er steht auf losen Blättern, die nicht zum Bestande der Quartettpartitur gehörten. Die Stimmen aber, die, wenn auch kaum von Schubert's Hand, so doch gewiss aus seiner nächsten Umgebung herrühren, enthalten diesen Satz. Der Übergang vom Trio zum Menuett, S. 11 die letzten zwölf Takte, lautet in der autogr. Partitur anders als in den Stimmen, und zwar:

Den Stimmen, die auch sonst in einzelne Stellen der Partitur Klarheit zu bringen hatten, wurde hier der Vorzug gegeben. Interessant ist Takt 1 der letzten Zeile auf S. 11; hier

hat die Viola in der Partitur   , in der Stimme   . Der unter seinen

Grundton herunterreichende Quartsextaccord scheint Schubert's feines Ohr hier gestört zu haben. Sind auch die Stimmen nicht unbedingt als Schubert'sche Handschrift anzuerkennen, so ist nach dem Vergleiche derselben mit der autogr. Partitur die Möglichkeit nicht ausgeschlossen, dass ausser der vorliegenden noch eine zweite, das ganze Werk enthaltende Partitur vorhanden war.

Nr. 4. Quartett (*C* dur).

Vorlagen: Autographe Partitur im Besitze von Nicolaus Dumba in Wien. Autographe Stimmen im Besitze von W. M. Hertz Esq. in Bradford.

Bemerkungen: Die Zeitangaben in unserer Ausgabe sind der autogr. Partitur entnommen; die autogr. Stimmen tragen das Datum: »den 16. März 1813«. In der autogr. Partitur bildet das Andante con moto den dritten Satz, in den autogr. Stimmen den zweiten. Auch sonst musste in die Partitur, besonders an zahlreichen Stellen des ersten Satzes, nach den Stimmen Klarheit gebracht werden.

Nr. 5. Quartett (*B* dur).

Vorlage: Autographe Partitur im Besitze von W. M. Hertz Esq. in Bradford.

Bemerkungen: Die beiden Sätze hängen in der autogr. Partitur nicht zusammen; sie gehören aber zweifellos zu einem und demselben Quartett. Der erste ist »Quartetto« überschrieben, und trägt am Schluss blos das Datum »den 16. Juny 813«; der zweite hat keine besondere Überschrift, sondern blos die Tempobezeichnung, und am Schlusse die Notiz: »Fine 18. Aug. 813«. Auch alles Äusserliche spricht für die Zusammengehörigkeit der beiden Sätze. Einer oder auch zwei Mittelsätze dürften verloren gegangen sein.

Am ersten dieser Sätze hat Schubert viel herumgestrichen, verbessert und versucht. Die wesentlichsten Striche betreffen die Stellen S. 2, Takt 8—17 und S. 7, Takt 2—17. Diese Stellen wurden aber trotzdem beibehalten, weil sie bezeichnend sind für die Freude Schubert's an chromatischer Steigerung. Die Tempobezeichnung dieses Satzes lautet im Autograph »Allegro maestoso«; das »maestoso« ist jedoch später hinzugefügt worden und scheint von fremder Hand herzurühren.

Nr. 6. Quartett (D dur).

Vorlage: Autographe Partitur im Besitze der Gesellschaft der Musikfreunde in Wien.

Bemerkungen: Auch diese Partitur zeigt Schubert bei der Arbeit. Seite 6 nach Takt 25 hätte der erste Satz ursprünglich folgendermassen fortgeführt werden sollen:

Diese Partie strich Schubert noch bevor er sie zu einem endgiltigen Abschlusse gebracht hatte.

Der Hauptgedanke im zweiten Satz hatte ursprünglich wohlgebaute siebentaktige Perioden und sollte lauten:

Erwähnenswerth ist, dass Schubert diesen Satz anfangs im C-Takte schreiben wollte. Mehr als dies verräth aber das Autograph leider nicht.

Im letzten Satz verlor Schubert im Eifer des Schreibens an einer Stelle den Zusammenhang der Tonalität; die Partie zwischen S. 18, Takt 36 und S. 19, Takt 9 lautete ursprünglich:

Dieser Satz erfuhr auch eine Kürzung, und zwar wahrscheinlich bevor er fertig geworden war. An Stelle von S. 19, Takt 39 standen ursprünglich folgende Takte:

Am Schlusse des Quartetts schreibt Schubert: »988 Takte enthaltend. Fine. Im September 813«.

Eine Kleinigkeit mag noch erwähnt werden, weil dergleichen bei Schubert in seinen frühesten wie in seinen reifsten Werken vorkommt. S. 1, Takt 21 hatte anfangs die dynamische Bezeichnung ff.

Nr. 7. Quartett (*D*dur).

Vorlagen: Autographe Partitur im Besitze von Nicolaus Dumba in Wien. Sie enthält merkwürdigerweise keine Zeitangabe.

Die erste Ausgabe. Sie erschien um 1871 bei C. F. Peters in Leipzig, als No. 8 der »sämmtliche Quartette von Franz Schubert«. Verlagsnummer 5376. Partitur und Stimmen.

Bemerkungen: In einzelnen unwesentlichen Punkten weicht unsere Ausgabe von der Peters'schen ab. Sie folgt hauptsächlich der autographen Partitur und nur an zweifelhaften Stellen wurde die erste Ausgabe zu Rathe gezogen.

Erwähnenswerth ist, dass Schubert S. 6, Takt 32 und 33 den Vorschlag gegen seine Gewohnheit ♪ schreibt. In der autographen Partitur fehlen die vier Takte S. 15, Takt 27—30; sie wurden nach Analogie von S. 13, Takt 32—35 und nach der ersten Ausgabe ergänzt. Im ersten Satz hätten S. 7, Takt 35 u. ff. ursprünglich folgendermassen lauten sollen:

Im letzten Satz erscheint die sechstaktige Partie S. 14, Takt 33—38 im Autograph zweimal hintereinander; das zweite Mal von Schubert's Hand eingeklammert, also wohl zur Ausscheidung bestimmt. In der ersten Ausgabe erscheint diese Partie auch nur einmal.

Nr. 8. Quartett (*B* dur).

Vorlage: Die erste Ausgabe. Sie erschien 1863 bei C. A. Spina in Wien unter dem Titel: »Quartett *B* dur (aus dem Nachlasse) für zwei Violinen, Viola und Violoncell von Franz Schubert. (Im Jahre 1814 componirt) op. 168. Zum Erstenmale in Wien im Hellmesberger'schen Quartett-Abende den 23. Februar 1862 aufgeführt.« Verlagsnummer 17707. Stimmen.

Bemerkungen: Der ersten Ausgabe haben offenbar jene Stimmen als Vorlage gedient, welche bei der auf ihrem Titel angegebenen Aufführung benutzt wurden. Sie enthält zahlreiche Bezeichnungen für die Bogenführung, welche insgesammt ausgemerzt werden mussten. In dieser Richtung geht sie so weit, dass sie in Bezug auf die Phrasirung für höchst unzuverlässig erkannt werden muss. Legatobögen folgender Art

(S. 1, Takt 31 und 32)　　　　　(S. 5, Takt 5 und 6)

schreibt Schubert nicht.　Ebensowenig kennt er eine Mischung von Vortragszeichen wie

cresc.
(S. 9, Takt 11.)

Auch die deutliche Abgrenzung von Melodiegruppen zerstörende Legatobögen wie

(S. 16, Takt 30 u. ff.)

dürften kaum von Schubert herrühren.　Alles an Vortragsbezeichnungen dieser Art, die wohl der Geiger, aber nicht der Componist macht, wurde ausgeschieden.　Da aber eine verlässliche Vorlage fehlte, konnte darin nur so weit gegangen werden, als zur Säuberung von dem Auffallendsten nöthig war.　Die autographe Partitur war leider nicht mehr zu erlangen.　Druckfehler der ersten Ausgabe wurden stillschweigend getilgt; als solche wurden auch folgende zwei Stellen angesehen: S. 3, Takt 6, Viol. II.

und S. 7, Takt 20, Viol. I.

Nr. 9. Quartett (*G* moll).

Vorlagen: Autographe Partitur im Besitze der Gesellschaft der Musikfreunde in Wien.

Die erste Ausgabe.　Sie erschien (wie No. 7) bei Peters als No. 7.

Bemerkungen: Unsere Ausgabe folgt der autogr. Partitur, und darauf gründen sich die geringen Abweichungen von der ersten Ausgabe.　Die autographe Partitur enthält fast gar keine Correcturen.　Sie verräth aber den ersten Ansatz zum Finale.　Dieser lautete:

die übrigen Instrumente ähnlich wie im Druck.

Nr. 10. Quartett (*Es* dur) und Nr. 11. Quartett (*E* dur).

Vorlage: Die erste Ausgabe. Sie erschien 1830 bei Joseph Czerný in Wien unter dem Titel: »Deux Quatuors pour deux Violons, Alto et Violoncelle Composés par François Schubert. Oeuv. 125. No. I« und »No. II«. Verlagsnummern: 2662 und 2663. Stimmen.

Bemerkungen: Unsere Ausgabe folgt so treu als möglich der Vorlage, und weicht daher von anderen neueren Ausgaben in der Phrasirung hie und da ab. Im *E* dur-Quartett mussten zwei Stellen wiederhergestellt werden. Die Partie S. 2, Takt 12 bis 15 lautet nach der Vorlage:

Wenn der Vorlage ein Autograph zu Grunde lag, so muss an dieser Stelle ein Versehen Schubert's angenommen werden. Dieses liesse sich aus der Gewohnheit Schubert's erklären, die Geigen zuerst zu schreiben, und die unteren Stimmen partienweise nachzutragen; wobei er, immer nur das harmonische Endziel — S. 2, Takt 16 — dieser aus regelmässigen Sequenzen gebildeten Stelle im Auge behaltend, in der Eile des Schreibens übersehen haben kann, dass der Weg zu diesem Ziele in den Geigen ein anderer gewesen ist. Für die Wiederherstellung dieser Partie war die gleichlaufende Partie S. 5, Takt 26 bis 29 massgebend.

Die vier Takte S. 13, Takt 31—34 lauten in der Vorlage in Viola und Violoncell:

Die gleichlaufende Stelle jedoch S. 16, Takt 15—18 wie in unserer Ausgabe. Nachdem nun nicht anzunehmen ist, dass eine Abweichung dieser Stellen von einander in der Absicht Schubert's lag, wurde der Fassung der letzteren, als der folgerichtigeren, der Vorzug gegeben.

Zu den zahlreichen Stichfehlern der Vorlage wurden auch folgende Stellen im *E*dur-Quartett gezählt, und daher geändert:

S. 2, Takt 31, Viol. I, erste Achtelnote *h*;

S. 4, Takt 28, Viol. II, zweite halbe Note *e* (ohne ♯);

S. 4, Takt 34, Viol. I, die ersten zwei Noten *h gis*;

S. 6, Takt 11 und Takt 12, Viol. I, die 6. Achtelnote *dis*.

Nr. 12. Quartett-Satz (*C* moll).

Vorlagen: Die autographe Partitur im Besitze von Dr. Johannes Brahms in Wien.

Die erste Ausgabe. Sie erschien im December 1870 bei Bartholf Senff in Leipzig unter dem Titel: »Quartett-Satz (*C* moll) für zwei Violinen, Viola und Violoncell von Franz Schubert. Nachgelassenes Werk. Partitur und Stimmen.« Verlagsnummer 939.

Bemerkungen: Bis auf wenige geringe Versehen ist die erste Ausgabe ein treuer Abdruck des Autographs. An der Stelle S. 4 zwischen Takt 12 und 13 steht im Autograph noch folgende von Schubert gestrichene Partie:

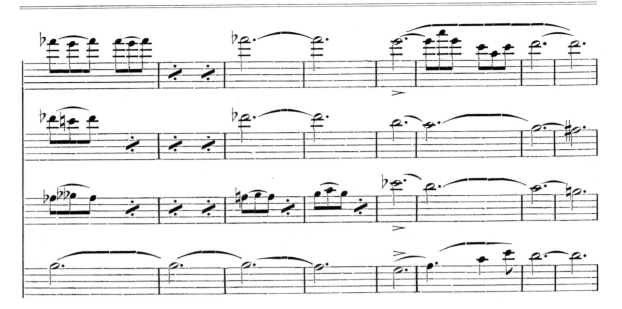

Das Autograph enthält auch den Anfang eines Andante-Satzes, welcher zeigt, dass ein ganzes Quartett beabsichtigt war. Er lautet:

Wie bei der *H*moll-Symphonie bleibt es auch hier räthselhaft, warum Schubert das Werk nicht zu Ende führte.

Nr. 13. Quartett (*A*moll).

Vorlage: Die erste Ausgabe. Sie erschien 1825 bei Sauer und Leidesdorf in Wien unter dem Titel: »Trois Quatuors pour deux Violons, Alto et Violoncelle, composés et dediés à son ami J. Schupanzigh membre de la chapelle de S. M. L'Empereur d'Autriche etc. etc. par François Schubert de Vienne. Oeuvre 29 Nr. . . .«. Verlagsnummer 594. Stimmen.

Bemerkungen: Der Verlag dieses Werkes ging später an C. A. Spina in Wien über, welcher das Werk in einer sehr schön ausgestatteten Partitur herausgab. Verlagsnummer 10410.

S. 6, Takt 10, Viol. II lautet in der ersten und in allen übrigen Ausgaben:

S. 11, Takt 20, Viola:

In beiden Fällen wurden Stichfehler angenommen.

Nr. 14. Quartett (*D*moll).

Vorlage: Die erste Ausgabe. Sie erschien 1831 bei Joseph Czerný in Wien unter dem Titel: »Grand Quatuor pour deux Violons, Alto et Violoncelle; composé par Franç. Schubert. Oeuvre posthume.« Verlagsnummer 2686. Stimmen.

Bemerkungen: Offenbare Stichfehler wurden beseitigt. Kleine Unebenheiten bei gleichlaufenden Stellen jedoch beibehalten. Man vergleiche z. B. S. 3, Takt 5 und S. 8, letzter Takt; S. 4, Takt 16 und S. 10, Takt 13. S. 19, Takt 9, Viola, lautet in der Vorlage:

Da die vorhergehenden Achtelnoten in gekürzter Schreibweise ( ) erscheinen, wurde ein Stichfehler angenommen. S. 23, Takt 22 u. ff, lautet in der Vorlage:

Ebenso, d. h. mit der ergänzenden Achtelpause unter 2., in allen anderen Stimmen. Wenn die Bezeichnung ⌐ 1. ¬ ⌐ 2. ¬ wegfällt, so giebt das einen ganz guten Sinn. Dann müssen die Takte unter 1. bei der Wiederholung auch gespielt werden, und der letzte derselben wird durch die Achtelpause ergänzt. Soll aber die Bezeichnung 1. 2. gelten, so bleibt für die Achtelpause kein Raum. Die Stelle bleibt zweifelhaft. Es wurde das kleinere Versehen angenommen und die Achtelpause gestrichen. S. 32, letzte Zeile, Takt 7: *fp* (wie in der Vorlage) ist charakteristisch für Schubert's peinliche Vortragsbezeichnung.

Nr. 15. Quartett (*G*dur).

Vorlage: Die Stimmenausgabe von Breitkopf und Härtel. Verlagsnummer 12729.

Bemerkungen: Die Vorlage ist ein Abdruck der um 1852 bei C. A. Spina in Wien erschienenen ersten Ausgabe. Das Quartett wurde am 8. December 1850 von Hellmesberger's Quartettgesellschaft in Wien zum ersten Male öffentlich gespielt. Es theilt das Schicksal des *B*dur-Quartetts No. 8 und des *C*dur-Quintetts. Was über die Revision dieser Werke gesagt worden ist, gilt auch hier. Als fremde Zuthaten wurden u. A. auch getilgt: S. 8, Takt 14 *stringendo*; S. 27, Takt 24 und S. 34, Takt 36 *ben marcato*.

SCHUBERT'S WERKE.

Revisionsbericht.

––•••––

Serie VI. Trio.

Vorlage: Autographe Partitur im Besitze von Nicolaus Dumba in Wien.

Bemerkungen: Ursprünglich stand das Stück im ₵ -Takt und hatte als Tempobezeichnung »All⁰ mod^to.« S. 1, zwischen Takt 11 und 12 stand ursprünglich folgender Takt:

Schubert scheint ihn noch während der Arbeit gestrichen zu haben.

Der zweite Satz wurde zuerst als Adagio, dann mit veränderter Tempobezeichnung
folgendermassen angefangen:

Dann liess Schubert das Werk liegen.

SCHUBERT'S WERKE.
Revisionsbericht.

———•••———

Serie VII. Erster Band. Pianoforte-Quintett und -Quartett.

Nr. 1. Quintett für Pianoforte, Violine, Viola, Violoncell und Contrabass. Op. 114.

Vorlage: Die erste Ausgabe. Sie erschien im Jahre 1829 bei Joseph Czerný in Wien unter dem Titel: »Grand Quintuor pour le Piano-Forte, Violon, Alto, Violoncello & Contrebass; composé par François Schubert. Oeuv. 114.«

Nr. 2. Adagio und Rondo concertant für Pianoforte, Violine, Viola und Violoncell.

Vorlagen: 1. Die autographen Stimmen im Besitze des Herrn Alwin Cranz in Hamburg. Die Violoncellstimme ist unvollständig; sie endigt beim 85. Takte des Rondo. Die Klavierstimme hat die autographe Überschrift: »Adagio et Rondo concertant pour le Pianoforte avec accompagnement du Violon, Viola et Violoncello composé par Fr. Schubert. Oct. 1816.« Am Schluss: »Fine.«

2. Die erste Ausgabe. Sie erschien bei Witzendorf in Wien und trägt den Titel des Autographs.

Serie VII. Zweiter Band. Pianoforte-Trios.

Nr. 3. Erstes Trio für Pianoforte, Violine und Violoncell. Op. 99.

Vorlage: Die erste Ausgabe. Sie erschien 1836 bei A. Diabelli u. Comp. in Wien unter dem Titel: »Premier grand Trio pour Piano-Forte, Violon et Violoncelle composé par François Schubert. Oeuvre 99.«

Bemerkungen: In der Clavierstimme der Vorlage steht:
S. 6, Takt 12, erstes Achtel der rechten Hand, *a* statt *as*.

Nr. 4. Zweites Trio für Pianoforte, Violine und Violoncell. Op. 100.

Vorlagen: 1. Die autographe Partitur im Besitze des Herrn Carl Meinert in Dessau. Sie trägt von Schubert's Hand die Überschrift: »Trio. Nov. 1827. Frz. Schubert.«

2. Die erste Ausgabe. Sie erschien im September 1828 bei H. A. Probst in Leipzig unter dem Titel: »Grand Trio pour Pianoforte, Violon et Violoncelle composé par F. Schubert. Op. 100.«

Bemerkungen: Die autographe Partitur lag noch nicht vor, als die VII. Serie zur Ausgabe gelangte. Die Revision musste daher nach der Originalausgabe besorgt werden. Als die autographe Partitur bekannt wurde, zeigte es sich, dass der letzte Satz des Trios in der ersten Ausgabe zwei Kürzungen aufweist, die wohl von Schubert selbst, aber auch vom Verleger der ersten Ausgabe herrühren können. Daher wurde das Werk unter Nr. 4 b. ein zweites mal der Serie eingeschaltet, wo es in der Fassung der autographen Partitur mitgetheilt wird.

Nr. 5.   Notturno für Pianoforte, Violine und Violoncell.
Op. 148.

Vorlage: Die erste Ausgabe. Sie erschien 1844 bei A. Diabelli u. Comp. in Wien unter dem Titel: »Nocturne pour Piano, Violon et Violoncelle composé par François Schubert. Oeuvre 148.«

Serie VIII.   Für Pianoforte und ein Instrument.

Nr. 1. Rondo für Pianoforte und Violine.   Op. 70.

Vorlage: Die erste Ausgabe. Sie erschien im Jahre 1827 bei Artaria & Comp. in Wien unter dem Titel: »Rondeau brillant pour Pianoforte et Violon par François Schubert. Op. 70.«

Nr. 2.   Sonate für Pianoforte und Violine.   Op. 137. Nr. 1.

Vorlagen: 1. Die autographe Partitur der ganzen Sonate und die autographe separate Clavierstimme des ersten Satzes. Beide im Besitze von A. Cranz in Wien. Die Partitur hat die autographe Überschrift: »Sonate pour Pianoforte et Violon.   März 1816.«; die separate Clavierstimme: »Sonate für's Pianoforte mit Begleitung der Violine.«

Bemerkungen: Der erste Satz ist in der separaten Clavierstimme sorgfältiger bezeichnet als in der autographen Partitur und weicht von dieser an 2 Stellen ab, in welchen der Version der separaten Clavierstimme gefolgt wurde und die in der Partitur folgendermassen lauten:

S. 3, Takt 28—32.   Linke Hand.

S. 5, Takt 1—21.   Rechte Hand.   u. s. w.

Nr. 3.   Sonate für Pianoforte und Violine.   Op. 137. Nr. 2.

Vorlagen: 1. Die autographe Partitur der ersten 3 Sätze im Besitze des Herrn Lieutenant a. D. C. Serre auf Kl. Dehna. Sie trägt von Schubert's Hand den Titel: »Sonate II pour le Pianoforte et Violon.   März 1816.«

2. Die erste Ausgabe. Sie erschien 1836 bei Diabelli u. Comp. in Wien unter dem Titel: »Drei Sonatinen für Piano-Forte und Violine componirt von Franz Schubert. Op. 137. Nr. 2.«

Bemerkungen: Das auf kleinem sechszeiligem Notenpapier fast zierlich geschriebene Autograph der ersten 3 Sätze diente nur bis zum 19. Takte des 3. Satzes als Vorlage, denn von da ab ist es skizzenhaft; Triller und Zeichen fehlen, die Violinstimme ist in die Clavierstimme hineingeschrieben.

Die Diabellische Ausgabe zeigt folgende Verschiedenheiten von der **Handschrift:**

S. 2, Takt 22. Violine

S. 6, Takt 21 u. 22. Violine

S. 6, Takt 15 des Andante. Drittes Viertel. Violine

Bei den Parallelstellen ist dieselbe Verschiedenheit.

S. 7, Takt 15. Erstes Sechzehntel. Violine

S. 9, letzter Takt. Das Coronazeichen fehlt.

Nr. 4. Sonate für Pianoforte und Violine. Op. 137. Nr. 3.

Vorlage: Die autographe Partitur im Besitze des Herrn Alwin Cranz in Hamburg. Sie trägt von Schubert's Hand den Titel: »Sonate III. April 1816.«

Nr. 5. Phantasie für Pianoforte und Violine. Op. 159.

Vorlage: Die erste Ausgabe. Sie erschien 1850 bei A. Diabelli u. Comp. in Wien unter dem Titel: »Fantaisie pour Piano et Violon composée par François Schubert. Oeuvre 159.«

Bemerkungen: Das Thema der Variationen (S. 15) ist — mit Änderungen — aus dem Liede »Sei mir gegrüsst« op. 21. Nr. 1.

In der Vorlage steht

S. 5, Takt 22 des Allegretto. Violine   (statt   )

S. 6, Takt 20, Pianoforte, linke Hand   (statt   )

was den Parallelstellen gemäss berichtigt wurde.

Nr. 6. Sonate für Pianoforte und Violine. Op. 162.

Vorlage: Die erste Ausgabe. Sie erschien um 1852 bei A. Diabelli u. Comp. in Wien unter dem Titel: »Duo (en La) pour Piano et Violon composé par François Schubert. Oeuvre 162.«

Bemerkungen: In der Vorlage steht:

S. 2, Takt 14. 1. Viertel der Clavierstimme »*Fp*.« Der Bezeichnung der Violinstimme und der Parallelstelle entsprechend wurde »*Fp*« zum 1. Viertel des 13. Taktes gesetzt.

S. 12, Takt 52. Violine. Die Vorlage: . Der schlechte Klang des *ais*

— nach dem vorhergehenden *gis* —, die das Trio des Scherzo durchziehende chromatische Figur lassen mit Sicherheit schliessen, dass das ♯ erst vor das 3. Viertel gehört — wohin es denn auch gesetzt wurde.

     S. 16, Takt 14 und 15 und

     S. 19, Takt 27 und 28. Pianoforte. In der Vorlage fehlen in beiden Stellen »*cresc. F.* ⎯⎯«, wie die Parallelstellen der Violinstimme beweisen.

     S. 20, Takt 23. Pianoforte. Linke Hand. Die Vorlage: , statt, wie

die Parallelstelle S. 16, vorletzter Takt zeigt,  .

     Nottebohm's thematisches Verzeichnis der im Druck erschienen Werke Schubert's theilt mit: »Eine alte, vom Autograph genommene Abschrift ist überschrieben: »S o - n a t e für Pfte. u. Violine, componirt August 1817.« Auch Ferd. Schubert führt das Werk als »Sonate für Clavier und Violine« an.

Nr. 7. Introduction und Variationen über ein Thema („Ihr Blümlein alle") aus den Müllerliedern Op. 25 für Pianoforte und Flöte. Op. 160.

     Vorlage: Die erste Ausgabe. Sie erschien 1850 bei A. Diabelli u. Comp. in Wien unter dem Titel: »Introduction et variations sur un thème original, pour Piano et Flûte par François Schubert. Oeuvre 160.«

Nr. 8. Sonate für Pianoforte und Arpeggione oder Violoncell.

     Vorlagen: 1. Eine alte Abschrift aus der Spaun'schen Sammlung im Besitze der Gesellschaft der Musikfreunde in Wien. Sie hat die Überschrift: »Sonate für Arpeggione und Piano Forte von Franz Schubert. Nov. 1824.«

     2. Die erste Ausgabe. Sie erschien 1871 bei J. P. Gotthard in Wien unter dem Titel: »Sonate für Arpeggione oder Violoncello und Pianoforte componirt im November 1824 von Franz Schubert. (Nachgelassenes Werk.)«

     Bemerkungen: In den Vorlagen steht S. 12, vorletzter und letzter Takt, und S. 13, Takt 1, ferner in der Parallelstelle S. 15, letzte Zeile, 6.—9. Takt. Pianoforte.

Linke Hand: 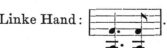 . Es wurde dafür gesetzt; denn die Parallelstelle

am Schlusse des Satzes (S. 21) hat ebenfalls *e* — nicht *cis* — im Accord und das unschön klingende *cis* in den bezeichneten Stellen beruht wohl auf einem Versehen des Verfertigers der Abschrift, das in die Gotthard'sche Ausgabe überging, da derselben die Abschrift als Vorlage diente.

SCHUBERT'S WERKE.

Revisionsbericht.

———〜〜〜〜〜———

Serie IX. Für Pianoforte zu vier Händen.

Nr. 1. Drei Märsche.

Vorlage: Die Originalausgabe. Sie erschien 1824 bei Sauer und Leidesdorf in Wien unter dem Titel: »Trois Marches héroiques pour le Pianoforte à quatre mains par François Schubert. Oeuv: 27.« Verlagsnummer 698.

———

Nr. 2. Sechs Märsche.

Vorlage: Die Originalausgabe. Sie erschien 1826 bei Sauer und Leidesdorf in Wien unter dem Titel: »Six grandes marches et trios pour le Pianoforte à quatre mains composées et dediées en marque de reconnaissance à Son ami Monsieur J. Bernhardt docteur en medecine par François Schubert. Op. 40.« Zwei Hefte. Verlagsnummern 803 und 846.

———

Nr. 3. Drei Militärmärsche.

Vorlage: Die Originalausgabe. Sie erschien 1826 bei Anton Diabelli und Comp. in Wien unter dem Titel: »3 Marches militaires pour le Pianoforte à 4 mains composées par François Schubert. Oeuv. 51.« Verlagsnummer 2236.

———

Nr. 4. Trauermarsch.

Vorlage: Die Originalausgabe. Sie erschien 1826 bei A. Pennauer in Wien unter dem Titel: »Grande Marche funebre a l'occasion de la morte de S. M. Alexandre I. Empereur de toutes les Russies composée a quatre mains pour le Pianoforte par Fr. Schubert. Op. 55.« Verlagsnummer 245.

———

Nr. 5. Heroischer Marsch.

Vorlage: Die Originalausgabe. Sie erschien 1826 bei A. Pennauer in Wien unter dem Titel: »Grande Marche heroique à quatre mains pour le Pianoforte composée à l'occasion du Sacre de Sa Majesté Nicolas I. Empereur de toutes les Russies & & & par Franç. Schubert. Oeuvre 66.« Verlagsnummer 274.

Nr. 6. Zwei charakteristische Märsche.

Vorlage: Die erste Ausgabe. Sie erschien 1830 bei Anton Diabelli und Comp. in Wien unter dem Titel: »Deux Marches caracteristiques à quatre mains pour le Pianoforte composées par Franc. Schubert. Op. 121«. Verlagsnummer 3552.

Nr. 7. Kindermarsch.

Vorlage: Das Autograph im Besitze der Gesellschaft der Musikfreunde in Wien. Schubert schrieb darauf folgende an Frau Marie Pachler gerichtete Zeilen: »Hiermit überschicke ich Euer Gnaden das 4 händige Stück für den kleinen Faust. Ich fürchte, seinen Beyfall nicht zu erhalten, indem ich mich für dergleichen Compositionen eben nicht sehr geschaffen fühle. Ich hoffe, dass sich Euer Gnaden besser befinden als ich, da mir meine gewöhnlichen Kopfschmerzen schon wieder zusetzen. Doctor Karl bitte ich meinen herzlichsten Glückwunsch zu seinem Nahmensfeste abzustatten, und zu melden, dass ich das Buch meiner Oper, welches Herr Gottdank, dieses Faulthier, schon seit Monathen zum Durchlesen hat, noch immer nicht zurück erhalten kann. Übrigens verharre ich mit aller Hochachtung Ihr Ergebenster Franz Schubert. Wien den 12. Oct. 1827.«

Nr. 8. Ouverture (*in F*).

Vorlage: Die Originalausgabe. Sie erschien 1825 bei Cappi und Comp. in Wien unter dem Titel: »Ouverture (in F dur) für das Pianoforte auf 4 Hände verfasst von Franz Schubert. 34tes Werk«. Verlagsnummer 56.

Nr. 9. Ouverture (*in C*).

Vorlage: Das Autograph im Besitze von Nicolaus Dumba in Wien.

Nr. 10. Ouverture (*in D*).

Vorlage: Die erste Ausgabe. Sie erschien 1872 bei J. P. Gotthard in Wien unter dem Titel: »Ouverture für Pianoforte zu vier Händen (componirt im December 1817) von Franz Schubert. (Nachgelassenes Werk.)« Verlagsnummer 249.

Nr. 11. Sonate (*in B*).

Vorlage: Die Originalausgabe. Sie erschien 1825 bei Sauer und Leidesdorf in Wien unter dem Titel: »Grande Sonate pour le Pianoforte à quatre mains composée & dediée à son exellence le comte Ferdinand Palffy d'Erdöd Conseiller intime de S. M. I. R. Chambellan & & par François Schubert. Oeuvre 30.« Verlagsnummer 428.

Nr. 12. Sonate (*in C*).

Vorlage: Die erste Ausgabe. Sie erschien 1838 bei Anton Diabelli und Comp. in Wien unter dem Titel: »Grand Duo pour le Pianoforte à quatre mains composé par François Schubert. Op. 140. Dédié a Mademoiselle Clara Wieck par les Editeurs A. Diabelli & Comp.« Verlagsnummer 6269.

Nr. 13. Rondo (*in A*).

Vorlage: Die Originalausgabe. Sie erschien 1829 bei Artaria und Comp. in Wien unter dem Titel: »Grand Rondeau pour le Piano-Forte à quatre mains composé par François Schubert. Oeuv. 107« Verlagsnummer 2969.

Nr. 14. Rondo (*in D*).

Vorlage: Die erste Ausgabe. Sie erschien 1835 bei Anton Diabelli und Comp. in Wien unter dem Titel: »Notre amitié est invariable. Rondeau pour le Piano-Forte à quatre mains composé par François Schubert. Oeuvre 138« Verlagsnummer 5419.

Nr. 15. Variationen (*in E*).

Vorlage: Die Originalausgabe. Sie erschien 1822 bei Cappi und Diabelli in Wien unter dem Titel: »Variationen über ein französisches Lied für das Piano-Forte auf vier Händen verfasst und dem Hrn. Ludwig van Beethoven Zugeeignet von seinem Verehrer und Bewunderer Franz Schubert. 10tes Werk«. Verlagsnummer: 996.

Nr. 16. Variationen (*in As*).

Vorlage: Die Originalausgabe. Sie erschien 1825 bei Sauer und Leidesdorf in Wien unter dem Titel: »Variations sur un theme original pour le Piano-Forte à quatre mains Composées et dediées à Monsieur le Comte Antoine Berchtold Chambellan de S. M. l'empereur par Franç. Schubert de Vienne. op. 35«. Verlagsnummer 661.

Nr. 17. Variationen (*in C*).

Vorlage: Die Originalausgabe. Sie erschien 1827 bei Tobias Haslinger in Wien unter dem Titel: »Variationen für das Piano-Forte zu 4 Händen über ein Thema aus der Oper: Marie, von Herold. Seiner Hochwürden Herrn Cajetan Neuhaus, Professor der theoretischen und praktischen Philosophie in Linz, gewidmet von Franz Schubert. 82tes Werk«. Verlagsnummer 5040.

Nr. 18. Introduction und Variationen.

Vorlage: Die bei Jul. Schuberth und Comp. in Hamburg und Leipzig 1860 erschienene erste Ausgabe.

Nr. 19. Divertissement à la hongroise.

Vorlage: Die Originalausgabe. Sie erschien 1826 bei Matthias Artaria in Wien unter dem Titel: »Divertissement à la hongroise pour le Pianoforte à quatre mains composé et dedié A Madame de Lacsny née Buchwieser par François Schubert. Oeuvre 54.« Verlagsnummer 826.

Nr. 20. Divertissement.

Vorlage: Die Originalausgabe. Sie erschien 1826 bei Thad. Weigl in Wien unter dem Titel: »Divertissement en Forme d'une Marche brillante et raisonnée pour le Piano-Forte à quatre mains composé sur des motifs origineaux Français par François Schubert. Oeuvre 63, Nr. 1«. Verlagsnummer 2520. — Vergl. Nr. 22.

Nr. 21. Andantino varié.

Nr. 22. Rondeau brillant.

Vorlage: Die Originalausgabe. Sie erschien 1828 bei Thad. Weigl in Wien unter dem Titel: »Andantino varié et Rondeau brillant pour le Piano-Forte à quâtre mains composés sur des motifs origineaux Français par François Schubert. Oeuvre 84.« Zwei Hefte. Verlagsnummern 2677 und 2678.

Bemerkung. Nur äusseren Gründen folgend hat der Verleger der Nr. 20, 21 und 22 diese Stücke gesondert herausgegeben. Charakter, Tonarten und alle anderen Zeichen erweisen genügend, dass diese drei Stücke ursprünglich zusammengehören und e i n Werk bilden.

Nr. 23. Lebensstürme.

Vorlage: Die erste Ausgabe. Sie erschien um 1840 bei A. Diabelli und Comp. in Wien unter dem Titel: »Lebensstürme. Charakteristisches Allegro für das Piano-Forte zu 4 Händen componirt von Franz Schubert. op. 144«. Verlagsnummer 6704.

Bemerkung. Eine alte Abschrift dieses Stückes in der Spaun-Witteczek'schen Sammlung im Archiv der Gesellschaft der Musikfreunde in Wien führt den Titel: »Duo von Franz Schubert. May 1828.« Der gedruckte Titel rührt daher wahrscheinlich vom Verleger der ersten Ausgabe her.

Nr. 24. Phantasie.

Vorlage: Die Originalausgabe. Sie erschien 1829 bei A. Diabelli und Comp. in Wien unter dem Titel: »Fantaisie pour le Pianoforte à quatre mains composé et dedié à Mademoiselle la Comtesse Caroline Esterházy de Galantha par François Schubert. Oeuvre 103«. Verlagsnummer 3158.

Nr. 25. Sechs Polonaisen.

Vorlage: Die Originalausgabe. Sie erschien 1826 bei Cappi und Czerny in Wien unter dem Titel: »6 Polonaisen für das Piano-Forte zu 4 Händen componirt von Franz Schubert. 61tes Werk«. Zwei Hefte. Verlagsnummern 211 und 212.

Nr. 26. Vier Polonaisen.

Vorlage: Die Originalausgabe. Sie erschien 1827 bei A. Diabelli und Comp. in Wien unter dem Titel: »IV Polonaisen für das Piano-Forte zu vier Händen. Componirt von Franz Schubert. 75tes Werk«. Verlagsnummer 2650.

Nr. 27. Vier Ländler.

Vorlage: Das Autograph im Besitze von Dr. Joh. Brahms in Wien.

Nr. 28. Fuge.

Vorlage: Die erste Ausgabe. Sie erschien um 1843 bei A. Diabelli und Comp. in Wien unter dem Titel: »Fuge (E moll) für die Orgel oder Piano zu 4 Händen. Componirt von Franz Schubert. op. 152«. Verlagsnummer 7977.

Nr. 29. Allegro moderato und Andante.

Vorlage: Das Autograph im Besitze von Nicolaus Dumba in Wien.

Nr. 30. Phantasie (*1810*).

Vorlage: Eine alte Abschrift im Besitze der Gesellschaft der Musikfreunde in Wien.

Nr. 31.   Phantasie (*1811*).

Vorlage: Das Autograph im Besitze der königl. Bibliothek in Berlin.

Bemerkung: Dem Autograph fehlte das letzte Blatt. Die fehlenden Takte des Spielers rechts wurden nach dem Vorhergehenden ergänzt und durch kleineren Stich gekennzeichnet. Ein Zufall brachte später das fehlende Blatt ans Tageslicht; hier lauten S. 11, Z. 5, Tkt. 1—5 so:

Die folgenden Takte stimmen mit den klein Gestochenen überein.

Nr. 32.   Phantasie (*1813*).

Vorlage: Das Autograph im Besitze von Nicolaus Dumba in Wien.

SCHUBERT'S WERKE.

Revisionsbericht.

— ◆ —

Serie X. Sonaten für Pianoforte.

Nr. 1. Sonate in E dur.

Vorlage: Das Autograph im Besitze von Nicolaus Dumba in Wien.

Bemerkungen: Das Autograph führt den Titel: »Sonate. Den 18. Februar 1815.
Frz. Schubert«. Am Schluss des ersten Satzes steht: »Den 21. Februar 1815«. Die drei
vorhandenen Sätze sind in e i n e m Zuge geschrieben. Das Vorhandensein leerer Blätter
am Schluss des Autographes deutet darauf hin, dass Schubert einen vierten Satz zu dieser
Sonate gar nicht geschrieben hat.

Der zweite Takt des Andante S. 10 lautete ursprünglich:

In demselben Satze, S. 10, Zeile 3, stand ursprünglich zwischen dem 3. und 4. Takt:

diesen Takt hat Schubert noch während der Arbeit gestrichen; bei der Wiederholung der
Stelle S. 13, Zeile 5 kommt er im Autograph nicht mehr vor.

Ein anderes zu dieser Sonate gehörendes Autograph enthält den ersten Satz in einer
ganz anderen Fassung; es wird im Supplementband zu unserer Ausgabe mitgetheilt
werden.

Nr. 2. Sonate in C dur.

Vorlage: Das Autograph im Besitze von Nicolaus Dumba in Wien.

Bemerkungen: Das Autograph trägt den Titel: »Sonate I. Sept. 1815. Frz. Schubert«. Nach der äusseren Beschaffenheit des Autographs ist es nicht ausgeschlossen, dass ein vierter Satz vorhanden war.

S. 2, Zeile 6, Takt 1 und S. 6, Zeile 6, Takt 2 weichen auch im Autograph von einander ab.

Nr. 3. Sonate in As dur.

Vorlagen: 1. Das Autograph im Besitze von Emil Sulzbach in Frankfurt am Main. Es trägt den Titel: »Sonate. May 1817« und reicht nur bis S. 9, Takt 4.

2. Eine Abschrift in der Spaun-Witteczek'schen Sammlung im Archiv der Gesellschaft der Musikfreunde in Wien. Diese Abschrift ist zwar sehr mangelhaft, enthält aber die drei Sätze vollständig.

Nr. 4. Sonate in E moll.

Vorlage: Das Autograph im Besitze der königlichen Bibliothek in Berlin. Titel: »Sonate. 1. Juny 1817.«

Nr. 5. Sonate in H dur.

Vorlagen: 1. Ein autographer Entwurf im Besitze von Dr. Johannes Brahms in Wien. Er führt den Titel: »Sonate. August 1817. Frz. Schubert«.

2. Die erste Ausgabe. Sie erschien 1843 unter dem Titel: »Grande Sonate (en Si) pour le Piano composée par François Schubert. Oeuvre 147. Dediée à Monsieur S. Thalberg par les Editeurs. Vienne chez A. Diabelli et Comp.« Verlagsnummer 7970.

Bemerkungen: In der erstgenannten Vorlage ist das Scherzo der zweite und das Andante der dritte Satz. Unsere Ausgabe folgt der zweitgenannten Vorlage. Einige hervorragende Abweichungen des autographen Entwurfs von der ersten Ausgabe mögen hier Platz finden. Die Stelle S. 4, letzte Zeile, Takt 4 u. ff. lautet hier:

hiermit schliesst der Entwurf für den ersten Satz.

Im Andante lautet die Stelle S. 9, vorletzter Takt bis S. 6, Takt 3 so:

Im Scherzo S. 12, Zeile 5, Takt 9 bis Zeile 6, Takt 5:

S. 13, Zeile 5, Takt 3 u. ff.

Scherzo da Capo.

Erwähnenswerth ist der dritte Takt auf Seite 9, der in der ersten Ausgabe ganz ver-
dorben ist und nach dem autographen Entwurf, der über ihn vollständig Auskunft giebt,
wiederhergestellt werden musste.

Nr. 6. Sonate in A moll.

Vorlage: Die erste Ausgabe. Sie erschien um 1854 bei C. A. Spina in Wien unter
dem Titel: »Siebente Sonate für Piano componirt von Franz Schubert. op. 164«. Verlagsnummer 9106.

Nr. 7. Sonate in Es dur.

Vorlage: Die erste Ausgabe. Sie erschien 1830 bei A. Pennauer in Wien unter
dem Titel: »Troisième grande Sonate pour le Pianoforte composée par François Schubert.
Oeuvre 122«. Verlagsnummer 436.

Bemerkungen: Mehrere in der Vorlage vorkommende Stichfehler wurden stillschweigend korrigirt.

Nach dem Erscheinen unserer Ausgabe ist ein Autograph dieser Sonate zum Vorschein gekommen, in welchem die Sonate in *Des* dur steht; in dieser Fassung wird sie im
Supplementband zu unserer Ausgabe veröffentlicht werden.

Nr. 8. Sonate in A moll.

Vorlagen: 1. Die erste Ausgabe. Sie erschien 1839 bei A. Diabelli u. Cp. in
Wien unter dem Titel: »Grande Sonate pour le Piano par François Schubert. Oeuvre
143«. Verlagsnummer 6566.

2. Eine Abschrift in der Spaun-Witteczek'schen Sammlung im Archiv der Gesellschaft der Musikfreunde in Wien, betitelt: »Sonate Nr. 7, für das Pianoforte von Franz Schubert, op. 140. Februar 1823«. Eine spätere Hand korrigirte: Nr. 5 und op. 143.

Bemerkung: Seite 14, Zeile 4, Takt 7, rechte Hand hat die erste Ausgabe:

, was nach der zweitgenannten Vorlage korrigirt wurde.

Nr. 9. Sonate in A moll.

Vorlage: Die erste Ausgabe. Sie erschien 1826 unter dem Titel: »Première Grande Sonate pour le Piano-Forte composée e dediée A Son Altesse Imp. & Royale Eminentissime Monseigneur le Cardinal Rodolphe Archiduc d'Autriche & & & par François Schubert de Vienne. Oeuvre 42. Propiété de l'Editeur. Vienne chez A. Pennauer«. Verlagsnummer 177.

Bemerkungen: Der Stich der Vorlage ist sehr fehlerhaft. Die auffallendsten Fehler wurden stillschweigend korrigirt. Einige verdienen erwähnt zu werden: Seite 10, Zeile 3,

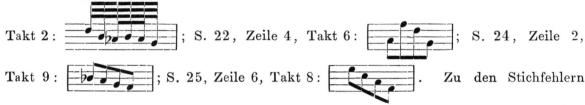

Takt 2: ; S. 22, Zeile 4, Takt 6: ; S. 24, Zeile 2,

Takt 9: ; S. 25, Zeile 6, Takt 8: . Zu den Stichfehlern

wurde auch S. 3, Zeile 5, Takt 8 und die Parallelstelle S. 7, Zeile 6, Takt 2 gerechnet, wo auf dem dritten Viertel der Sekundakkord beide Male eine grosse Sekunde hat, also:

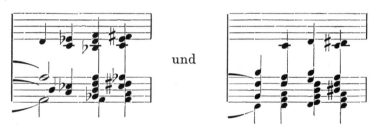

und

S. 17, Z. 1, Takt 10 hat die Vorlage bloss »*Dimi*«, aber nach zwei Takten »*a tempo*«. Daher wurde das »*dimi*« nicht bloss auf die Dynamik, sondern auch auf das Tempo bezogen und im Sinne unserer heutigen Schreibweise »*poc. rit.*« hinzugefügt.

Im letzten Satz ist die Vorlage in der Verwendung von *tr*, ∾ und ⅃ⅴ höchst unverlässlich, willkührlich und unkonsequent. Es schien nothwendig, Ordnung darin zu schaffen.

Nr. 10. Sonate in A dur.

Vorlage: Die erste Ausgabe. Sie erschien um Ostern 1830 bei Joseph Czerny in Wien unter dem Titel: »Sonate pour le Piano-Forte composée par François Schubert. Oeuvre 120«. Verlagsnummer 2656.

Bemerkungen: Die Vorlage macht keinen Unterschied zwischen Staccatostrichen und -Punkten; sie verwendet immer ⸗ und ⁀. Im Andante fehlen die meisten Bindebogen. In der Angabe der Phrasirung ist sie überhaupt unverlässlich. Stichfehler wurden auch hier ohne Weiteres korrigirt.

Nr. 11. Sonate in D dur.

Vorlage: Die erste Ausgabe: Sie erschien 1826 unter dem Titel: »Seconde grande Sonate pour le Pianoforte composée e dediée a Monsieur C. M. de Bocklet par François Schubert. Oeuvre 53. Vienne, chez Math. Artaria«. Verlagsnummer 825.

Bemerkungen: Auch diese Vorlage musste mit Vorsicht benutzt werden. Die wesentlichsten, zumeist auf Stichfehler zurückzuführenden Abweichungen von unserer Ausgabe sind:

S. 7, Zeile 5, Takt 3, r. H.:   u. s. w.

S. 9, Zeile 7, Takt 3, l. H.:   u. s. w.

S. 12, Zeile 4, Takt 3, r. H.:

S. 15, Zeile 3, Takt 3, l. H.:

S. 15, Z. 4, Takt 2:

Nr. 12. Sonate in G dur.

Vorlagen: 1. Das Autograph im Besitze von Ernst Perabo in Boston, in einer photographischen Wiedergabe. Titel: »IV. Sonate fürs Pianoforte allein. Oct. 1826. Franz Schubert«. 32 Seiten.

2. Die erste Ausgabe. Sie erschien 1827 unter dem Titel: »Fantasie, Andante, Menuetto und Allegretto für das Pianoforte allein. Dem hochwohlgebornen Herrn Joseph Edlen von Spaun gewidmet von Franz Schubert. 78. Werk. Wien bei Tobias Haslinger«. Verlagsnummer 5010.

Bemerkungen: Die Umänderung des Titels bei der ersten Ausgabe rührt, wie auf dem als Stichvorlage benützten Autograph ersichtlich ist, vom Verleger her. Den ersten Satz fing Schubert ursprünglich so an:

Dann setzte er das Stück gleich in den $^{12}/_8$-Takt.

Wie der Besitzer des Autographs im Boston Evening Transcript vom 31. Januar 1888 mittheilt, sollte der zweite Satz, an der Stelle S. 11, Zeile 4, Takt 8 u. ff. ursprünglich folgendermassen weitergeführt werden:

Diese Takte müssen im Autograph auf einem besonderen Blatte stehen, da sie in der unter 1. genannten Vorlage nicht vorkommen.

Im letzten Satz lautete die Stelle S. 27. Zeile 2, Takt 2 u. ff. ursprünglich so:

Mehrere andere Korrekturen Schubert's im Autograph deuten darauf hin, dass er bei der Niederschrift desselben eine ziemlich weit ausgeführte Skizze des ganzen Werkes vor sich hatte.

No. 13. Sonate in C moll.

No. 14. Sonate in A dur.

No. 15. Sonate in B dur.

Vorlagen: 1. Das Autograph aller drei Sonaten, im Besitze von Carl Meinert in Dessau (früher von Weinberger und Hofbauer in Wien). Titel: »Sonate I«, »Sonate II«, »Sonate III«. »Sept. 1828«. Am Schluss der letzten Sonate steht: »26. Sept. 1828«. Das Autograph ist ungemein sorgfältig geschrieben.

2. Autographe Skizzen zu allen drei Sonaten, im Besitze von Nicolaus Dumba in Wien.

3. Die nach dem Autograph hergestellte erste Ausgabe. Sie erschien 1838 bei A. Diabelli u. Comp. in Wien. Titel: »Franz Schubert's allerletzte Composition. Drei

grosse Sonaten für das Pianoforte. Herrn Robert Schumann in Leipzig gewidmet von den Verlegern« etc. Verlagsnummern: 3847, 3848, 3849.

Bemerkungen: Unsere Ausgabe hält sich an Vorlage 1. Mit dieser verglichen enthalten die autographen Skizzen so viel des Interessanten und für Schubert's Kompositionsweise Bezeichnenden, dass das Wesentlichste daraus im folgenden mitgetheilt werden soll.

Sonate in C moll.

Erster Satz:

Zweiter Satz:

Dritter Satz:

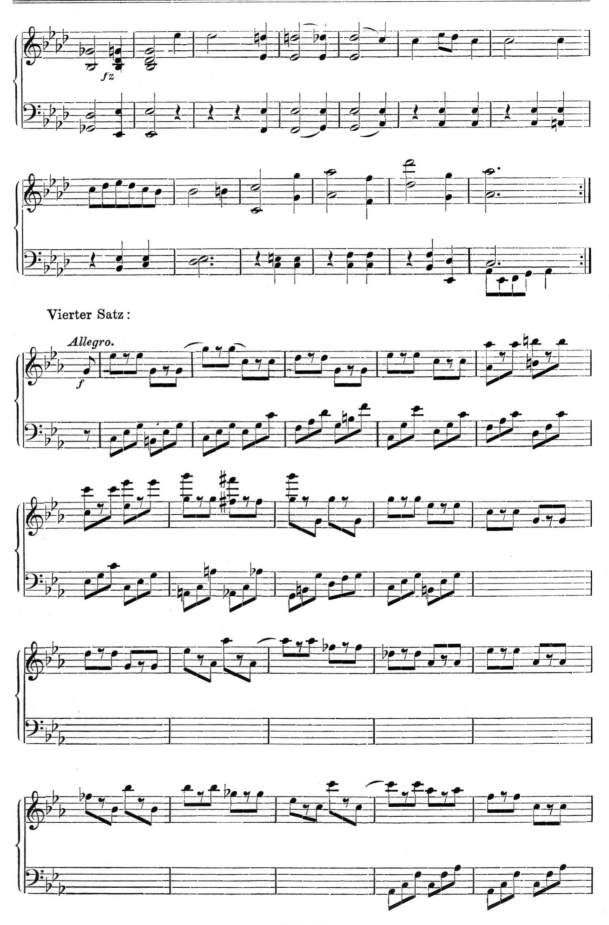

Vierter Satz:

Sonate in A dur.

Erster Satz:

Im zweiten Satz fehlt die Wiederholung des Hauptthemas S. 13, Zeile 2, Takt 7
bis S. 13, Zeile 6, Takt 6 incl. Ferner lautet die Stelle S. 14, Zeile 2, Takt 1 bis S. 16,
Zeile 3, Takt 8 incl. in der Skizze so:

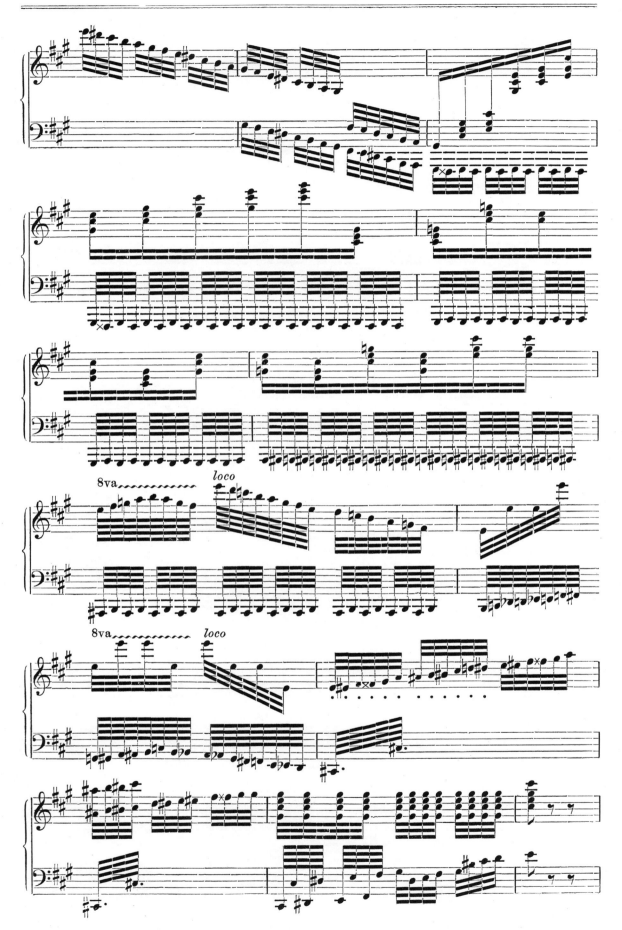

Der letzte Satz wurde ursprünglich von S. 21, Zeile 3, Takt 1 an folgendermassen weitergeführt:

So weit war Schubert gekommen, als er sich entschloss, diese ganze Partie aus-
zuscheiden und dem Satze die endgiltige Form zu geben.

Ferner lautet die Stelle S. 26, Zeile 2, Takt 3 bis S. 26, Zeile 5, Takt 2 in der
Skizze so:

Sonate in Bdur.

Erster Satz:

Im zweiten Satz hat die Begleitungsform in der linken Hand zu Anfang des Satzes in der Skizze folgende Rhythmisirung:

Die Partie Seite 14, Zeile 5, Takt 4 bis Seite 16, Zeile 5, Takt 3 lautet in der Skizze:

Ferner fehlen in der Skizze die vier Takte Seite 17, Zeile 6, Takt 3 bis Zeile 7, Takt 1 incl.

Alles übrige steht in den autographen Skizzen so fertig und vollendet da, wie Schubert es in die Reinschrift aufgenommen hat.

SCHUBERT'S WERKE.

Revisionsbericht.

— ••• —

Serie XI. Phantasie, Impromptus und andere Stücke für Pianoforte.

Nr. 1. Phantasie, op. 15.

Vorlage: Die erste Ausgabe. Sie erschien im Februar 1823 unter dem Titel: »Fantaisie pour le Pianoforte composée et dediée a Monsieur Em. Noble de Liebenberg de Zittin par François Schubert. Oeuvre 15. Vienne chez Cappi et Diabelli«. Verlags-nummer 1174.

Bemerkungen: Die Vorlage enthält ziemlich viele Druckfehler; zu diesen wurden auch gerechnet: S. 4, Zeile 1, Takt 1, linke Hand:

S. 4, Zeile 7, Takt 2, linke Hand:

S. 23, Zeile 4, Takt 3, linke Hand:

S. 26, Zeile 1, Takt 2, rechte Hand:

Nr. 2. Vier Impromptus, op. 90.

Vorlagen: 1. Das Autograph im Besitze von Moriz Oppenheim in Frankfurt am Main.

2. Die erste Ausgabe. Sie erschien in zwei Theilen. Der erste enthielt die Nummern 1 und 2, und erschien im Jahre 1828 in zwei Heften unter dem Titel: »Nro . . . Impromptu pour le Pianoforte par François Schubert. Oeuvre 87. Vienne chez Tobie Haslinger«. Verlagsnummern 5071 und 5072. Der zweite Theil enthielt die Nummern 3 und 4, und erschien um 1855, gleichfalls in zwei Heften, unter dem Titel: »Nro . . . Impromptu pour le Pianoforte par François Schubert. Oeuvre 90. Vienne chez Charles Haslinger«. Verlagsnummern 12075 und 12076.

Bemerkungen: Für unsere Ausgabe war nur das Autograph massgebend. Aus demselben ist ersichtlich, dass die Bezeichnung »Impromptu« vom Verleger herrührt. Schubert hatte ursprünglich nur die Nummerirung der Stücke angegeben. Bei Nr. 3 steht im Autograph von Haslinger's Hand: »Im ganzen Takt und in *G*dur umzuschreiben. Haslinger«; was in der ersten Ausgabe und dann in allen andern befolgt wurde. In Nr. 4 hatten die acht Takte Seite 24 (50), Zeile 2, Takt 3 und ff. ursprünglich Sechzehntelbewegung und zwar:

Im Übrigen vergl. die Bemerkungen zu op. 142.

Nr. 3. Vier Impromptus, op. 142.

Vorlagen: 1. Das Autograph im Besitze von Carl Meinert in Dessau. Es hat von Schubert's Hand den Titel: »4 Impromptus. Decbr 1827«.

2. Die erste Ausgabe. Sie erschien 1838 in zwei Heften unter dem Titel: »4 Impromptus pour le Piano composés par Fr. Schubert. op. 142. Dédiés à Monsieur Fr. Liszt par les editeurs. Vienne chez A. Diabelli & Comp.«. Verlagsnummern 6526 u. 6527.

Bemerkungen: Auch hier ist für unsere Ausgabe nur das Autograph massgebend gewesen. Aus demselben ist zunächst ersichtlich, dass diese Stücke ursprünglich eine Fortsetzung der als op. 90 herausgegebenen bilden sollten; sie waren mit Nr. 5—8 bezeichnet. Erst später änderte Schubert die Nummern und setzte den Titel darauf. Dass diese Stücke auf diese Weise zusammengehören, beweist auch die wahrscheinlich noch zu Schubert's Lebzeiten gemachte Abschrift in der Spaun-Witteczek'schen Sammlung im Archiv der Gesellschaft der Musikfreunde in Wien, welche die Stücke 3—8 in fortlaufender Nummerirung und im Anschluss an die damals bereits gedruckten Nummern 1 und 2 enthält.

Im Einzelnen ist noch zu erwähnen:

S. 7 (63) stand zwischen Zeile 5, Takt 3 und Zeile 6, Takt 1 ursprünglich folgender Takt:

und diesem entsprach auch ein ‖: auf S. 6 (62), Zeile 4, zwischen Takt 1 und 2.

S. 13 (69) standen ursprünglich zwischen Zeile 1 und Zeile 2 folgende Takte:

Dabei bestand aber schon das Wiederholungszeichen Zeile 2, Takt 8.

Seite 28 (84), Zeile 7, zwischen Takt 6 und 7 standen ursprünglich noch folgende Takte:

Aehnlich lautete die Stelle S. 28 (84), Zeile 8, Takt 5 und ff. ursprünglich so:

Nr. 4. Moments musicals, op. 94.

Vorlage: Die erste Ausgabe. Sie erschien 1828 in zwei Heften unter dem Titel: »Momens musicals pour le Pianoforte par François Schubert. Oeuvre 94. Vienne, publié par M. J. Leidesdorf«. Verlagsnummern 1043 und 1044.

Bemerkungen: Stichfehler wurden ohne weiteres getilgt. Zu ihnen wurden auch gezählt:

S. 5, Zeile 3, Takt 3, rechte Hand in der Vorlage:

und ebenso S. 7, Zeile 4, Takt 3:

S. 11, Zeile 2, Takt 6, linke Hand, drittes Achtel wurde nach Analogie von S. 13, Zeile 4, Takt 7 ein ♯ hinzugefügt.

Nr. 5. Adagio und Rondo.

Vorlage: Die erste Ausgabe. Sie erschien 1843 unter dem Titel: »Adagio und Rondo (*E* dur) für das Pianoforte componirt von Franz Schubert. op. 145. Nachgelassenes Werk. Wien bei A. Diabelli & Comp.«. Verlagsnummer 8719.

Bemerkungen: In der Spaun-Witteczek'schen Sammlung im Archiv der Gesellschaft der Musikfreunde in Wien, welcher fast durchwegs Autographe als Vorlage gedient haben, stehen diese zwei Stücke getrennt von einander, und bekräftigen dadurch die Ansicht Nottebohm's, dass sie ursprünglich nicht zusammengehören. Das Rondo hat hier die Überschrift »Sonate« und stimmt mit unserer Vorlage überein. Das Adagio hingegen hat folgende Form:

*) Dieser Takt fehlt in der Vorlage.

Die Partie S. 4, Zeile 2, Takt 3 bis S. 5, Zeile 1. Takt 2 incl. findet sich, mit unserer Vorlage fast ganz gleichlautend, als autographes Fragment auf einem Blatte bei **A. W. Thayer** in Triest, auf welchem auch der erste Entwurf zu dem im December 1816 componirten »Lebenslied« steht.

Nr. 6. Zehn Variationen.

Vorlage: Das Autograph, früher im Besitze von Weinberger & Hofbauer in Wien. Es führt von Schubert's Hand den Titel: »X Variations pour le Fortepiano composés par François Schubert, Ecolier de Salieri, prémier Maitre de la chapelle imperiale et royale de Vienne«. Am Schlusse der Variationen steht: »Den 15. Februar 1815«.

Nr. 7. Variationen

über ein Thema von Anselm Hüttenbrenner.

Vorlage: Das Autograph im Besitze von Nicolaus Dumba in Wien. Es führt von Schubert's Hand den Titel: »Variationen. Thema von Anselm Hüttenbrenner aus dem Violinquartett Nr. 1 in *E* dur (bei Steiner & Comp.)«.

Nr. 8. Variation

über einen Walzer von A. Diabelli.

Vorlage: Das Autograph im Besitze der k. k. Hofbibliothek in Wien, mit dem Datum »März 1821«, welches in unserer Ausgabe richtiggestellt werden möge.

Bemerkung: Diese Variation findet sich als Nr. 38 in der 1823 bei Cappi & Diabelli in Wien erschienenen Sammlung: »50 Veränderungen über einen Walzer für das Pianoforte componirt von (folgen die Namen von 50 österr. Componisten).

Nr. 9. Andante.

Vorlage: Das Autograph im Besitze von Nicolaus Dumba in Wien.

Nr. 10. Klavierstück (in *A* dur).

Vorlage: Das Autograph im Besitze von Nicolaus Dumba in Wien.

Bemerkung: Das Stück fängt auf einem Blatte an, auf dem sich auch eine Partie des Streichquartetts Ser. V, Nr. 5 autograph vorfindet.

Nr. 11. Adagio (in *E* dur).

Vorlage: Das Autograph im Besitze von Dr. Max Friedländer in Berlin. Es führt von Schubert's Hand den Titel: »Adagio. April 1818«.

Nr. 12. Allegretto (in *C* moll).

Vorlage: Das Autograph im Besitze von Frau Helene v. Hornbostel geb. Magnus in Wien. Es führt von Schubert's Hand den Titel: »Allegretto. Meinem lieben Freunde Walcher zur Erinnerung. Franz Schubert. Wien, den 26. April 1827«.

Nr. 13. Drei Klavierstücke.

Vorlage: Das Autograph im Besitze von Nicolaus Dumba in Wien. Es führt keinen Titel, hat aber das Datum zu Anfang des ersten Stückes.

Bemerkung: Nr. 1 hatte ursprünglich noch einen zweiten Mittelsatz. Er fing S. 7 (155), Zeile 2 vor dem letzten Takt an, und lautete:

Und nun folgte noch einmal die ganze Partie S. 5 (153), Zeile 3, Takt 1 bis zum Schluss.

Nr. 14. Fünf Klavierstücke.

Vorlage: Die erste Ausgabe. Sie erschien um 1843 unter dem Titel: »5 Clavierstücke von Franz Schubert. Nr. 1. Allegro moderato. Nr. 2. Scherzo. Nr. 3. Adagio. Nr. 4. Scherzo con Trio. Nr. 5. Allegro patetico. Aus seinem Nachlasse. Unzweifelhaft als ächt verbürgte, rechtmässig erworbene Compositionen. Leipzig, bei C. A. Klemm«. Verlagsnummern 451—455.

Nr. 15. Zwei Scherzi.

Vorlage: Die erste Ausgabe. Sie erschien 1871 unter dem Titel: »Zwei Scherzi für Pianoforte (componirt im November 1817) von Franz Schubert. Nachgelassenes Werk. Wien bei J. P. Gotthard«. Verlagsnummer 161.

Nr. 16. Marsch (in *E*dur).

Vorlage: Die erste Ausgabe. Sie erschien 1840 unter dem Titel: »Marsch sammt Trio für das Pianoforte allein von Franz Schubert aus dessen Nachlasse. Wien, bei Artaria & Comp.«. Verlagsnummer 3142.

Bemerkung: Die Vorlage ist sehr fehlerhaft; indess sind alle Fehler von solcher Art, dass sie ohne weiteres corrigirt werden konnten.

SCHUBERT'S WERKE.

Revisionsbericht.

—•••—

Serie XII. Tänze für Pianoforte.

Vorbemerkung. Schubert's Autographe zeigen, dass er seine Tänze je nach Bedarf und Belieben bald in dieser, bald in jener Zusammenstellung aufschrieb, dabei auf einzelne wiederholt zurückkam und diese dann ihrer neuen Umgebung wegen zuweilen auch transponirte. Nottebohm's »Thematisches Verzeichnis« gibt darüber genaue Auskunft. Die Tänze, die Schubert selbst veröffentlicht hat, werden in der ihnen vom Componisten zuletzt gegebenen Zusammenstellung geboten; die übrigen werden in besonderen grösseren und kleineren Gruppen, oder auch einzeln dargebracht, je nachdem sie in den Autographen noch vorkamen.

Nr. 1. Originaltänze, op. 9.

Vorlagen: 1. Die Autographe einzelner Tänze im Besitze der Gesellschaft der Musikfreunde und im Besitze von Dr. Johannes Brahms in Wien.

2. Die Originalausgabe. Sie erschien 1821 bei Cappi & Diabelli in Wien in zwei Heften unter dem Titel: »Original-Tänze für das Pianoforte componirt von Franz Schubert. 9tes Werk.« Verlagsnummer 873 und 874.

Bemerkung: Der zweite dieser Tänze findet sich auch autograph auf einem Blatte im Besitze von Prof. Dr. Jos. Joachim in Berlin vor. Er führt hier den Titel: »Deutscher von Franz Schubert« und trägt von des Componisten Hand die Notiz: »Aufgeschrieben für mein Kaffeh- Wein- und Punsch-Brüderl Anselm Hüttenbrenner, weltberühmten Compositeur. Wien den 14. März im Jahre des Herrn 1818 in seiner höchst eigenen Behausung monathlich 30 fl W. W.«

Nr. 2. Walzer, Ländler und Ecossaisen, op. 18.

Vorlagen: 1. Das Autograph einzelner Tänze im Besitze von Dr. Johannes Brahms in Wien.

2. Die Originalausgabe. Sie erschien 1823 bei Cappi & Diabelli in Wien in zwei Abtheilungen unter dem Titel: »Walzer, Ländler und Ecossaisen für das Pianoforte componirt von Franz Schubert. 18tes Werk«. Verlagsnummern 1216 und 1217.

Nr. 3. Deutsche Tänze und Ecossaisen, op. 33.

Vorlagen: 1. Die Autographe einzelner Tänze im Besitze der Gesellschaft der Musikfreunde und im Besitze von Dr. Joh. Brahms in Wien.

2. Die Originalausgabe. Sie erschien 1825 bei Cappi & Comp. in Wien unter dem Titel: »Deutsche Tänze und Ecossaisen für das Pianoforte verfasst von Franz Schubert. 33tes Werk«. Verlagsnummer 45.

Nr. 4. Valses sentimentales, op. 50.

Vorlagen: 1. Das Autograph einzelner Tänze im Besitze von Nic. Dumba in Wien.

2. Die Originalausgabe. Sie erschien 1826 bei Ant. Diabelli & Comp. in Wien in zwei Heften unter dem Titel: »Valses sentimentales pour le Pianoforte composées par François Schubert. Oeuvre 50«. Verlagsnummern 2073 und 2074.

Nr. 5. Wiener Damen-Ländler und Ecossaisen, op. 67.

Vorlage: Die Originalausgabe. Sie erschien 1826 bei Ant. Diabelli & Comp. in Wien unter dem Titel: »Hommage aux belles Viennoises. Wiener Damen-Ländler pour le Pianoforte composées par Franç[s.] Schubert. Oeuvre 67«. Verlagsnummer 2442.

Nr. 6. Valses nobles, op. 77.

Vorlage: Die Originalausgabe. Sie erschien 1827 bei Tob. Haslinger in Wien unter dem Titel: Valses nobles pour le Pianoforte seul par Franç. Schubert. Oeuvre 77«. Verlagsnummer 4920.

Nr. 7. Grätzer Walzer, op. 91.

Vorlage: Die Originalausgabe. Sie erschien 1828 bei Tob. Haslinger in Wien unter dem Titel: »Grätzer Walzer für das Pianoforte von Franz Schubert. 91tes Werk«. Verlagsnummer 5151.

Nr. 8. Zwanzig Walzer.

Vorlage: 1. Die Autographe einzelner Tänze im Besitze von Dr. Johannes Brahms, Frau Isab. Raab und Nic. Dumba in Wien.

2. Die erste Ausgabe. Sie erschien 1830 bei Ant. Diabelli & Comp. in Wien unter dem Titel: »Franz Schubert's letzte Walzer für das Pianoforte«. Verlagsnummer 3579.

Bemerkung: Spätere Drucke haben die Bezeichnung: op. 127.

Nr. 9 Zwölf Ländler.

Vorlagen: 1. Das Autograph aller zwölf Ländler im Besitze von Dr. Joh. Brahms in Wien; es hat den Titel: »Deutsches Tempo. May 1823«.

2. Die erste Ausgabe. Sie erschien 1864 bei C. A. Spina in Wien unter dem Titel: »Zwölf Ländler (componirt im Jahre 1823) für Pianoforte von Franz Schubert. op. 171. Nachgelassenes Werk«. Verlagsnummer 18180.

Nr. 10. Siebzehn Ländler.

Vorlagen: 1. Das Autograph aller Ländler im Besitze von Dr. Joh. Brahms in Wien.

2. Die erste Ausgabe. Sie erschien 1869 bei J. P. Gotthard in Wien unter dem Titel: »Zwanzig Ländler für Pianoforte von Franz Schubert. Nachgelassenes Werk«. Verlagsnummer 12.

Bemerkung: Die letzten drei Tänze der ersten Ausgabe stehen in ihrer ursprünglichen Gestalt in Serie IX, Nr. 27. Der siebzehnte, der dort als erster steht, ist von Schubert sowohl zu zwei, als zu vier Händen gesetzt.

Nr. 11. Zwölf deutsche Tänze und fünf Ecossaisen.

Vorlage: Die erste Ausgabe. Sie erschien 1871 bei J. P. Gotthard in Wien unter dem Titel: »Zwölf deutsche Tänze und fünf Ecossaises (componirt im Jahre 1817) von Franz Schubert. (Nachgelassenes Werk.)« Verlagsnummer 132.

Bemerkung: Ein später bekannt gewordenes Autograph der Ecossaisen im Besitze von Baron Spaun in Wien führt das Datum »Februar 1817«. Zu Nr. 5 bemerkt Schubert: »Nach einem Volkslied«.

Nr. 12. Acht Ländler.

Vorlage: Das Autograph früher im Besitze von Weinberger und Hofbauer in Wien.

Nr. 13. Sechs deutsche Tänze.

Vorlage: Eine nach dem Autograph gemachte Abschrift im Besitze von J. Epstein in Wien.

Nr. 14. Drei deutsche Tänze.

Vorlage: Eine Abschrift von G. Nottebohm nach der ersten bei Sauer und Leidesdorf in Wien unter dem Titel «Carneval 1823« erschienenen Ausgabe.

Nr. 15. Drei deutsche Tänze.

Vorlage: Das Autograph im Besitze von Nic. Dumba in Wien.

Nr. 16. Drei deutsche Tänze.

Vorlage: Das Autograph im Besitze von Nic. Dumba in Wien.

Nr. 17. Zwei deutsche Tänze.

Vorlage: Das Autograph im Besitze von Nic. Dumba in Wien.

Nr. 18. Zwei deutsche Tänze.

Vorlagen: 1. Das Autograph beider Tänze im Besitze von A. Door in Wien.
2. Das Autograph des ersten der beiden Tänze im Besitze von Frau J. Raab in Wien.

Nr. 19. Deutscher Tanz.

Vorlage: Eine nach dem Autograph gemachte Abschrift im Besitze von J. Epstein in Wien.

Nr. 20. Deutscher Tanz.

Vorlage: Das Autograph im Besitze von Dr. Joh. Brahms in Wien; es führt bloss den Titel: »Deutscher«.

Nr. 21. Deutscher und Ecossaise.

Vorlage: Das Autograph im Besitze der Gesellschaft der Musikfreunde in Wien; Titel: »Teutscher für Herrn Jos. Hüttenbrenner«.

Nr. 22. Cotillon.

Vorlage: Eine Abschrift von Gust. Nottebohm nach der ersten Ausgabe. Diese steht in der im Januar 1826 bei Sauer und Leidesdorf in Wien von C. F. Müller herausgegebenen Sammlung: »Ernst und Tändeley. Sammlung verschiedener Gesellschaftstänze für den Carneval«.

Nr. 23. Galopp und Ecossaisen, op. 49.

Vorlage: Die Originalausgabe. Sie erschien 1826 bei Ant. Diabelli & Comp. in Wien unter dem Titel: »Galoppe und Ecossaisen für das Pianoforte. Aufgeführt in den Gesellschafts-Bällen im Saale zu den 7 Churfürsten in Pesth, im Carneval 1826. Componirt von Franz Schubert. 49tes Werk». Verlagsnummer 2072.

Nr. 24. Grätzer Galopp.

Vorlage: Die erste Ausgabe. Sie erschien 1828 bei Tob. Haslinger in Wien unter dem Titel: »Grätzer Galoppe für das Pianoforte allein von Franz Schubert. Nr. 10 der favorit Galoppen«. Verlagsnummer 5152.

Nr. 25. Elf Ecossaisen.

Vorlage: Das Autograph im Besitze von Nicolaus Dumba in Wien.

Nr. 26. Acht Ecossaisen.

Vorlage: Das Autograph im Besitze von Nicolaus Dumba in Wien.

Nr. 27. Sechs Ecossaisen.

Vorlage: Das Autograph im Besitze der Gesellschaft der Musikfreunde in Wien.

Nr. 28. Fünf Ecossaisen.

Vorlage: Das Autograph im Besitze von Dr. Joh. Brahms in Wien.

Nr. 29. Ecossaise.

Vorlage: Das Autograph, früher im Besitze von Ries und Erler in Berlin.

Nr. 30. Zwanzig Menuette.

Vorlage: Das Autograph im Besitze von Nicolaus Dumba in Wien.
Bemerkung: Dem Autograph fehlen einige Blätter; die Sammlung hat jedenfalls ursprünglich noch mehr Stücke enthalten.

Nr. 31. Trio.

Vorlage: Das Autograph im Besitze der Gesellschaft der Musikfreunde in Wien.
Bemerkung: Die unter Anführungszeichen gesetzten Worte rühren von Schubert her.

Anhang.

Ursprüngliche Fassung einiger deutschen Tänze.

Vorlagen: Die Autographe; über ihre Herkunft wurde bei den betreffenden Nummern der Serie berichtet.

Allgemeine Bemerkungen.

Für die vorliegende Ausgabe der Werke von Franz Schubert waren in erster Reihe die Handschriften des Componisten massgebend. Für die Ausgabe einzelner Werke, deren Autographe nicht zu erlangen waren, mussten die ersten Ausgaben zu Rathe gezogen werden, und unter diesen zunächst jene, die Schubert selbst besorgt hat. Die grösste Vorsicht erheischte die Benützung späterer Drucke, alter Abschriften u. dgl.

Die Schreibweise Schuberts wurde so getreu als möglich beibehalten. Der Deutlichkeit und Übersichtlichkeit wegen konnten Kürzungen ausgeschrieben, überflüssige Versetzungszeichen vermieden, fehlende nach Bedarf ergänzt werden. Einzelne Fälle blieben zweifelhaft. Die Vorschlagsnote erscheint bei Schubert bald mit der Hauptnote gebunden, bald nicht. In den letzteren Fällen ist die Bindung selbstverständlich. Dynamische Zeichen setzt Schubert meist nur zum obersten und zum untersten System; ebenso nur bei zwei oder drei Takten, wenn sie in mehreren unmittelbar aufeinanderfolgenden Takten regelmässig wiederkehren sollen. Staccato-Striche und -Punkte unterscheidet Schubert wohl beim Schreiben, nicht immer aber im Gebrauche. Bei einigen Unisono-Stellen der Bratschen und Contrabässe kommen beispielsweise Striche für jene, Punkte für diese, oder umgekehrt vor. Schreibfehler sind in Schubert'schen Handschriften selten. Selbstverständliche Correcturen, meist ganz unwesentlicher Art, konnten stillschweigend vorgenommen werden. Dasjenige, was sich bei der Betrachtung und Benützung des Autographs als erwähnenswerth herausgestellt hat, wird im Folgenden zusammengefasst.

————————◆✕◆————————

SCHUBERT'S WERKE.

Revisionsbericht.

— ⋈ —

Serie XIII. Messen.

Nr. 1. Messe in F.

Vorlagen: 1. Die autographe Partitur der Messe im Besitze von Nicolaus Dumba in Wien. Sie trägt von Schubert's Hand den Titel: »Missa in Partitura von Franz Schubert. 1814.«

2. Die autographe Partitur des zweiten Dona nobis, ebenfalls im Besitze von Nic. Dumba. »Dona nobis. Den 25. April 1815. Frz. Schubert.«

3. Die erste Ausgabe. Sie erschien mit einer Widmung von Ferdinand Schubert 1856 bei F. Glöggl & Sohn in Wien. Die Platten gingen später an Fr. Schreiber in Wien über, in dessen Verlage das Werk als Nr. 12 des »Kirchen-Musik-Archiv« verzeichnet ist.

Bemerkungen:

Die autographe Partitur enthält zahlreiche Correcturen von Schubert's Hand. Sie legen die Vermuthung nahe, dass das Werk nicht erst skizzirt, sondern gleich in Partitur geschrieben wurde. Die wichtigsten davon mögen folgen.

Kyrie. Ursprüngliche Tempobezeichnung: Andante piu Adagio.

S. 4. Takt 2. Oboe ursprünglich:

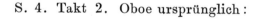

S. 6. Takt 10 u. 11. Viol. I. urspr.:

Gloria. Ursprünglich: Allo vivace.

S. 9. Takt 2 bis S. 10. T. 3 lauteten die Singstimmen ursprünglich:

Die Streichinstrumente gingen mit, Viol. II und Vla hörten schon zwei Takte früher mit der Syncopenbewegung auf. Die ganze Stelle wurde überklebt und bei der neuen Fassung durch das Fortführen der Syncopenbegleitung wie durch das Beibehalten der einzelnen Pizzicato-Arpeggien ein besserer Zusammenhang mit dem Vorangehenden erreicht.

S. 13. T. 4 u. 5 (und T. 8. u. 9) Viol. I

ferner S. 16. T. 4—6 (und S. 17. T. 6—8) Viol. I u. II

wurden wohl der leichteren Spielbarkeit wegen geändert. Ähnlich verhält es sich mit der ursprünglichen Fassung der Stelle S. 22. T. 14 u. 15 (und S. 23. T. 13 u. 14) welche mit (Beibehaltung des Übrigen) in Horn und Viol. I (Oboe) so lautete:

Das Quoniam (S. 30) stand ursprünglich im $^3/_4$-Takt und hatte als Tempobezeichnung Allo maestoso. Ihm folgte eine Fuge in derselben Taktart mit dem Thema:

welche Schubert schon 35 Takte lang ausgeführt hatte, als sie ihm nicht mehr genügte und er sich entschloss, sie durch eine neue zu ersetzen. Er durchstrich und überklebte das bereits Vorhandene, schrieb die jetzt bestehende Fuge im ₵-Takt (S. 34) und setzte das vorangehende Quoniam, an dessen dreitheiligen Takt sich die neue Fuge nicht ungezwungen genug anschliessen wollte, in den C-Takt um, indem er einzelne Notenwerthe änderte, einzelne Noten und einzelne Pausen einfügte; im Wesentlichen blieb der Satz unangetastet. Die Änderung der Tempobezeichnung ergab sich alsdann von selbst. Da dieses Vorgehen für Schubert's Compositionsweise höchst bezeichnend ist, wird die ursprüngliche Fassung des Quoniam im Anhang mitgetheilt. — Die Posaunen S. 8 bis 19 und S. 30 bis 56 rühren von Ferdinand Schubert her. Sie wurden durch kleineren Stich kenntlich gemacht. In der autographen Partitur ist ihre Verwendung nur allgemein angedeutet durch »Trombone alto«, »Trombone tenore« u. s. f. S. 24 bis 29 hat sie Franz Schubert selbst gesetzt. —

S. 49. T. 6 ff. sollten die Streichinstrumente ursprünglich spielen:

Das wollte sich nicht fügen und mit der Engführung in den Singstimmen nicht vereinbaren lassen; es wurde daher überklebt und neugestaltet.

Credo.   Ursprüngliche Tempobezeichnung: Andante con moto.
S 62. T. 6—9. An dieser Stelle stand ursprünglich Folgendes:

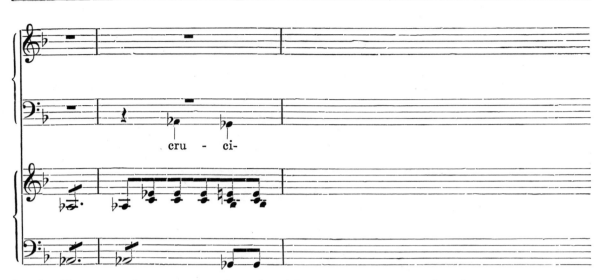

in der Instrumentirung genau dem jetzt Bestehenden entsprechend.

Sanctus. S. 72. T. 3. Ursprünglich *piu moto*.

Benedictus. Ursprünglich ohne die ersten zwei Takte. — Dieser Satz hatte anfangs einen anderen Schluss, welcher der Merkwürdigkeit halber vollständig mitgetheilt zu werden verdient. Er lautete (von S. 81, Takt 7 an) folgendermassen:

san - na in ex - cel - sis,   o - san - na in ex - cel - - - -

Agnus Dei. Tempobezeichnung erst: *Largo*, dann: *Adagio moderato*, endlich *Adagio molto*. Die letztere Änderung geschah erst, als die jetzigen *Tutti*-Sätze an die Stelle der ursprünglichen traten. Diese hatten einen ganz anderen Charakter. An Stelle von S. 83. T. 1—4 standen folgende sechs Takte:

col Viol. II.

und dementsprechend S. 84. T. 5 u. ff. ein längerer Schluss:

mun - - di,   mi - se - re - re   no - bis.

darauf folgte ein *Dona nobis*, dessen Anfangstakte

im Autograph noch ersichtlich sind. Die ursprüngliche Tempobezeichnung war hier *Allegretto religioso*. Es bleibt zweifelhaft, ob Schubert dieses Stück ganz ausgeführt hat; wenigstens hat sich nichts mehr davon erhalten.

Das jetzige Dona nobis hatte ursprünglich einen kürzeren Schluss. Dieser fiel S. 92 auf Takt 10. 1. Clarinette und 1. Fagott hatten

während die übrigen Instrumente den *Fdur*-Dreiklang aushielten.

Zweites Dona nobis. Im Autograph haben die Fagotte keine besondere Zeile. Das unterste System der ersten Seite hat die Bezeichnung »Organo e Basso e Fagotti.« Dann steht bei demselben System im 5. Takt (wo die Contrabässe die Basspartie des Chores theilweise verlassen):

I. Fag. col Tromb. III.
II. Fag. col Basso.

Mit Ausnahme von einzelnen Takten (S. 106, 107 und 118) die Schubert ausdrücklich für die Fagotte schrieb (wo er in der Partitur eben Platz fand) giebt unsere Ausgabe die Fagotte in kleinerem Stich wieder.

Nr. 2. Messe in G.

Vorlagen:

1. Die autographe Partitur im Besitze der Gesellschaft der Musikfreunde in Wien. Auf der ersten Seite steht von Schubert's Hand: »Missa in *G*. 4 Voci 2 Violini Viola Organo e Basso. Composta del Sig. Frz. Schubert. Angefangen den 2. März 1815.«

2. Die autographen Chor- und Orchesterstimmen im Besitze des Stiftes Klosterneuburg bei Wien.

3. Die erste Ausgabe. Sie erschien um 1846 bei Marco Berra in Prag unter dem Titel: »Messe in *G* für 4 Singstimmen, 2 Violinen, Viola, 2 Trompeten, Pauken, Orgel mit Contrabass und Violonzell componirt etc. etc. von Robert Führer, Capellmeister etc.« in Stimmen. Vrlgsn. 1140.

Bemerkungen:

Auf der ersten Seite der autographen Partitur steht unter den oben angeführten Worten Franz Schubert's von Ferdinand Schubert's Hand: »2 Clarini e Tympani ad libitum.« Links unten von derselben Hand aber mit anderer Tinte und anderer Feder und offenbar aus viel späterer Zeit: »Vermehrt mit Oboen (oder Klarinetten) u. Fagotten von Ferd. Schubert. Wien, am 25. Jul. 847.« Franz Schubert's Handschrift liess auf jeder Seite der Partitur die obersten zwei und die untersten zwei Systeme leer. In jene setzte Ferdinand die Holzbläser, in diese die Trompeten und Pauken. Die letzteren setzte er noch zu Franz Schubert's Lebzeiten. Dies ist nicht nur an der Handschrift und an der Tinte kenntlich, sondern es wird auch dadurch bestätigt, dass sich unter den autographen Orchesterstimmen auch die Partien der Trompeten und Pauken vorfanden. Franz hat also die Zuthaten Ferdinand's gewissermassen gebilligt. Die erste Ausgabe enthält sie auch. Dennoch wurden sie von der Aufnahme in unsere Ausgabe ausgeschlossen. Massgebend waren hierfür folgende Gründe: Franz Schubert's Eigenthum sind diese äusserlichen Zuthaten nicht[*]. Dem eigenartig zarten Charakter der Messe entspricht ihre Verwendung nicht; componirt, ursprünglich erdacht wurde die Messe ohne sie. Auch hat es allen Anschein, dass Ferdinand sie nur hinzufügte um für sich und seinen Bruder Aussicht zu haben, dass die Messe im Stifte Klosterneuburg zur Aufführung gelange. Die autographen Stimmen wurden dort bis in die neueste Zeit bei den Aufführungen der Messe benutzt, und es galt (und gilt, wie in den meisten katholischen Kirchen Österreichs, heute noch) keine Messe für »schön«, welche des äusserlichen Pompes entbehrte.

Die Zahl der von Franz Schubert in der Partitur vorgenommenen Correcturen ist eine sehr geringe. Erwähnenswerth ist nur ein durchstrichener Takt,

welcher S. 3 zwischen T. 10 und 11 stand, und die Stelle S. 20 T. 4—8, welche ursprünglich so lautete:

---

[*] Einen Trompetensatz wie er zu S. 8. T. 10 vorkommt, schreibt Franz Schubert nicht.

Das Agnus Dei hatte ursprünglich die Tempobezeichnung *Adagio*.

In den autographen Orchesterstimmen ist die Partie des Basses überschrieben: »Violone e Violonzello.« Da aber das Violoncell nicht selbständig auftritt, wurde die in der autographen Partitur consequent bei jedem Satze vorkommende Bezeichnung »Organo e Violone« beibehalten. Dass die Violoncelle, wenn sie vorhanden sind, mitgehen, war selbstverständlich.

Nr. 3. Messe in B.

Vorlage: Die erste Ausgabe. Sie erschien mit einer Widmung von Ferdinand Schubert (»Seiner Hochwürden etc. etc. Herrn Herrn Joseph Spendau etc. etc.«) im Jahre 1838 bei Tob. Haslinger in Wien unter dem Titel: »Messe (in *B*) für 4 Singstimmen mit Begleitung des Orchesters von Franz Schubert. 141. Werk.« in Stimmen.

Bemerkungen:

Die nach der ersten Ausgabe gefertigte Stichvorlage wurde von Dr. Alfred Dörffel mit der autographen Partitur verglichen. Diese befindet sich im Besitze von E. Perabo in Boston.

Wesentliche Abweichungen von der ersten Ausgabe hat sie nicht aufzuweisen. Nur zum Kyrie hat eine spätere Hand »Corni in *F*« und »Tromboni« hineingeschrieben. Diese Zuthaten mussten aus inneren (Stimmung und Behandlung der Hörner: Corni in *F* mit einem ♭ als Vorzeichnung!) wie aus äusseren Gründen (sie sind mit rother Tinte geschrieben) für unecht angesehen und von der Aufnahme in die gedruckte Partitur ausgeschlossen werden. Sie dürften ein Versuch Ferdinand Schubert's sein, der Messe ein festlicheres Gewand zu geben. Vgl. Messe in *G*.

Nr. 4. Messe in C.

Vorlagen:

1. Die autographe Partitur im Besitze von Dr. Karl Pichler in Znaim. Das erste Blatt fehlt. Es enthielt den Titel und die ersten 15½ Takte des Kyrie. Am Ende der letzten Seite steht: »July 1816.«

2. Die erste Ausgabe. Sie erschien 1826 unter dem Titel: »Messe in *C* für 4 Singstimmen, 2 Violinen, 2 Oboen oder Clarinetten, 2 Trompetten, Pauken, Violoncell, Contrabass und Orgel verfasst und dem Herrn Michael Holzer zur freundlichen Erinnerung gewidmet von Franz Schubert. 48. Werk. Eigenthum der Verleger. Wien, bei Ant. Diabelli & Comp. Nro. 1902. Pr. 4 fl. 30 kr. C. M.« in Stimmen.

3. Die erste Ausgabe des zweiten Benedictus. Sie erschien 1829 bei Ant. Diabelli & Comp. in Wien unter dem Titel: »Neues Benedictus zur Messe in *C* (op. 48) für Sopran, Alt, Tenor und Bass, 2 Violinen, 2 Oboen oder Clarinetten, 2 Trompeten, Violoncell, Contrabass und Orgel. Componirt von Franz Schubert« in Stimmen.

Bemerkungen:

Das Autograph hatte ursprünglich keine Blasinstrumente und keine Pauken. Trompeten und Pauken schrieb Schubert nachträglich hinein. Die Oboen oder Clarinetten fehlen im Autograph ganz. Es schien unzweifelhaft, dass alle diese Instrumente nur ad libitum verwendet werden sollen. Schubert hat die Messe in grosser Eile geschrieben. Während der Arbeit hat er an zwei Stellen wesentliche Änderungen mit dem bereits Vorhandenen vorgenommen. Seite 11 Takt 5 u. ff. waren anfangs folgendermassen angelegt:

Agnus Dei (Seite 33) sollte ursprünglich so anfangen:

Singstimmen dazu waren noch nicht erdacht. Schubert war über beide Stellen nicht weiter gekommen, als er sich für die gedruckte Form entschied.

Seite 21. Takt 10. Im Autograph: Basso: (Coro.)  musste mit Organo

in Übereinstimmung gebracht werden.

Nr. 5. Messe in As.

Vorlagen:

1. Die autographe Partitur im Besitze der Gesellschaft der Musikfreunde in Wien. Sie trägt den autographen Titel: »Missa solemnis in *As* von Franz Schubert. 1822.« Zu Anfang des Kyrie steht: »Nov. 1819. Frz. Schubert.« Am Schluss des Dona: »Fine del Missa. im 7b 1822 beendet.«

2. Eine nach der ursprünglichen Gestalt der Messe von Ferdinand Schubert höchst sorgfältig verfertigte und kalligraphisch schön ausgestattete Abschrift im Besitze von Dr. Johannes Brahms in Wien.

3. Die autographe Orgelstimme zur ganzen Messe und die autographe Partitur der zweiten Fassung des Osanna, beide im Besitze von Nicolaus Dumba in Wien.

4. Die erste Ausgabe. Sie erschien 1875 bei Friedrich Schreiber in Wien unter dem Titel: »Messe *As*dur für vier Singstimmen, Orchester und Orgel von Franz Schubert. Nachgelassenes Werk. Partitur.«

Bemerkungen:

Die autographe Partitur enthält zahlreiche von Schubert nachträglich vorgenommene Änderungen, welche meistens darauf gerichtet sind, den Vocalsatz klangschöner zu gestalten und ihn im Orchester besser zu unterstützen. Die ursprüngliche Gestalt ist noch überall deutlich erkennbar. Überdies ist sie in der (unter 2. angeführten) Abschrift Ferdinand Schubert's getreu aufbewahrt. Unsere Ausgabe folgt im Wesentlichen der zweiten Bearbeitung. Diese hat sich offenbar bei Gelegenheit einer (auch von Kreissle S. 573 erwähnten) Aufführung als nothwendig herausgestellt. Sie zeugt von dem eminent praktischen Sinne Schubert's und es mögen daher im folgenden die wichtigsten Stellen aus der ersten Bearbeitung angeführt werden, welche in der zweiten eine Veränderung erfuhren.

Kyrie. S. 2. T. 11—13. Fagotti:  und

dementsprechend

S. 2. T. 19—21. Fagotti: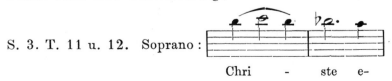

S. 2. T. 23. schlossen die Bratschen und Violoncelle mit den übrigen Streichinstrumenten ab, und es gingen in diesem wie in den folgenden vier Takten die Bläser ohne ihre Unterstützung.

S. 3. T. 11 u. 12. Soprano:

Die Fagotte pausirten. Das in der zweiten Bearbeitung an diese Stelle gesetzte
»Christe, Christe« wird nach 10 Takten vom Tenor, nach weiteren zwei Takten vom
Sopran wiederholt. An beiden letzteren Stellen pausirten die Singstimmen und die
Fagotte in der ersten Bearbeitung. Die Partie von S. 3. T. 9 bis S. 4. T. 4 war ganz
den Solisten zugetheilt. Das Tutti trat erst S. 4. T. 9 u. ff. ein.

S. 4. T. 19 u. 20. Sopr.:

Ky - ri - e   e-

Die Bratsche ging in der unteren Oktave mit; der Tenor lautete:

Ky - ri - e.

ihn unterstützten 2. Viol. und Oboe in der oberen Octave.

S. 5. T. 10—14 wie oben ohne Bratschen. und Violoncell.

S. 5. T. 21—S. 6. T. 14 entsprach genau der oben erwähnten Partie auf S. 3 u. 4.
Das Tutti kam auch hier erst S. 6. T. 15. — Die 4 Takte S. 7. T. 6—9
standen von allem Anfang an in der Partitur; für die erste Bearbeitung wurden
sie gestrichen, für die zweite mit der Bezeichnung »Ist gültig« versehen.

Gloria: S. 8. T. 4 bis S. 9. T. 3.

Chor.

in ex - cel - sis De - o.

und ähnlich S. 10. T. 1—4.

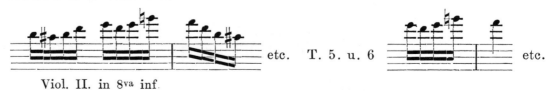

Glo - ri - a   in ex - cel - sis

Geringfügig sind an beiden Stellen die Abweichungen in den Holzbläsern; an
letzterer ging die Bassposaune vom zweiten Takt an mit dem Bass des Chores in der
tieferen Octave.

S. 16. T. 1 u. 2. Violino I.

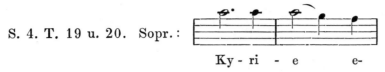

etc.   T. 5. u. 6   etc.

Viol. II. in 8va inf.

S. 19. T. 3 u. 4. Violino I:

Viol. II. in 8va inf.

S. 19. T. 5 u. S. 20. T. 1. Chor:

be - ne - di - ci - mus te

S. 22. T. 2—5 u. S. 23. T. 3—6 war der Chorsatz wieder wie oben bei S. 8. 9 und 10 erwähnt wurde.

S. 44. T. 9 bis S. 45 T. 5. Chor:

tu so - lus al - tis - si - mus, tu so - lus al - tis - si - mus,

S. 45. T. 7 bis S. 46 T. 6 (incl.) ist in der ersten Bearbeitung ohne alle Instrumentalbegleitung. Das S. 46. T. 7 anhebende Cum sancto Spiritu steht im Autograph auf einem Notenpapier, das von dem der ganzen Messe verschieden ist. Es scheint eigens für die zweite Bearbeitung geschrieben worden zu sein, denn es weist wie alle die Einrichtung derselben betreffenden Correcturen viel blassere Schriftzüge auf. Ursprünglich stand an dieser Stelle wohl dasjenige Cum sancto Spiritu, welches in der Abschrift Ferdinand's das Gloria beschliesst und auch in die erste Ausgabe aufgenommen wurde. Wir theilen dieses im Anhange mit.

Credo. S. 74. T. 14 bis S. 75. T. 6.

Tenore.
Basso.

De - um de De - o, lu - men de lu - mi - ne.

Alt- und Tenorposaune gingen in derselben Lage mit. Die Bratschen pausirten. S. 80 bis S. 82. T. 5. war der Chor bloss mit Clarinetten und Fagotten begleitet.

Der Satz hatte folgende Gestalt:

S. 85. T. 10 u. 11 hatten die Geigen:

und S. 86. T. 2 bis 4:

Ähnliche Abweichungen weisen sie auch in mehreren der folgenden Takte auf.
S. 90. T. 4 bis S. 91. T. 2. pausirte die Bassposaune.

S. 92. T. 2—5. Soprano:

san - ctum   Do - mi - num.

S. 92. T. 6 bis S. 93. T. 3 war der Chorsatz:

Ebenso S. 95. T. 6 bis S. 96. T. 3.
Ähnlich S. 97. T. 6 bis S. 98 T. 1:

con - glo - ri - fi - ca - tur

S. 99. T. 5 und S. 100. T. 7 hatten die Violoncelle als erste Viertelnote *B*.
S. 99. T. 12 lauteten der Bass des Chores und die Violoncellfigur:

S. 104. T. 4. und 5. An Stelle dieser Takte stand in der ersten Bearbeitung Folgendes:

S. 104. T. 5.

S. 105 und 107 gingen die Violoncelle durchaus mit den Contrabässen; die Hörner
waren S. 105 wie S. 107.

S. 106. T. 1 u. 3, und S. 107. T. 9 — S. 108. T. 3 wurden die ursprünglichen
Geigenfiguren beibehalten. Schubert hat an diesen wie an zwei bald darauf
folgenden Stellen Änderungen vorgenommen, die nur den Vortheil der leichteren
Spielbarkeit haben, sonst aber matt und klanglos sind. Sie geschahen offenbar nur den schwachen Geigern der ersten Aufführung zu Liebe.

Sanctus: S. 113. T. 2. Hörner, Posaunen, Pauken und Contrabässe schlossen in
der ersten Bearbeitung auf dem dritten Takttheil ab.

S. 116. T. 2 und S. 117 stand der Sopran ursprünglich eine Octave höher. Doch
schon in der ersten Bearbeitung erscheinen die letzten sechs Noten davon in
die tiefere Octave gesetzt.

S. 118. Die Hörner pausirten, und in den ersten 4 Takten auch die Bratsche. Die jetzige Hornpartie war in den ersten 3 Takten den Geigen (unisono) zugetheilt.

S. 118. T. 8. bis S. 119. T. 3 lautete der Chorsatz:

S. 119. T. 4—10 pausirten die Hörner; in den nächsten 2 Takten die Oboen und Clarinetten.

S. 119. T. 4 stand die jetzige Hornpartie in den Geigen (unisono), im nächsten Takt in den Bratschen und Bässen.

S. 119. T. 10. bis S. 120 T. 4 lautete der Chorsatz:

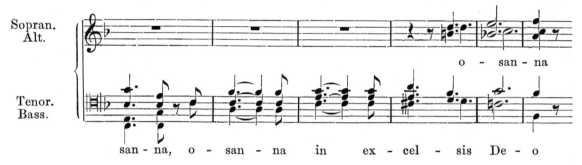

In einer späteren Fassung gab Schubert dem Osanna den ₡-Takt. Das Autograph dieser Composition steht mit der autographen Partitur der ganzen Messe nicht im Zusammenhang. Wir theilen daher diese zweite Fassung des Osanna im Anhang mit.

Agnus Dei. S. 129. T. 7. bis S. 130. T. 6 pausirten die Clarinetten und Posaunen. Ebenso S. 132. T. 2. bis S. 133. T. 1.

S. 130. T. 5 waren Geigen und Bratsche mit den Singstimmen rhythmisch gleich.

Die Hörner hatten den Satz:

S. 134. T. 4. und 5. fehlten. Auf T. 3 folgte T. 6, selbstverständlich ohne Alt- und Tenorposaune und mit einer von der jetzigen etwas verschiedenen aus T. 3. sich ergebenden Vertheilung des Dreiklangs. Die Singstimmen schlossen:

Ähnlich die Instrumente.

Benedictus und **Dona nobis** sind in beiden Bearbeitungen gleich.

Die autographe Partitur der Messe unterrichtet uns aber nicht nur von dem Verhältnisse der beiden Bearbeitungen zu einander, sondern verräth auch einzelne, theils nicht zur Ausführung gelangte Pläne, theils bereits durchgeführte und bald wieder verworfene Einrichtungen Schubert's, die ihn noch vor Vollendung der ersten Bearbeitung beschäftigten. So standen die Hörner zum ganzen Kyrie ursprünglich in *As*. Die Phrase der Clarinetten S. 4. T. 22 und 23 stand an analoger Stelle (S. 2. T. 12 u. 13) in den Oboen. Hier wurde sie gestrichen, wahrscheinlich weil sie über der Hauptstimme lag. S. 3. T. 6 schloss der Chor in *As*-dur ab und der darauf folgende erste Entwurf für den Seitensatz lautete:

S. 4 stand nach T. 4 eine Partie, die jetzt nur im Schlusstheil des Kyrie vorkommt. Sie fing in *As*dur an und schloss (mit Chor) auf den Bässen von S. 4. T. 5—8. Im Autograph ist davon noch Folgendes ersichtlich:

Durch den Wegfall dieser Partie hat der Wiedereintritt des ersten Theils (S. 4. T. 9) gewonnen.

Das Gloria sollte ursprünglich so beginnen:

Diesem schloss sich unmittelbar S. 10. T. 5 an. Die ganze Partie von dem so projectirten Anfang an bis S. 11. T. 9 sollte S. 21. zwischen T. 6 und T. 7 wieder-kehren. Das darauf Folgende (S. 21. T. 7 u. ff.) war also ursprünglich nur zum Schlusstheil dieses Satzes bestimmt und wurde erst später, nachdem der oben mit-getheilte Anfang des Gloria verworfen wurde, auch an die Spitze des Satzes gestellt.

Vom allerersten Entwurf des Cum sancto Spiritu (S. 46. T. 7) haben sich nur einige Noten erhalten:

Nach den vorhandenen Andeutungen sollte der Satz so instrumentirt werden, wie es bei den später ausgeführten und an seine Stelle getretenen Sätzen (S. 46 und S. 143) geschah. Nur waren (wenigstens für den Anfang) keine besonderen Violin-figuren projectirt.

S. 67. T. 3—6 lauteten ursprünglich:

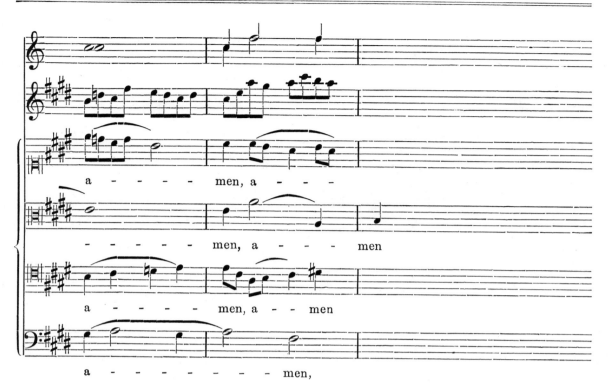

Die übrigen Instrumente gingen mit den Singstimmen wie bisher. Das Sanctus hatte ursprünglich die Tempobezeichnung *Adagio molto;* doch schon in der ersten Bearbeitung *Andante.* Die Trompeten zu diesem Satze standen in *F.* Desgleichen die Pauken. Diese waren theils nach alter Weise in *C,* theils in *F* geschrieben. Erst in der zweiten Bearbeitung sind sie durchwegs als nichttransponirende Instrumente behandelt.

Osanna: ursprünglich *Allegro moderato.*

Das **Benedictus** war ursprünglich ähnlich angelegt, wie jenes der Messe in *F,* nämlich als ein Canon zwischen zwei Tenor- und zwei Sopran-Solostimmen. Zur Begleitung sollten die Streichinstrumente (ohne Contrabass) und je zwei Flöten, Oboen und Fagotte herangezogen werden. Weit scheint aber diese Arbeit nicht gediehen zu sein; von ihr haben sich nur folgende Takte erhalten:

ve - nit   in   no - mi - ne   Do - mi - ni,   qui   ve - nit   in   no - mi - ne

in   no - mi - ne   Do - mi - ni,   in   no - mi - ne

S. 127 hatte der Chor ursprünglich die letzten 4½ Takte in derselben Lage zu
singen, wie die vorhergehenden drei. Doch steht der jetzige Chorsatz dieser
Stelle schon in der ersten Bearbeitung.

S. 142. T. 6. An Stelle dieses Taktes standen in den Streichinstrumenten und Singstimmen folgende zwei Takte:

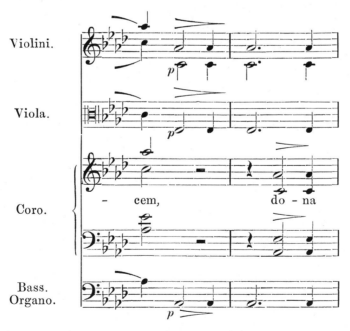

Violini.

Viola.

Coro.

Bass.
Organo.

und es sollte das **Dona nobis** vier Takte früher und ohne Blasinstrumente schliessen.
Erst als Schubert den kleinen Nachahmungssatz S. 142. T. 11—14 den Holzbläsern
zutheilte, verlängerte er den Schluss.

Nr. 6. Messe in Es.

Vorlagen:

1. Die autographe Partitur im Besitze der königlichen Bibliothek in Berlin. Sie hat keinen besonderen Titel. Auf der ersten Seite steht rechts oben: »Juny 1828. Frz. Schubert.«

2. Die erste Ausgabe. Sie erschien 1865 bei J. Rieter-Biedermann in Leipzig unter dem Titel: »Grosse Messe (in *Es*) von Franz Schubert.« Partitur. Clavierauszug. Orchesterstimmen. Chorstimmen. Clavierauszug zu vier Händen ohne Worte. V. N. 424—428.

Bemerkungen:

Von den in der autographen Partitur vorkommenden Änderungen und Schreibfehlern Schubert's sind folgende erwähnenswerth:

S. 1. »*quasi Allegretto*« wurde der Tempobezeichnung des Kyrie erst später beigefügt.

S. 16. Der Schluss des Kyrie war Anfangs ohne Singstimmen entworfen und sollte zwei Takte früher eintreten. Die Hörner stiegen (T. 8) in Octaven ins tiefe *c* hinab; Takt 9 war mit T. 12 durch ⌢ verbunden. T. 10 u. 11 und das lelzte »eleison« des Chors sind eine spätere Zuthat Schubert's.

S. 31. T. 4. Violoncello e Basso im Aut. ⟨Notenbeispiel⟩ musste mit dem Chor in Einklang gesetzt werden.

S. 42. T. 2 u. ff. waren ursprünglich so angelegt:

Das Orchester ging in derselben Art mit, wie im Druck.

. 50. T. 1—3. Schubert schreibt an dieser Stelle für die Hörner:

denkt also im Augenblick an Hörner in *Es*. Ebenso

S. 98. T. 8 und 9, wo er an Hörner in *B* denkt und ⟨Notenbeispiel⟩ schreibt.

An dieser Stelle fängt mit dem nächsten Takt (Hörner: ![notation]) im Autograph ein neuer Bogen an.

S. 121. Ursprüngliche Tempobezeichnung: *Andante con moto*.

Es kann endlich bemerkt werden, dass die Messe in *Es* nicht zufällig der Orgel entbehrt. Dies lag in der Absicht Schubert's. Er schreibt zu jedem Satz ausdrücklich »Violoncello e Basso«, oder: »Violoncello«, »Basso« wenn jedes ein besonderes System hat. Auf der ersten Seite (Kyrie) schreibt er gewohnheitsmässig zum untersten System »Organo e Basso«, durchstreicht aber sofort die ersten zwei Worte.

Nr. 7. Gesänge zur Feier des heiligen Opfers der Messe.

Vorlagen:

1. Die autographe Partitur im Besitze von Nicolaus Dumba in Wien.

2. Die erste Ausgabe, die unter dem Titel: »Deutsche Messe nebst einem Anhang »das Gebet des Herrn« für 4 Singstimmen mit Begleitung von Blasinstrumenten (2 Oboen, 2 Clarinetten, 2 Fagotte, 2 Hörner, 2 Trompeten, 3 Trombonen und Pauken) oder der Orgel (mit Contrabass ad. lib.) componirt von Franz Schubert. Eigenthum des Verlegers. Wien, bei J. P. Gotthard V. Nro. 117. 118. 119.« im Jahre 1870 erschienen ist.

3. Die Original-Ausgabe des Textes: »Gesänge zur Feyer des heiligen Opfers der Messe. Nebst einem Anhange enthaltend: das Gebeth des Herrn. Wien 1827. Gedruckt bey Anton v. Haykul.

Bemerkungen:

Das Autograph hat keinen Titel. Es ist eine Reinschrift Schubert's, die für Prof. Neumann, den Textdichter, bestimmt war. Die Metronombezeichnungen zu Anfang eines jeden Stückes, die man im Autograph und in der ersten Ausgabe findet, rühren nicht von Schubert her. Nach dem Autograph ist die Begleitung für Blasinstrumente u n d Orgel (»mit beliebigem Contrabass«) gedacht, nicht wie die erste Ausgabe auf dem Titel sagt: »oder Orgel«. Schubert schrieb in's Autograph nur die erste Strophe der einzelnen Gesänge. Die Ergänzung erfolgte nach der oben angeführten Ausgabe des Textes. Erwähnenswerth ist ein Schreibfehler Schubert's, der auch in die erste Ausgabe des Werkes übergegangen ist: S. 10, System 11, Takt 13 steht im Autograph *as, as* (statt *b, b*). Beim Vergleich mit Takt 5 erklärt sich dieser Schreibfehler leicht.

Dieses Werk erschien im Jahre 1866 bei C. A. Spina in Wien in einer Bearbeitung für Männerchor als das erste Heft der ersten Abtheilung einer Sammlung: »Chöre von Franz Schubert mit und ohne Begleitung, nach Einsicht der Original-Partituren revidirt mit Vortragszeichen und Vorwort versehen von Johann Herbeck.« Es führt hier den Titel: »Deutsche Messe« und ist in dieser Bearbeitung sehr populär geworden. Auch in G. Nottebohm's »Thematischem Verzeichniss der im Druck erschienenen Werke von Franz Schubert« wird diese Bearbeitung (S. 228) als eine Schubert'sche angeführt. Trotzdem musste von ihrer Aufnahme in unsere Ausgabe abgesehen werden. Sie erwies sich beim Vergleiche mit der autograph erhaltenen ursprünglichen Gestalt des Werkes fast unzweifelhaft als die Arbeit ihres Herausgebers. Es würde zu weit führen, alle Beweise hiefür neben einander zu stellen. Eine Auswahl derjenigen Stellen, in denen die Bearbeitung für Männerchor vom Autograph abweicht, möge für unsere Ansicht sprechen.

S. 1. T. 3 und S. 2. T. 2.

S. 2. T. 5 und 9.

S. 3. T. 1 u. 2.

S. 4. T. 4 u. 5.

S. 9. T. 2—4.

und   dei - ner   Leh - re himm-lisch Licht;

S. 12. T. 10.

Dem Text von Nr. 6 (Nach der Wandlung) »Betrachtend deine Huld und Güte« hat die Bearbeitung die Musik des im Anhang stehenden »Gebet des Herrn« angepasst. Es ist nicht gut denkbar, dass Schubert bei einer Bearbeitung seines Werkes dasselbe so misshandelt hätte. In Herbeck's Ausgabe steht kein Takt, der in Bezug auf die Behandlung des Männerchors auch nur im Geringsten Zeugnis ablegen könnte von jener Meisterschaft, die Schubert darin eigen war. Auch fehlt im Leben Schubert's jede Veranlassung zu einer solchen Bearbeitung. Wie das Werk im Autograph vorliegt, ist es eine vom Textdichter bestellte Arbeit, und es ist eher anzunehmen, dass Schubert nöthigenfalls eine besondere Messe für Männerstimmen geschrieben, als dass er eine Bearbeitung wie die von Herbeck herausgegebene geliefert hätte.

SCHUBERT'S WERKE.

Revisionsbericht.

———•—•———

Serie XIV. Kleinere Kirchenmusikwerke.

Nr. 1. Erstes Offertorium.

Vorlagen: 1. Die autographe Partitur früher im Besitze von L. Liepmannssohn in Berlin.

2. Die erste Ausgabe.

Bemerkungen: Die autographe Partitur hat einen blauen Umschlag mit der Aufschrift: »Aria. Partitura.« und mit einem Stempel »Joseph Doppler«. Die Überschrift auf der ersten Seite der Partitur lautet: »Aria mit Clarinett-Solo. für Hrn. Doppler«. Rechts oben: »Franz Schubert mpia«. An Stelle der Tempobezeichnung stand ursprünglich blos: »*Cantabile*«, beim System für die Clarinette: »Clarinetto Concerto«. Die Änderung »Clarinetto Solo« rührt von Schubert selbst her. Das unterste System hat blos die Bezeichnung »Basso«, und die Noten in diesem System haben keine Bezifferung. Papier, Tinte und Schriftzüge, sowie alles Äusserliche an diesem Autographe sind jenen der Autographe der Messe in C (Serie XIII, Nr. 4) und des Tantum ergo in C (Serie XIV, Nr. 7) auffallend ähnlich.

Die erste Ausgabe erschien 1826 unter dem Titel: »Erstes Offertorium. Totus in corde langueo. Solo für Sopran oder Tenor und Clarinett oder Violine concertant, mit Begleitung von 2 Violinen, 2 Flöten, 2 Hörner, Contrabass und Orgel componirt und seinem Freunde Ludwig Titze gewidmet von Franz Schubert 46tes Werk. Eigenthum der Verleger. Wien, bey Ant. Diabelli & Comp.« Verlagsnummer 1900. In Stimmen. Die Orgelstimme ist beziffert. Die Contrabassstimme ist blos »Basso« überschrieben; Violoncell war selbstverständlich.

———

Nr. 2. Zweites Offertorium.

Vorlage: Die erste Ausgabe. Sie erschien 1826 unter dem Titel: »Zweytes Offertorium. Salve Regina. Solo für Sopran mit Begleitung von 2 Violinen, 2 Clarinetten, 2 Fagotten, 2 Hörner, Contrabass und Orgel, componirt von Franz Schubert 47tes Werk. Eigenthum der Verleger. Wien, bei Ant. Diabelli und Comp.« Verlagsnummer 1901. In Stimmen.

———

Nr. 3. Salve Regina. Drittes Offertorium.

Vorlagen: 1. Die autographe Partitur im Besitze von Dr. Max Friedländer in Berlin.

2. Die erste Ausgabe. Sie erschien um 1843 unter dem Titel: »Drittes Offertorium (Salve regina, mater misericordiae) Solo für Sopran oder Tenor mit Begleitung von 2 Violinen, Viola, Violoncell und Contrabass. Mit willkührlicher Begleitung des

Pianoforte anstatt des Quartetts. Componirt von Franz Schubert. 153tes Werk. Eigenthum der Verleger. Wien, bei A. Diabelli u. Comp.« Verlagsnummer 7978. In Stimmen.

Bemerkungen: Die »willkührliche Begleitung des Pianoforte« ebenso wie die Bezeichnung »oder Tenor« rühren von den Verlegern her. Diesen war das Stück auch zu lang. Die Partie S. 3, Takt 29 bis S. 6, Takt 14 fehlt in der ersten Ausgabe.

Nr. 4. Offertorium „Tres sunt".

Vorlage: Die autographe Partitur im Besitze von Dr. Max Friedländer in Berlin. Der Titel lautet: »Offertorio. 4 Voci 2 Violini 2 Oboi 2 Clarinetti 2 Fagotti 3 Tromboni Viole Organo e Basso. Composta del Frz. Schubert mpia. 1815.«

Nr. 5. Graduale „Benedictus es Domine".

Vorlagen: 1. Die autographe Partitur im Besitze von Nicolaus Dumba in Wien. 2. Die erste Ausgabe.

Bemerkungen: Die autographe Partitur ist ein Heft von 12 Blättern zwölfzeiligen Notenpapiers in Querformat. Auf der ersten Seite steht der Titel von Schubert's Hand: »Graduale. 4 Voci 2 Violin 2 Oboi 2 Clarinetti 2 Clarini e Tympani 3 Tromboni Viole e Fagotti Organo e Basso. Composta del Sig. Fz. Schubert mpia. 1815.« Ferdinand Schubert hat auf das Titelblatt das Wort »Hymne« gesetzt und in die Partitur unter den lateinischen Text einen deutschen geschrieben. Dieser lautet: »Unermesslich bist du, o Herr, der du durchblickest den Abgrund und sitzest über Cherubim. Unermesslich bist du, o Herr, im Firmament des Himmels; Herr, wir preisen dich, Herr wir preisen dich in Ewigkeit.«

Die erste Ausgabe erschien um 1843 unter dem Titel: »Graduale (Benedictus es Domine) für 4 Singstimmen, 2 Violinen, Viola, 2 Oboen (oder Clarinetten), 2 Trompeten und Pauken, Bass-Posaune, Violoncell, Contrabass, und Orgel, componirt von Franz Schubert. 150tes Werk. Eigenthum der Verleger. Wien, bei A. Diabelli et Comp. k. k. Hof- und priv. Kunst- und Musikalienhändler.« Verlagsnummer 7973. In Stimmen. Aus praktischen Gründen haben die Verleger das Orchester verkleinert und die Orgelstimme theils beziffert theils ausgeführt. Auch enthält ihre Ausgabe nur den lateinischen Text.

Nr. 6. Tantum ergo, op. 45.

Vorlage: Die erste Ausgabe. Sie erschien 1826 unter dem Titel: »Tantum ergo in C. für Sopran, Alt, Tenor und Bass, 2 Violinen, 2 Oboen, oder Clarinetten, 2 Trompeten, und Pauken, Contrabass und Orgel, componirt von Franz Schubert, 45tes Werk. Eigenthum der Verleger. Wien bey Ant. Diabelli & Comp.« Verlagsnummer 1899. In Stimmen.

Nr. 7. Tantum ergo in C.

Vorlage: Die autographe Partitur im Besitze von Dr. Carl Pichler in Znaim. Überschrift: »Tantum ergo. Hrn. Holzer gewidmet. Franz Schubert. August 1816.« Das Äussere des Autographs, die Widmung und die Zeit der Composition lassen darüber keinen Zweifel, dass dieses Stück als Einleitung zur Messe in C bestimmt war. Auch hier ist die Orgelstimme in der Partitur von Schubert beziffert.

Nr. 8. Tantum ergo in D.

Vorlage: Die autographe Partitur im Besitze von Dr. Max Friedländer in Berlin. Überschrift: »Tantum ergo. 20. März $\overline{822}$. Frz Schubert mpia.« Im Autograph ist die Orgelstimme von fremder Hand beziffert.

Nr. 9. Salve Regina in B.

Vorlage: Die autographe Partitur im Besitze von Nicolaus Dumba in Wien. Ein Heft von 14 Blättern, wie Nr. 5. Auf dem Titelblatt: »Salve Regina, vom H. Franz Schubert. Ang. im Juny $\overline{814}$. Geend. im July $\overline{814}$.« Überschrift auf der ersten Partitur-seite: »Franz Schubert. Salve Regina. Den 28. Juny $\overline{814}$.« Am Schluss der letzten Seite: »135« (Takte) »den 1. July $\overline{814}$. Frz. Schubert«.

Bemerkungen: Das unterste System in der autographen Partitur ist blos mit »Basso« bezeichnet. Violoncell ist selbstverständlich und geht auch aus Stellen wie S. 6, Takt 10, S. 12, Takt 4 zur Genüge hervor. Dass die Orgel mitzugehen hat, beweist die Bezifferung, die Schubert selbst nachträglich mit Bleistift hineinschrieb. S. 11, Takt 4 und ff. sollten ursprünglich so lauten:

Nr. 10. Duett „Auguste jam coelestium" und
Nr. 11. Magnificat.

Vorlage: Partiturabschriften in der Spaun-Witteczek'schen Sammlung Schubert'scher Werke im Archiv der Gesellschaft der Musikfreunde in Wien.

Nr. 12. Stabat mater in G.

Vorlage: Die autographe Partitur im Besitze von Nicolaus Dumba in Wien. Ein Heft wie Nr. 5. Der Titel, von Schubert's Hand geschrieben, lautet: »Stabat Mater. 4 Voci 2 Violini 2 Oboi 2 Clarinetti 2 Fagotti 3 Tromboni Viole Organo e Basso. Composta del Sig. Frz. Schubert mpia. 1815.« Auf der zweiten Seite fängt die Partitur an. Überschrift: »Stabat mater«. Rechts oben: »den 4. Aprill 815. Frz. Schubert mpia.« Die Bezifferung rührt von Schubert selbst her. Am Schluss der letzten Seite: »Fine. den 6. Aprill 815.«

Nr. 13. Stabat mater in F.

Vorlage: Die autographe Partitur im Besitze von Nicolaus Dumba in Wien. 44 Blätter 16zeiligen Notenpapiers in Querformat. Kein Titelblatt. Überschrift auf der ersten Seite: »Klopstock's Stabat mater. den 28. Februar 1816. Franz Schubert mpia.«

Bemerkungen: Mit den ersten vier Takten von Nr. 3 dieser Composition, S. 6 unserer Ausgabe, ist im Autograph eine kleine melodische Änderung vorgenommen worden. Diese Correctur ist mit Rothstift gemacht worden und es ist nicht unmöglich, dass sie von Schubert herrührt. Es mögen daher diese Takte hier Platz finden:

Selbstverständlich erscheint diese Stelle auch S. 7 (Takt 1 und 3) und S. 8 (Takt 8 und 10) auf gleiche Weise umgestaltet.

Nr. 14. Kyrie in D.

Vorlage: Die autographe Partitur im Besitze von Nicolaus Dumba in Wien. Titel des Autographs: »Missa in Partitura vom Fz. Sch. Den 25. September 1812.« Auf der zweiten Seite fängt die Partitur an. Hier lautete die Überschrift ursprünglich auch »Missa«. Es war also eine ganze Messe beabsichtigt. Die Arbeit reichte aber nicht über das Kyrie hinaus. Auf S. 31 des Autographs schliesst das Kyrie; auf S. 32 beginnt ein »Quartetto« in C für 2 Violinen, Viola und Basso (Ser. V, Nro 2).

Bemerkungen: Die Stelle S. 13, Takt 14—17 unserer Ausgabe ist eine jener zahlreichen Stellen in Schubert's Werken, die durch Verbreiterung des ursprünglich Erfundenen entstanden sind. Anfangs standen hier blos zwei Takte:

Schubert durchstrich diese Takte und schrieb gleich daneben die Stelle wie sie jetzt ist. So pflegte er schon in frühester Zeit seine Compositionen ohne viel Überlegens gleich in Partitur zu schreiben.

Nr. 15. Kyrie in D.

Vorlage: Die autographe Partitur im Besitze von Nicolaus Dumba in Wien. Kein Titelblatt. Überschrift auf der ersten Seite: »Missa.« Links neben der Tempobezeichnung: »Kyrie«; rechts: »Im Aprill 813.«

Bemerkungen: Das Autograph enthält nur das Kyrie. Aber auch hier scheint Schubert in seiner »Missa« nicht weiter gekommen zu sein. Es ist möglich, dass eine Messe ohne Orgel beabsichtigt war. Das unterste System hat die bei Schubert selten vorkommende Bezeichnung »Basso con Violonzello«, während es im Autograph des eben genannten Kyrie (Nr. 14) mit »Organo e Bassi«, in jenem des noch zu erwähnenden Kyrie (Nr. 16) mit »Organo e Basso« bezeichnet ist.

Nr. 16. Kyrie in F.

Vorlage: Die autographe Partitur im Besitze von Nicolaus Dumba in Wien. Kein Titelblatt. Überschrift auf der ersten Seite: »Kyrie;« rechts oben: »Den 12. May 1813.«

Nr. 17. Salve Regina.

Vorlage: Die erste Ausgabe. Sie erschien 1859 unter dem Tital: »Salve Regina. Hymne an die heilige Mutter Gottes für Sopran, Alt, Tenor und Bass mit Klavierbegleitung von Franz Schubert. Dem löblichen Künstlervereine Hesperus zum Andenken an seine Aufopferung und hohe Begeisterung für Schubert'sche Musik geweiht von Ferdinand Schubert, Director der k. k. Normal- und Realschule St Anna (Bruder des verblichenen Tonsetzers). Eigenthum der Verleger. Wien, bei Carl Haslinger qm Tobias k. k. Hof- und priv. Kunst- und Musikalienhändler.« Verlagsnummer 12265. 12266. Partitur und Stimmen.

Bemerkung: Im Widerspruche mit dem Titelblatte steht die Partitur dieser ersten Ausgabe. Hier ist die Partie der Begleitung mit »Organo« bezeichnet, was auch richtiger sein dürfte. Übrigens ist es möglich, dass die Begleitung ganz von Ferdinand Schubert herrührt. Das Stück lässt sich auch ohne Begleitung aufführen, mit Hinweglassung der wenigen Takte, in welchen die Orgel selbständig auftritt. Obligat ist diese Begleitung nicht.

Nr. 18. Antiphonen.

Vorlagen: 1. Die autographe Partitur im Besitze vou Nicolaus Dumba in Wien. Vier Seiten, mit Bleistift geschrieben; die Partitur auf zwei Systemen wie im Druck. Überschrift: »1820. Frz. Schubert mpia;« am Schluss der letzten Seite: »Im k. k. Waisenhause.«

2. Die erste Ausgabe. Sie erschien im November 1829 unter dem Titel: »Antiphonen zur Palmweihe am Palmsonntage für Sopran, Alt, Tenor & Bass componirt von Franz Schubert op. 113. Eigenthum der Verleger. Wien bei Ant. Diabelli & Comp.« Verlagsnummer 3261. In Stimmen.

Nr. 19. Salve Regina für Männerstimmen.

Vorlagen: 1. Eine nach dem Autograph verfertigte Partitur-Abschrift in der Spaun-Witteczek'schen Sammlung im Archiv der Gesellschaft der Musikfreunde in Wien.

2. Die erste Ausgabe. Sie erschien um 1843 unter dem Titel: »Salve Regina. Quartett für 4 Männerstimmen mit willkührlicher Begleitung der Orgel componirt von Franz Schubert. op. 149. Eigenthum der Verleger. Wien, bei A. Diabelli u. Comp.« Verlagsnummer 7972. Partitur und Stimmen.

Bemerkungen: Unsere Ausgabe folgt der unter 1. genannten Vorlage. An der Stelle S. 3, Takt 13—20 hat die erste Ausgabe eine andere Textvertheilung und eine schlechte Declamation aufzuweisen; die Verleger haben den von Schubert gekürzten Text wiederherzustellen versucht, und die ausgeschiedenen Worte »benedictum fructum ventris tui« mühsam hineingezwängt. Auch die »willkührliche Begleitung der Orgel« ist eine Zuthat der Verleger.

Nr. 20. Salve Regina für gemischten Chor.

Vorlage: Die autographe Partitur im Besitze von Nicolaus Dumba in Wien.

Bemerkungen: Das Autograph ist eine Art ausgeführter Skizze, aus welcher das Stück in der mitgetheilten Form klar hervorgeht. Schubert schrieb die Composition auf die leergebliebenen Systeme dreier Blätter, welche usprünglich zur Partitur des deutschen Stabat mater (Serie XIV, Nr. 13) gehörten. Daraus ergiebt sich die Chronologie. Das Stück sollte ursprünglich so anfangen:

Darauf folgten die vier Takte mit dem Text »mater misericordiae« wie sie jetzt stehen, so dass das Stück mit einer sechstaktigen Periode anhub. Demgemäss waren auch die Worte »vita, dulcedo« und gegen den Schluss des Stückes »o pia, o clemens« (beide Male) auf zwei Takte vertheilt und so gesetzt wie oben »Salve regina«. Erst nachdem das Stück fertig war, änderte Schubert die Notenwerthe und auch einzelne Noten in den ersten zwei Takten und machte vier Takte daraus. So wurde die Periode acht-taktig und erhielt zwei gleiche Theile. An den entsprechenden Stellen wurde diese Än-derung ebenfalls nachträglich theils durchgeführt theils im Sopran angedeutet. Vergl. auch Nr. 14.

Nr. 21. Kyrie in B.

Vorlage: Die autographe Partitur im Besitze von Prof. Dr. Ferd. Bischoff in Graz.

Nr. 22. Entwurf eines Tantum ergo.

Vorlage: Autograph im Besitze von Nicolaus Dumba in Wien.

Bemerkung: Dieses Stück wird mitgetheilt, um zu zeigen, wie Schubert seine Compositionen entwarf. Der Entwurf hat gar keine Correctur und zeigt klar wie das Stück beabsichtigt war. Unbefangen und zielbewusst wie einen solchen Entwurf, schrieb Schubert auch seine Partituren. Seine Werke entstanden gleichsam plötzlich, in dem Momente des Schreibens selbst.

Verzeichniss der Stichfehler,

welche in dem die Serie XIV enthaltenden Bande nachträglich corrigirt werden mögen.

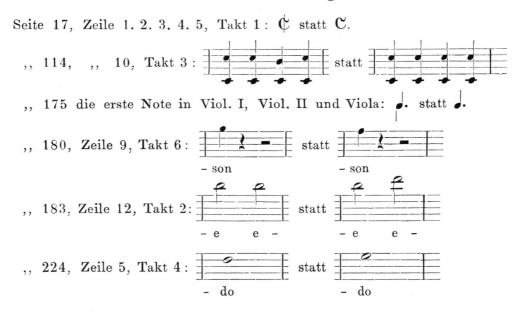

SCHUBERT'S WERKE.

Revisionsbericht.

Serie XV. Dramatische Musik.

Band I.

Nr. 1. Des Teufels Lustschloss.

Vorlagen. Das Autograph im Besitze von Nicolaus Dumba in Wien.
Das Autograph im Besitze von Gräfin Amadei in Wien.

Band II.

Nr. 2. Der vierjährige Posten.

Vorlage. Das Autograph im Besitze der Gesellschaft der Musikfreunde in Wien.

Nr. 3. Fernando.

Nr. 4. Die Freunde von Salamanka.

Vorlagen. Die Autographe im Besitze von Nicolaus Dumba in Wien.

Band III.

Nr. 5. Die Zwillingsbrüder.

Vorlage. Das Autograph im Besitze der Gesellschaft der Musikfreunde in Wien.

Nr. 6. Die Verschworenen.

Vorlage. Eine von Alfred Richter in London nach dem im British Museum befindlichen Autograph revidirte Partitur-Abschrift.

Band IV.

Nr. 7. Die Zauberharfe.

Vorlage. Das Autograph im Besitze von Nicolaus Dumba in Wien.

Nr. 8. Musik zu Rosamunde.

Vorlagen. Die Autographe der einzelnen Theile im Besitze von A. Cranz und Nicolaus Dumba in Wien.

Band V.

Nr. 9. Alfonso und Estrella.

Vorlage. Das Autograph im Besitze der Gesellschaft der Musikfreunde in Wien.

Band VI.

Nr. 10. Fierrabras.

Vorlagen. Das Autograph der Ouverture im Besitze von A. Cranz in Wien. Das Autograph der drei Acte im Besitze von Nicolaus Dumba in Wien.

Band VII.

Nr. 11. Claudine von Villa Bella.

Vorlage. Das Autograph im Besitze der Gesellschaft der Musikfreunde in Wien

Nr. 12. Der Spiegelritter.

Nr. 13. Die Bürgschaft.

Nr. 14. Adrast.

Vorlagen. Die Autographe im Besitze von Nicolaus Dumba in Wien.

Nr. 15. Einlagen zu Herod's Oper „Das Zauberglöckchen".

Vorlagen. Zur Arie: Das Autograph im Besitze der Gesellschaft der Musikfreunde in Wien.
Zum Duett: Die zum Bestande der Herold'schen Oper gehörende Partitur-Abschrift im Besitze des k. k. Hofoperntheaters in Wien.

Vorbemerkung.

Die Männerchorcompositionen Schubert's werden in unserer Ausgabe nach den ältesten Quellen wiedergegeben. Den Unterschied von gewöhnlichen Ausgaben werden Diejenigen, denen diese vielgesungenen und weitverbreiteten Chorwerke geläufig sind, auf den ersten Blick gewahr werden; denn fast alle der heute gebräuchlichen Ausgaben gehen auf Herbeck's Ausgabe zurück. Diese erschien 1867 bei Fr. Schreiber (C. A. Spina's Nachfolger) in Wien unter dem Titel: »Chöre von Franz Schubert mit und ohne Begleitung. Neue einzig rechtmässige Ausgabe. Nach Einsicht der Originalpartituren revidirt, mit Vortragszeichen und Vorwort versehen von Johann Herbeck«. Herbeck hat in mehreren Stücken auch die Clavierbegleitung Schubert's und die Zeitmasse der Originale geändert, die Vortragszeichen nicht blos ergänzt sondern oft übertrieben und an einzelnen Stellen geradezu verkehrt, u. dgl. mehr. Auch unsere Ausgabe enthält die Tenorstimmen im Violinschlüssel. Schubert schrieb bei seinen Männerchören bald den Tenor- bald den Violinschlüssel. Er war so sehr an beide gewöhnt, dass er sie mitunter verwechselte und im Drange der Composition nebeneinander gebrauchte (vergl. Nr. 45). Nur ausnahmsweise haben wir in einzelnen Stücken die Tenorschlüssel beibehalten. Schubert ändert oft den Text der Gedichte. In solchen Fällen wurde immer die Schubert'sche Fassung gegeben. Bei einigen Gedichten hat Schubert nicht alle Strophen benutzt, sondern mit Sorgfalt gewählt. Einzelne unter Schubert's Namen verbreitete Stücke konnten nicht aufgenommen werden, weil sie die Prüfung der Echtheit nicht zur Genüge bestanden. Bei den Stücken »Trinklied« (»Funkelnd im Becher, so helle, so hold«) und »Der Wintertag« (»In schöner heller Winterszeit«) sind nur die Singstimmen von Schubert; die ursprünglichen Clavierbegleitungen sind verloren gegangen und wurden bei ersterem wahrscheinlich von C. Czerny, bei letzterem von J. P. Gotthard ergänzt. Die Bearbeitung des XXIII. Psalm's (op. 132) für Männerchor rührt nicht von Schubert her. Die Schubert'schen Compositionen des Gedichtes »Das Grab« (»Das Grab ist tief und stille«) sind einstimmige Lieder mit Clavierbegleitung, die nur in der Vorstellung Schubert's als Chöre existirten, nicht auch in der Ausführung. Im Anhang werden diejenigen Stücke mitgetheilt, die keinen praktischen, sondern nur biographischen, oder Studienwerth haben. Die Zeitangaben über das Erscheinen der als Vorlagen benutzten ersten Ausgaben wurden Nottebohm's »Thematischem Verzeichnis« entnommen. Beim Zählen der Takte auf einer Seite wurden die Auftakte nicht mitgerechnet.

SCHUBERT'S WERKE.

Revisionsbericht.

— ◆◆ —

Serie XVI. Für Männerchor.

Nr. 1. Nachtgesang im Walde.

Vorlage: Die erste Ausgabe. Sie erschien 1847 bei Haslinger in Wien unter dem Titel: »Nachtgesang im Walde von G. Seidl. In Musik gesetzt für vier Männerstimmen mit Begleitung von 4 Hörnern oder des Pianoforte von Franz Schubert. 139tes Werk.« Partitur und Stimmen. Verlagsnummer 10011.

Bemerkungen: Die Pianofortepartie ist blos eine Übertragung der Hornstimmen, und es kann mit Sicherheit angenommen werden, dass sie nicht von Schubert herrührt. Sie bleibt daher in unserer Ausgabe weg.

Seite 6, Takt 4 hat das 3. und 4. Horn in der ersten Ausgabe *as* auf dem ersten Viertel, wie im vorhergehenden und im folgenden Takt. Es wurde ein Stichfehler angenommen, und die Stelle nach Analogie von S. 7 Takt 16 geändert. Aus demselben Grunde wurde S. 5 Takt 9 im 2. Horn auf dem ersten Viertel *a* gesetzt (erste Ausgabe *g*) nach Analogie von S. 7 Takt 8.

Nr. 2. Hymne.

Vorlage: Die erste Ausgabe. Sie erschien **um** 1847 bei Diabelli & Comp. in Wien unter dem Titel: »Hymne (Herr, unser Gott! erhöre unser Flehen), Chor für acht Männerstimmen mit Begleitung von 2 Oboen, 2 Clarinetten, 2 Fagotte, 2 Hörner, 2 Trompeten und 3 Posaunen oder des Pianoforte, In Musik gesetzt von Franz Schubert 154tes Werk.« Verlagsnummer 8778. Stimmen.

Bemerkung: Die Pianofortepartie ist ein von den Verlegern eingerichteter Clavierauszug, und entfällt daher in unserer Ausgabe.

Nr. 3. Gesang der Geister über den Wassern.

Vorlagen: 1. Die autographe Partitur im Besitze von A. Cranz in Wien.

2. Die erste Ausgabe. Sie erschien um 1858 bei C. Spina in Wien unter dem Titel: »Gesang der Geister über den Wassern (von Goethe), für vier Tenor- und vier Bassstimmen mit Begleitung von 2 Violen, 2 Violoncelle und Contrabass von Franz Schubert. Op. 167. Nachgelassenes Werk.« Verlagsnummer 16509. Partitur und Stimmen.

Bemerkung: Für unsere Ausgabe war die autographe Partitur massgebend; sie ist eine Reinschrift Schubert's und bietet uns das Stück in endgiltiger Gestalt. Gegen die erste Ausgabe weist sie nur eine grössere Genauigkeit der Vortragsbezeichnungen auf.

Nr. 4. Das Dörfchen.
Nr. 5. Die Nachtigall.
Nr. 6. Geist der Liebe.

Vorlagen: 1. Die erste Ausgabe. Sie erschien am 12. Juni 1822 bei Cappi & Diabelli in Wien unter dem Titel: »Das Dörfchen von Bürger, die Nachtigall von Unger und Geist der Liebe von Matthisson, für 4 Männerstimmen mit Begleitung des Pianoforte oder der Guitarre, in Musik gesetzt, und dem Herrn Joseph Barth k. k. Hofsänger gewidmet von seinem Freunde Franz Schubert 11tes Werk.« Verlagsnummer 1017. In Stimmen.

2. Die autographe Partitur von Nr. 6 im Besitze der Gesellschaft der Musikfreunde in Wien. Überschrift: »Geist der Liebe. Matthisson. Jänner 1822. Franz Schubert mpia.«

Bemerkungen: Das Dörfchen. Die harmonische Unebenheit S. 4 Tkt. 17 zwischen 2. Tenor und Begleitung, die rhythmische Unebenheit S. 5 Tkt. 7, 9 und 10 zwischen Singstimmen und Clavier und das ♮ vor der vierten Sechzehntelnote des ersten Tenors S. 5 Tkt. 17 und S. 6 Tkt. 14 wurden der Vorlage getreu beibehalten.

Die Nachtigall. S. 8 Tkt. 3 fängt auf der letzten Achtelnote der erste Bass in der Vorlage mit dem ersten Vers der Strophe an (»So Freunde verhalte manch' himmlisches Lied«) und es haben dann stets beide Bässe denselben Text. Die Strophe wird von hier an ohne Textwiederholung weitergesungen, bis S. 9 Tkt. 1, wo auf dem letzten Achtel die Wiederholung des vierten Verses (»Auf Schwingen der Töne« etc.) eintritt. Da diese Textvertheilung mit der rhythmischen Gliederung der Melodie im Widerspruch steht, wurde sie nach Analogie der Textvertheilung, wie sie dieselbe Strophe auf S. 6 und S. 7 hat, geändert, und so musste der erste Bass bei seinem Eintritte auf S. 8 gleich mit dem zweiten Verse der Strophe anheben. Der ersten Ausgabe lag wahrscheinlich ein Autograph zu Grunde und es dürfte diese Unebenheit auf ein Versehen Schubert's zurückzuführen sein.

Geist der Liebe. Die autographe Partitur enthält blos die Singstimmen und diese übereinstimmend mit der ersten Ausgabe.

Nr. 7. Frühlingsgesang.
Nr. 8. Naturgenuss.

Vorlagen: 1 Die erste Ausgabe. Sie erschien am 9. October 1823 bei Cappi & Diabelli in Wien unter dem Titel: »Frühlingslied von Fr. von Schober. Naturgenuss von Matthisson, für vier Männerstimmen mit willkührlicher Begleitung des Pianoforte oder der Guitarre. In Musik gesetzt von Franz Schubert. 16tes Werk.« Verlagsnummer 1175. Stimmen.

2. Die autographe Partitur von »Naturgenuss« im Besitze von Nicolaus Dumba in Wien.

Bemerkungen: Frühlingsgesang. In der Vorlage ist das Stück auf dem Titelblatt als »Frühlingslied«, auf den einzelnen Stimmen als »Frühlingsgesang« bezeichnet. In dem Autograph der ersten Bearbeitung (vergl. Nr. 31) hat das Stück auch die Überschrift »Frühlingsgesang«; diese wurde daher beibehalten. S. 9 Tkt. 3 und 7 hat die vierte Achtelnote des ersten Basses auch in der Vorlage keine Vorschlagsnote.

Naturgenuss. Die autographe Partitur enthält nur die Singstimmen und stimmt in diesen mit der ersten Ausgabe vollkommen überein. Die Pausen und die Fermate im ersten Takte des Autographs deuten darauf hin, dass auch eine autographe Clavierbegleitung existirt hat. S. 6 Tkt. 1 und 5 einerseits, und S. 6 Tkt. 10 und 14 und S. 7 Tkt. 9 andererseits, wurde die Verschiedenartigkeit der vierten Melodienote den Vorlagen getreu beibehalten.

Nr. 9. Der Gondelfahrer.

Vorlage: Die erste Ausgabe. Sie erschien im August 1824 bei Sauer & Leidesdorf in Wien unter dem Titel: »Der Gondelfahrer Gedicht von Mayerhofer. In Musik gesetzt für vier Männerstimmen mit Begleitung des Pianoforte von Franz Schubert. Op. 28.« Verlagsnummer 599. Stimmen.

Nr. 10. Bootgesang.

Vorlage: Die erste Ausgabe. Sie erschien am 5. April 1826 bei M. Artaria in Wien als Nr. 3 der Sammlung: »Sieben Gesänge aus Walter Scott's Fräulein vom See in Musik gesetzt mit Begleitung des Pianoforte und der Hochgebornen Frau Sophie Gräfin v. Weissenwolf geborne Gräfin von Breuner hochachtungsvoll gewidmet von Franz Schubert. Op. 52. I^{tes} Heft.« Verlagsnummer 813. Partitur.

Bemerkung: Die Vorlage enthält das Gedicht in deutscher und in englischer Sprache, und bringt in beiden auch die zweite, dritte und vierte Strophe, jedoch nicht in Verbindung mit der Musik, sondern auf einem besonderen Blatte. Schubert hat die ganze Sammlung auf den deutschen Text componirt. Der scharf ausgeprägte Rhythmus der Musik geht so genau mit dem Wortrhythmus der ersten Strophe zusammen, dass sich die übrigen Strophen zu der Musik nicht gut anwenden lassen. Schubert, der bei der Wahl der Strophen eines componirten Gedichtes stets vorsichtig und sorgsam war, mag hier thatsächlich nur an die erste Strophe gedacht haben. Wenn er die Wiederholungszeichen, die in der ersten Ausgabe stehen, auch selbst geschrieben hat, so dürften die Wiederholungen doch mehr in seiner Vorstellung gelebt haben, als für die praktische Ausführung gedacht worden sein. Die übrigen Strophen wurden daher in unserer Ausgabe weggelassen. Sie lauten:

2. Es ist kein Pflänzchen, das spriesset an Quellen,
Zu Beltane blüht und im Winter verwelkt.
Wann der Sturm verweht hat das Laub vom Gebirge
In seinem Schatten Clan-Alpine jauchzt.
Geankert fest im harten Fels,
Sturm stürzt umsonst daran,
Fester gewurzelt, je heft'ger der Wind stösst.
Menteith und Brealdalbane
Hallen sein Lob zurück:
Es lebe Sir Roderick, Clan-Alpine's Held!

3. Stolz hat der Pibroch getönt in Glenfruin,
Und Banochars Stöhnen dem Slogon widerhallt.
Glen-Luss und Ross-Dhu, sie dampfen in Trümmern
Und Loch-Lommond's Helden, es traf sie das Schwert.
Die Jungfrau des Sachsenvolks,
Die Witwe, sie jammern laut,
Sie denken mit Furcht und mit Weh an Clan-Alpine;
Lenox und Levenglen
Beben, wenn's laut erschallt:
Es lebe Sir Roderick, Clan-Alpine's Held!

4. Schlaget die Fluth für den Stolz der Hochlande!
Rudert mit Macht für den immergrünen Baum!
O, wenn die Rose, die dort auf der Insel
Blühet, sich schläng' ihm zum duftenden Kranz!
O wenn ein edles Reiss,
Würdig solch' edlen Stamm's
Freudig in seinem Schatten möcht' wachsen,
Laut würde Clan-Alpine
Rufen aus tiefster Schlucht:
Es lebe Sir Roderick, Clan-Alpine's Held!

Nr. 11. Zur guten Nacht.

Vorlage: Die erste Ausgabe. Sie erschien am 28. Mai 1827 bei Tob. Haslinger in Wien in der Sammlung: »Alinde. An die Laute. Zur guten Nacht. Gedichte von Fried. Rochlitz. In Musik gesetzt für eine Singstimme mit Begleitung des Pianoforte von Franz Schubert. 81tes Werk.« Verlagsnummer 5029. Partitur.

Nr. 12. Widerspruch.

Vorlagen: 1. Die autographe Partitur im Besitze von Alexander Posonyi in Wien. Überschrift: »Widerspruch. Männerchor. Von Gabr. Seidl. Frz. Schubert mpia.« Kein Datum.

2. Die erste Ausgabe. Sie erschien am 21. November 1828 (Schubert's Begräbnistag) bei Joseph Czerný in Wien in der Sammlung: »Widerspruch. Wiegenlied. Am Fenster. Sehnsucht. Vier Gedichte von J. G. Seidl. In Musik gesetzt für eine Singstimme mit Begleitung des Pianoforte von Franz Schubert. 105tes Werk.« Verlagsnummer 330. Partitur und Stimmen.

Bemerkungen: Unsere Ausgabe folgt der autographen Partitur. Die erste Ausgabe hat zu Anfang des Stückes die Bemerkung: »Vierstimmig, oder auch nur mit der ersten Stimme zu singen.« Diese Bemerkung fehlt in der autographen Partitur. S. 2 Tkt. 7 und S. 5 Tkt. 6 lauten die Singstimmen in der ersten Ausgabe:

S. 2 Tkt. 10 u. ff. und S. 5 Tkt. 9 u. ff. lautet die Clavierbegleitung in der ersten Ausgabe:

S. 4 Tkt. 2—8 haben in der ersten Ausgabe die beiden Tenöre ihre Partien vertauscht.

Ausser diesen weichen auch andere weniger auffallende Stellen in der autographen Partitur von der ersten Ausgabe ab. Die autographe Partitur ist eine Reinschrift Schubert's. Die in der ersten Ausgabe auftretenden Abweichungen können wohl von Schubert herrühren; aber bei der Willkühr, mit welcher die ersten Verleger Schubert's Werke behandelten, ist dies gar nicht als sicher anzunehmen, und es wurde in diesem, wie in allen ähnlichen Fällen, dem Autograph der Vorzug vor der ersten Ausgabe gegeben.

Nr. 13. Nachthelle.

Vorlagen: 1. Die autographe Partitur im Besitze von Nicolaus Dumba in Wien; überschrieben: »Nachthelle. Von J. G. Seidl.« Ferdinand Schubert setzte dazu: »Sept. 826.«

2. Die erste Ausgabe. Sie erschien um 1838 bei Ant. Diabelli in Wien unter dem Titel: »Nachthelle. Gedicht von J. G. Seidl. Solo für eine Tenorstimme nebst 2 Tenöre und 2 Bässe mit Begleitung des Pianoforte. In Musik gesetzt von Franz Schubert. 134tes Werk.« Verlagsnummer 6265. Partitur und Stimmen.

Bemerkungen: Die autographe Partitur diente als Stichvorlage für die erste Ausgabe; sie enthält noch die Zeichen der Platteneintheilung. Die beiden Vorlagen stimmen vollkommen überein. Die autographe Partitur zeigt die Partie S. 5 Tkt. 1— 14 in zweierlei Fassung; erst schrieb Schubert:

Dann strich er dies und setzte das jetzt Bestehende an dessen Stelle. Die Octaven zwischen 1. Tenor und 2. Bass S. 5 Tkt. 3 stehen in beiden Verlagen.

Nr. 14. Ständchen.

Vorlage: Die autographe Partitur im Besitze von Nicolaus Dumba in Wien. Überschrieben: »Chor mit Alt Solo. Gedicht von Grillparzer. July 1827 Franz Schubert mpia.«

Bemerkungen: Dieses berühmte und vielgesungene Stück erscheint hier zum ersten Male in seiner ursprünglichen Gestalt. Schubert hat es auch für Frauenchor gesetzt, und in dieser Bearbeitung erschien es als Op. 135. (Siehe Serie XVIII, Nr. 4.) Später gaben die Verleger dieser Bearbeitung die Frauenchorstimmen als Männerchorstimmen heraus und in dieser Form ist das Stück bis heute überall gesungen worden. S. 4 Tkt. 6 trägt Spuren mehrfacher Correcturen von Schubert's Hand. Die Octaven in diesem Takt, wie auch die Octaven S. 5 Tkt. 1 und S. 8 Tkt. 1 und 3 und der 2. Tenor auf S. 9 Tkt. 5 stehen auch in der Vorlage so. Um ein möglichst treues Bild der autographen Partitur zu geben, sind in diesem Stück ausnahmsweise die alten Schlüssel beibehalten worden.

Nr. 15. Im Gegenwärtigen Vergangenes.

Vorlagen: 1. Die autographe Partitur im Besitze von Nicolaus Dumba in Wien. Sie hat blos den Titel des Gedichtes als Überschrift und enthält merkwürdigerweise kein Compositionsdatum.

2. Die erste Ausgabe. Sie erschien um 1840 bei A. Diabelli & Comp. in Wien unter dem Titel: »Im Gegenwärtigen Vergangenes. Gedicht von M. W. In Musik gesetzt für 2 Tenöre und 2 Bässe mit Begleitung des Pianoforte von Franz Schubert. Nachlass Nr. 43.« Verlagsnummer 8820.

Bemerkung: Unsere Ausgabe folgt der autographen Partitur. Wesentliche Unterschiede zwischen dieser und der ersten Ausgabe haben sich nicht ergeben.

Nr. 16. Trinklied.

Vorlagen: 1. Die autographe Partitur im Besitze von A. Cranz in Wien.

2. Die erste Ausgabe. Sie erschien um 1840 bei A. Diabelli & Comp. in Wien in der Sammlung: »Frohsinn. Trinklied. Klage um Aly Bey. Gedicht von Claudius. Der Morgenkuss. Gedicht von Baumberg. In Musik gesetzt für eine Singstimme mit Begleitung des Pianoforte von Franz Schubert. Nachlass Nr. 45.« Verlagsnummer 8822.

Bemerkungen: Unsere Ausgabe folgt der autographen Partitur. Diese enthält auch das Compositionsdatum. Die erste Ausgabe hat das Vorspiel auf vier Takte zusammengezogen, die Solostimme in den Violinschlüssel gesetzt, den Chorsatz und die Clavierbegleitung an einzelnen Stellen geändert. So ist das Stück auch in alle späteren Ausgaben übergegangen. Die autographe Partitur enthält nur die erste Strophe; die zweite Strophe ist der ersten Ausgabe entnommen worden.

Nr. 17. Trinklied.

Vorlagen: 1. Die autographe Partitur im Besitze von A. Cranz in Wien.

2. Die erste Ausgabe. Sie erschien 1872 bei J. P. Gotthard in Wien als Nr. 2 der Sammlung: »Neueste Folge nachgelassener mehrstimmiger Gesänge mit und ohne Begleitung von Franz Schubert.« Verlagsnummer 317.

Bemerkung: Die beiden Vorlagen stimmen mit einander überein.

Nr. 18. Bergknappenlied.

Vorlagen: 1. Die autographe Partitur im Besitze von Nicolaus Dumba in Wien. Überschrift: »Bergknappenlied. Den 25. August 1815.« Zu Anfang der ersten Zeile steht: »Chor der Bergknappen.« Auf der Rückseite steht das Lied »der Weiberfreund.«

2. Die erste Ausgabe. Sie erschien in der bei Nr. 17 erwähnten Sammlung als Nr. 4. Verlagsnummer 319.

Bemerkungen: Unsere Ausgabe folgt der autographen Partitur. Die erste Ausgabe weicht nur unwesentlich davon ab. Im dritten Takt lautet die zweite Viertelnote des 2. Tenors im Autograph *g*, in der ersten Ausgabe *f*.

Nr. 19. La pastorella.

Vorlage: Die autographe Partitur im Besitze von Nicolaus Dumba in Wien. Überschrift: »Quartetto.«

Bemerkungen: Die Anregung zu dieser Composition mag Schubert noch bei Salieri empfangen haben. Da das Stück weit über den Rahmen der bei Salieri gemachten Übungen Schubert's hinausgeht, wird es hier aufgenommen. Die Tempobezeichnung lautete ursprünglich »Andante affetuoso.« Die Clavierbegleitung schrieb Schubert blos bis zum 30. Takte; von da an schrieb er für die Clavierpartie »wie oben etc.« und hatte für die Begleitung der letzten neun Takte keinen Raum mehr auf dem Notenblatte. Die Ergänzung wurde, wie sie sich als selbstverständlich ergiebt, in kleinen Noten gestochen.

Nr. 20. Jünglingswonne.
Nr. 21. Liebe.
Nr. 22. Zum Rundetanz.
Nr. 23. Die Nacht.

Vorlage: Die erste Ausgabe. Sie erschien im October 1823 bei Cappi & Diabelli in Wien unter dem Titel: »Vier Gesänge für 4 Männerstimmen ohne Begleitung. In Musik gesetzt von Franz Schubert 17tes Werk.« Verlagsnummer 1176. Stimmen.

Nr. 24. Wehmuth.
Nr. 25. Ewige Liebe.
Nr. 26. Flucht.

Vorlage: Die erste Ausgabe. Sie erschien 1826 bei A. Pennauer in Wien unter dem Titel: »Wehmuth. Gedicht v. Heinr. Hüttenbrenner. Ewige Liebe. Gedicht v. Ernst Schulze. Flucht. Gedicht v. K. Lappe. In Musik gesetzt für vier Männerstimmen von Franz Schubert. 64tes Werk.« Verlagsnummer 400. Stimmen.

Bemerkung: Das Gedicht »Ewige Liebe« ist in Schulze's poetischem Tagebuche überschrieben: »Am 27. October 1814.«

Nr. 27. Mondenschein.

Vorlagen: 1. Die autographe Partitur im Besitze der königlichen Bibliothek in Berlin.

2. Die erste Ausgabe. Sie erschien im März 1831 bei A. Diabelli & Comp. in Wien unter dem Titel: »Mondenschein Gedicht von Schober. In Musik gesetzt für 2 Tenöre und 3 Bässe mit Begleitung des Pianoforte von Fr. Schubert. 102tes Werk.« Verlagsnummer 3181. Partitur und Stimmen.

Bemerkungen: Unsere Ausgabe folgt der autographen Partitur. Die Clavierbegleitung in der ersten Ausgabe geht fortwährend mit den Singstimmen und rührt gewiss nicht von Schubert her. Schubert überschrieb das Stück »Quintetto« und bezeichnete das oberste System mit »Tenore Solo«; er denkt also zunächst wohl nur an fünf einzelne Stimmen. Die anderen Stimmen sind im Autograph so bezeichnet, wie im Stich. Das »Solo« bedeutet daher die melodieführende Stimme, und diese ist bei einer Choraufführung ebenso mehrfach zu besetzen, wie die anderen Stimmen.

An Stelle der fünf Takte S. 2 Tkt. 15—19 standen ursprünglich über demselben Text 10 Takte, nämlich die Partie S. 1 Tkt. 14 bis S. 2 Tkt. 2 mit Wiederholung der drei letzten Takte. S. 4 standen zwischen Takt 21 und 22 ursprünglich noch folgende vier Takte:

Beide Kürzungen hat Schubert noch während der Arbeit vorgenommen.

Nr. 28. Schlachtlied.

Vorlagen: 1. Die erste Ausgabe. Sie erschien um 1843 bei Ant. Diabelli & Comp. in Wien unter dem Titel: »Schlachtlied (Mit unserm Arm ist nichts gethan) Gedicht von Klopstock. In Musik gesetzt für acht Männerstimmen mit willkührlicher Begleitung des Pianoforte oder der Physharmonica von Franz Schubert, 151tes Werk.« Verlagsnummer 7974. Partitur und Stimmen.

2. Eine Abschrift der autographen Partitur in der Spaun-Witteczek'schen Sammlung im Archiv der Gesellschaft der Musikfreunde in Wien.

Bemerkung: Die »willkührliche Begleitung« rührt nicht von Schubert her; sie fehlt auch in der genannten Abschrift.

Nr. 29. Trinklied aus dem XIV. Jahrhundert.

Vorlagen: 1. Die autographe Partitur früher im Besitze der Musikalienhandlung Weinberger & Hofbauer in Wien. Überschrift: »Trinklied. Gmunden July 1825 Frz. Schubert mpia.«

2. Die erste Ausgabe. Sie erschien 1848 bei Ant. Diabelli & Comp. in Wien unter dem Titel: »Trinklied aus dem XIV. Jahrhundert aus dem Werke: Historische Antiquitäten von Rittgräff. In Musik gesetzt für 4 Männerstimmen mit willkührl. Begleitung des Pianoforte von Franz Schubert. 155tes Werk.« Verlagsnummer 8849. Partitur und Stimmen.

Bemerkungen: Unsere Ausgabe folgt der autographen Partitur. Eine fremde Hand hat eine deutsche Übersetzung in dieselbe hineingeschrieben, welche auch in die erste Ausgabe übergegangen ist. Auch die willkührliche Clavierbegleitung rührt nicht von Schubert her.

Nr. 30. Nachtmusik.

Vorlage: Die erste Ausgabe. Sie erschien 1848 bei Ant. Diabelli & Comp. in Wien unter dem Titel: »Nachtmusik. Gedicht von Seckendorf. In Musik gesetzt für 4 Männerstimmen mit willkührl. Begleitung des Pianoforte von Franz Schubert. 156tes Werk.« Verlagsnummer 8850. Partitur und Stimmen.

Bemerkung: Wie bei den vorhergehenden wurde auch bei diesem Stücke die stets mit den Singstimmen gleichlaufende Clavierbegleitung als nicht von Schubert herrührend weggelassen.

Nr. 31. Frühlingsgesang.

Vorlage: Die autographe Partitur früher im Besitze der Musikalienhandlung Weinberger & Hofbauer in Wien.

Bemerkung: Die zweite Bearbeitung dieses Stückes steht unter Nr. 7.

Nr. 32. Der Geistertanz.

Vorlage: Die autographe Partitur im Besitze von Nicolaus Dumba in Wien. Überschrift: »Der Geistertanz. Nov. 1816 Frz. Schubert mpia.«

Bemerkung: Die Vertheilung der ersten fünf Strophen des Gedichtes auf den ersten Theil der Composition rührt von Schubert her.

Nr. 33. Gesang der Geister über den Wassern.

Vorlage: Partitur-Abschrift in der Spaun-Witteczek'schen Sammlung im Archiv der Gesellschaft der Musikfreunde in Wien.

Nr. 34. Lied im Freien.

Vorlage: Die autographe Partitur und die autographen Stimmen im Besitze von Nicolaus Dumba in Wien. Überschrift der Partitur: »Quartett für vier Männerstimmen. Lied im Freyen. Salis. July 1817. Frz. Schubert mpia.«

Bemerkung: Die autographe Partitur ist sehr rasch geschrieben, an vielen Stellen der Text blos angedeutet. Diesen hat Ferdinand Schubert ergänzt, und darnach ist das Stück in der bei Nr. 17 erwähnten Sammlung (als Nr. 3) veröffentlicht worden. Die autographen Stimmen, die erst später ans Tageslicht kamen, sind sorgfältig geschrieben und zeigen das Stück in der von Schubert endgiltig festgestellten Form. Sie waren für unsere Ausgabe massgebend. Hier rührt die Textvertheilung von Franz Schubert her, und diese ist wesentlich anders, als jene Ferdinands. Auch die Vortragszeichen sind in den autographen Stimmen sehr genau eingetragen und erscheinen einzelne Stellen in harmonischer Beziehung anders als in der autographen Partitur. In dieser lautet z. B. S. 4 Tkt. 33 und 35 die letzte Achtelnote im zweiten Tenor *c*, und dementsprechend nach acht Takten *es*; auch fehlt in der autographen Partitur die Partie S. 5 Tkt. 28 bis 35.

Nr. 35. Sehnsucht.

Vorlage: Die autographe Partitur im Besitze von Dr. Max Friedländer in Berlin. Überschrift: »Quintetto. April 1819.«

Bemerkung: Takt 13 lautete im zweiten Tenor ursprünglich wie Takt 17; wahrscheinlich hätte die Änderung auch in diesem Takte gemacht werden sollen.

Nr. 36. Ruhe, schönstes Glück der Erde.

Vorlage: Die autographe Partitur im Besitze von Nicolaus Dumba in Wien. Überschrift: »Quartetto. April 1819. Frz. Schubert mpia.«

Nr. 37. Wein und Liebe.

Vorlagen: 1. Die autographe Partitur im Besitze der königlichen Bibliothek in Berlin. Sie trägt kein Datum.

2. Die erste Ausgabe. Sie erschien 1828 bei Tob. Haslinger in Wien als Nr. 4 der Sammlung »Die deutschen Minnesänger. Neueste Sammlung von Gesängen für vier Männerstimmen.« Verlagsnummer 3554. Stimmen.

Bemerkung: Die beiden Vorlagen stimmen mit einander überein. Die autographe Partitur zeigt, dass Schubert die Stelle S. 4 Tkt. 1 u ff. ursprünglich in *H* moll eintreten lassen wollte:

Wagt's, mein Lieb-chen an - zu - bli - cken,

doch wurden diese Takte bald gestrichen, ihre Fortsetzung radirt und der Wieder-eintritt der ersten Takte an diese Stelle gesetzt.

Der Handschrift nach ist die Composition dieses Stückes in den Anfang der Zwanziger Jahre zu setzen.

Nr. 38. Der Entfernten.

Vorlagen: 1. Die erste Ausgabe. Sie erschien 1867 bei C. A. Spina's Nachfolger Fr. Schreiber in Wien, in Herbeck's Sammlung (siehe Vorbemerkung), Verlagsnummer 18404, in Partitur und Stimmen.

2. Zwei alte Partiturabschriften, eine im Besitze von A. Cranz in Wien, die andere im Archiv des Wiener Männergesangvereins.

Bemerkung: In der ersten Vorlage steht das Stück in *C*dur; in beiden anderen in *Cis*dur. Die Abschrift bei Cranz steht in einem Heft, in welchem sich auch andere Männerchöre von Schubert befinden, unter denen keiner aus seiner ursprünglichen Tonart transponirt erscheint. Aus diesem Grunde und, weil eine Transponirung von *Cis*dur nach dem praktischeren *C*dur eher anzunehmen ist als eine von *C*dur nach *Cis*dur, wurde *Cis*dur als die ursprüngliche Tonart angenommen. Im Übrigen stimmen die Abschriften mit einander und mit der ersten Ausgabe überein.

In allen drei Vorlagen stehen blos zwei Strophen des Gedichtes; dieses hat bei Salis noch weitere drei Strophen. Indessen scheint die Wahl der ersten zwei Strophen auf Schubert selbst zurückzugehen.

Nr. 39. Die Einsiedelei.

Vorlage: Die autographen Stimmen im Besitze von Nicolaus Dumba in Wien. Ohne Datum.

Bemerkung: Die Vorlage hat keine Titelüberschrift. Salis betitelt das Gedicht »Die Einsiedelei.« Das Stück wurde bisher unter dem Titel »Lob der Einsamkeit« gedruckt. Das Gedicht hat sechs Strophen; von diesen hat Schubert die erste, zweite und fünfte ausgewählt und in die Stimmen geschrieben.

Nr. 40. An den Frühling.

Vorlage: Die autographen Stimmen im Besitze von Nicolaus Dumba in Wien. Ohne Datum. Auf denselben Blättern mit dem vorhergehenden Stück.

Bemerkung: Auch zu diesem Stück hat Schubert in die Stimmen den Text der vier Strophen so hineingeschrieben, wie ihn unsere Ausgabe bringt. Takt 5 und 7 weichen auch in der Vorlage im ersten Bass etwas von einander ab.

Der Handschrift nach dürften beide Stücke ungefähr aus dem Jahre 1816 stammen.

Nr. 41. Grab und Mond.

Vorlagen: 1. Die autographe Partitur im Besitze der königlichen Bibliothek in Berlin. Überschrift: »Quartett. Sept. 1826. Frz. Schubert mpia.«

2. Die erste Ausgabe. Sie erschien als das erste Stück der bei Nr. 37 angeführten Sammlung. Verlagsnummer 3551. Stimmen.

Bemerkungen: Unsere Ausgabe folgt der autographen Partitur. Aus derselben ist ersichtlich, dass Schubert die Rückkehr nach *A*moll (gegen Schluss des Stückes) ursprünglich drei Takte früher eintreten zu lassen beabsichtigte. Die drei Takte S. 2 Tkt. 18—20 standen ursprünglich einen halben Ton höher; die darauf folgenden Takte waren jedoch so wie sie jetzt sind. Eine Feinheit in der Vortragsbezeichnung Schubert's mag nicht unerwähnt bleiben; sie steht zwar auch in der ersten Ausgabe, wurde aber in späteren Ausgaben übersehen. S. 2 hat der erste Takt (entsprechend dem vorletzten Takt auf S. 1) eine Viertelnote mit einem Staccato-Punkt; der darauffolgende Takt eine Viertelnote ohne Punkt. Die erste Ausgabe hat als Tempobezeichnung »Sehr langsam.«

Nr. 42. Hymne.

Vorlage: Die autographe Partitur im Besitze der königlichen Bibliothek in Berlin. Überschrift: »Chor. May 1828. Frz. Schubert.«

Anhang.

Nr. 43. Wer ist gross?

Vorlage: Die autographe Partitur im Besitze von Nicolaus Dumba in Wien.

Bemerkungen: Die ursprüngliche Partituranlange dieses Stückes zielte auf die Verwendung eines gemischten Chores ab. Das Stück wird so mitgetheilt, wie es im Autograph vorliegt. Die etwas unklaren Bezeichnungen »Da Capo al Segno«, welche Schubert mit grossem Fleiss in jede Zeile der Partitur einschrieb, wurden beibehalten. Sie deuten darauf, dass die Cantate mehrere Strophen gehabt hat.

Nr. 44. Beitrag zur Jubelfeier Salieri's.

Vorlage: Die autographe Partitur im Besitze von C. Malherbe in Paris.

Bemerkung: Die eigenthümliche Fassung der Titelüberschrift rührt von Schubert her.

Nr. 45. Gesang der Geister über den Wassern.
Entwurf.

Vorlage: Autograph im Besitze der königlichen Bibliothek in Berlin.

Bemerkungen: Dieser Entwurf wird mitgetheilt, weil er zeigt, wie das Stück im Geiste Schubert's enstand. Erwähnenswerth ist, dass die Contrabasspartie, und somit auch der erste Takt, von Schubert erst nachträglich eingetragen wurde; anfangs dachte er bei der Begleitung blos an Bratschen und Violoncelle. Der Entwurf scheint nicht vollständig erhalten zu sein.

Nr. 46. Das Dörfchen.
Entwurf.

Vorlage: Autograph im Besitze von C. Serre auf kl. Dehna.

Bemerkungen: Dieser Entwurf zeigt den seltenen Fall, dass Schubert eine Composition gründlich kürzt. An eine Clavierbegleitung scheint er schon beim Entwurfe gedacht zu haben.

SCHUBERT'S WERKE.

Revisionsbericht.

———◆———

Serie XVII. Für gemischten Chor.

Nr. 1. Lazarus.

Vorlagen: 1. Die autographe Partitur der »ersten Handlung« im Besitze von A. Cranz in Wien.

2. Die autographe Partitur der »zweiten Handlung« im Besitze von Nicolaus Dumba in Wien. (Fragment.)

Bemerkungen: Der Text dieser Cantate ist enthalten in dem Werke: »August Hermann Niemeyers Gedichte. Mit Vignetten von Chodowiecki und Geyser. Leipzig, in der Weygandschen Buchhandlung 1778«. Von Schubert's Musik hat sich nur so viel erhalten, als unsere Ausgabe bietet. Die zweitgenannte Vorlage zeigt aber deutlich, dass mehr davon existirt hat.

Die Vorlagen werden so treu als möglich wiedergegeben. Zahlreiche Unebenheiten, namentlich an gleichlaufenden Stellen, wurden, sofern sie nicht störend wirkten, beibehalten; mitunter schienen sie besonderen Reiz zu haben. Nur offenbare Schreibversehen wurden beseitigt. Besonders bemerkt muss werden:

S. 12 letzter Takt, Clarinette im Autograph genau so.

S. 25 Tkt. 5 und 6, Oboe und Fagott: auffallend peinliche Vortragsbezeichnung, welche sich S. 28 in den Violinen genau wiederholt. Ähnliches S. 68 Tkt. 1 und S. 69 Tkt. 6 Viol. I.

S. 48 Tkt. 5 und 6: Schubert setzt im Recitativ ein ⌢ blos in die Singstimme, Ebenso S. 95 Tkt. 15 und S. 104 Tkt. 17.

S. 48 Tkt. 12 »dui Violoncelli«, wie Schubert schreibt; so viel wie »divisi«. Ebenso S. 79 Tkt. 12.

S. 49 Tkt. 10: eine jener Stellen, an welcher Schubert, um den richtigen Ausdruck im Recitativ zu erreichen, die Grenzen des Taktes überschreitet. Ebenso S. 93 Tkt. 5, S. 103 Tkt. 5 und S. 105 Tkt. 9. Dass Schubert dies mit Bewusstsein thut, geht aus der letzterwähnten Stelle besonders deutlich hervor. Hier hatte er ursprünglich

zwe-en o - der drey

geschrieben und änderte nachträglich den Werth der ersten vier Noten. Auch sonst wird dieser Takt getreu der Vorlage wiedergegeben, und es mag dahingestellt bleiben, ob vor die siebente Note kein ♮ zu setzen ist.

S. 51 Tkt. 1: »senza sordino« fehlt in der Vorlage, soll aber offenbar an dieser Stelle stehen.

S. 55 Tkt. 9 und 10: Flöten und Clarinetten in der Vorlage:

alle anderen Stimmen im Orchester pausiren. Im Eifer des Niederschreibens hat Schubert den Bass vergessen. Die Stelle wurde nach S. 54 Tkt. 4 und 5 wiederhergestellt.

S. 61 Tkt. 13: die Vorlage hat in der Singstimme eine ganze Taktpause. Es fängt aber mit diesem Takt in der Vorlage eine neue Seite an, und Schubert scheint übersehen zu haben, dass er im vorhergehenden Takt den Satz nicht zu Ende geschrieben hatte. Bei Niemeyer lautet diese Stelle:

»Zu blendend noch — doch nicht auf immer!« — Schubert hat also eine Änderung dieses Textes im Sinne gehabt, und das Stehenbleiben auf dem Gis dur-Accord deutet darauf hin, dass er der Gedankenwendung, mit welcher der Dichter auf das Nächstfolgende vorbereitet, aus dem Wege gehen wollte, um im nächsten Takt einen desto wirksameren Eintritt des neuen Gedankens zu erzielen. In diesem Sinne wurde eine Ergänzung des Fehlenden versucht und dieselbe mit kleinen Noten und Lettern gestochen.

S. 63 Takt 9: die erste Viertelnote der Singstimme lautet in der Vorlage fis. Schubert, der gewöhnt war, immer zuerst die Singstimme zu schreiben, mag im ersten Augenblick beim Eintritt dieses Taktes an eine andere Harmonie gedacht haben. Dann setzte er den Sextaccord und vergass die Änderung der Singstimme.

S. 79 Tkt. 1 und 3: die rhythmische Unebenheit in der Singstimme getreu der Vorlage.

S. 83 Tkt. 13: die Tempobezeichnung war ursprünglich »Presto«. Die Änderung, in der Vorlage mit Bleistift gemacht, rührt von Schubert her.

S. 84 u. ff.: Schubert schreibt bald »weh des grausen Todgedankens« bald mit Niemeyer »weh des grausen Todgedanken«. Eine Abänderung des eigenthümlichen, für den Reim nothwendigen Genetivs hat er also nicht beabsichtigt, sondern nur hie und da unbewusst hingestellt.

Ähnlich schreibt er S. 107 und 108 bald »Sonnenbahnen«, bald »Sternenbahnen«.

S. 92 Tkt. 3 und 4: getreu der Vorlage.

S. 107 Tkt. 6: Hörner in der Vorlage:

Scheint ein Versehen Schubert's zu sein, weil es nicht anzunehmen ist, dass er das dissonirende Intervall ohne Unterstützung gelassen hätte. Vergl.: S. 107 Tkt. 3.

S. 108, Tkt. 10: hier sollte der zweite Theil der Arie anheben:

> Und stünden aller Engel Reihn
> Um seinen Geist gedrängt,
> Ich drängte mich in ihre Reihn,
> Auf Fittigen der Liebe ein,
> Und rief': Ihr Engel, er ist mein!

In Niemeyers Dichtung folgt hierauf ein Recitativ Nathanael's, ein Duett der Jemina mit einem Jüngling und der die zweite Handlung abschliessende Chor, dessen Inhalt die Aussicht auf ein Wiedersehen bildet. Die dritte Handlung spielt, wie die erste, vor dem Hause des Lazarus. Martha bringt die Kunde von der Auferweckung des Lazarus, der Chor tritt auf und bestätigt sie; schliesslich erscheint Lazarus selbst, Simon wird versöhnt, und ein allgemeines Lobpreisen des Auferweckers beschliesst das religiöse Drama.

Nr. 2. Cantate
zu Ehren Joseph Spendou's.

Vorlagen: 1. Die autographe Partitur im Besitze von Nicolaus Dumba in Wien. Überschrift: »Cantate von Hr. Prf. Hoheisel. Frz. Schubert mpia. Sept. 1816«.
2. Die erste Ausgabe. Sie erschien im Juni 1830 bei Ant. Diabelli & Comp. unter dem Titel: »Cantate. Empfindungsäusserungen des Witwen-Institutes der Schullehrer Wiens, für den Stifter und Vorsteher desselben. In Musik gesetzt für 4 Singstimmen mit Begleitung des ganzen Orchesters von Franz Schubert. 128tes Werk. Clavierauszug von Ferd. Schubert«. Verlagsnummer 3611.

Bemerkungen: Massgebend war die autographe Partitur. Sie ist flüchtig geschrieben und enthält allerhand Schreibversehen, deren Correctur indes meist selbstverständlich war. Die erste Ausgabe enthält nur den Clavierauszug, corrigirt aber auch schon die Schreibversehen Schuberts. Im letzten Takt auf Seite 23 hat die Singstimme eine Viertelnote zu wenig. Ursprünglich lautete die Stelle:

sich die Ar - men noch

Bei der Änderung schrieb Schubert vier Sechzehntel- statt der letzten vier Achtelnoten und scheint dies mit Absicht gethan zu haben. Auf ähnliche Weise gestattet sich Schubert manche Taktfreiheit in den Recitativen des »Lazarus«, wie oben erwähnt worden ist.

Nr. 3. Am Geburtstage des Kaisers.

Vorlage: Die autographe Partitur im Besitze der Gesellschaft der Musikfreunde in Wien. Überschrift: »Am Geburtstage des Kaisers. Jänner 1822. Frz. Schubert«.

Nr. 4. Namensfeier.

Vorlage: Die autographe Partitur im Besitze der königlichen Bibliothek in Berlin. Überschrift: »Nahmensfeyer. Den 27. Sept. 1815. Schubert mpia«.
Bemerkungen: Die Vorlage ist sehr flüchtig geschrieben. Es fehlt jede Andeutung, für welche Gelegenheit das Stück geschrieben wurde, und auch die Bezeichnung von Solo und Tutti fehlt offenbar an mehreren Stellen.

Nr. 5. Glaube, Hoffnung und Liebe.

Vorlage: Die erste Ausgabe. Sie erschien unter dem Titel: »Glaube, Hoffnung und Liebe. Zur Weihe der neuen Glocke an der Kirche zur Allerheiligsten Dreyfaltigkeit in der Alservorstadt den 2. Sept. 1828. gedichtet von Fried. Reil, und als Chor mit Begleitung des Pianoforte oder der Harmonie in Musik gesetzt von Franz Schubert. (Zu einem wohlthätigen Zweck.) Wien, zu haben bey der Pfarre der P. P. Minoriten . . . . und in der Stadt bey Tranquillo Mollo«. Partitur der Blasinstrumente und Clavierauszug mit den Singstimmen.

Bemerkung: Seite 5 Takt 2 beim Eintritt von Sopran und Alt steht in der Vorlage »Chor«. Vielleicht sind daher die vorangehenden Männerstimmen als Solostimmen gedacht.

Nr. 6. Gott im Ungewitter.
Nr. 7. Gott der Weltschöpfer.
Nr. 8. Hymne an den Unendlichen.

Vorlagen: 1. Die erste Ausgabe. Sie erschien im März 1829 bei Joseph Czerný in Wien unter dem Titel: »Gott im Ungewitter. Gott der Weltschöpfer. Gedichte von Uz. Hymne an den Unendlichen, von Schiller. In Musik gesetzt für Sopran, Alt, Tenor und Bass, mit Begleitung des Pianoforte von Franz Schubert. 112tes Werk«. Verlagsnummern 336, 337 und 338. Partitur und Stimmen.

2. Ein autographes Blatt im Besitze von Nicolaus Dumba in Wien, enthaltend die erste Niederschrift von Nr. 8. Es enthält das ganze Stück bis auf die Clavierbegleitung der letzten sieben Takte.

Bemerkungen: Nr. 7. S. 4 Tkt. 1: im Bass des Chores hat die Vorlage

was auf ein Schreibversehen Schubert's zurückzuführen sein dürfte.

S. 4 Tkt. 5 und 6 hat der Tenor in der Vorlage , darunter

steht im oberen System der Clavierbegleitung . Es musste der

Versuch gemacht werden, die offenbar verdorbene Stelle wiederherzustellen: dies geschah nach Analogie von S. 3 Tkt. 19.

Nr. 8. Die charakteristische Vortragsbezeichnung »Mit Majestät, sehr langsam« steht auch auf dem autographen Blatte. Auf diesem steht das Stück fast ganz genau so wie im Druck; es war also mit einem Wurf da. Von den kleinen Änderungen, die Schubert an der ursprünglichen Fassung vornahm, ist blos die im zweiten und dritten Takt vorkommende erwähnenswerth; hier wandte sich die Musik ursprünglich der Dominante zu:

die Clavierbegleitung ging mit.

Nr. 9. Mirjam's Siegesgesang.

Vorlage: Die erste Ausgabe. Sie erschien um 1838 bei A. Diabelli & Comp. in Wien unter dem Titel: »Mirjams Siegesgesang. Gedicht von Grillparzer. Sopran-Solo mit Chor, mit Begleitung des Pianoforte. In Musik gesetzt von Franz Schubert. 136tes Werk. Dem Herrn Hofrathe Joseph Witeczek hochachtungsvoll gewidmet von den Verlegern«. Verlagsnummer 6267. Partitur und Stimmen.

Bemerkungen: Die Vorlage hat:

S. 5 Tkt. 3 : im Bass des Chors

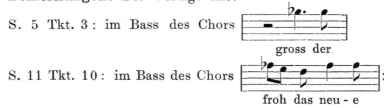

gross der

S. 11 Tkt. 10 : im Bass des Chors

froh das neu - e

an beiden Stellen wurde dieser Bass nach Analogie von S. 24 Tkt. 16 und S. 7 Tkt. 8 mit dem Bass der Begleitung in Übereinstimmung gebracht.

Nr. 10. Gebet.

Vorlage: Die erste Ausgabe. Sie erschien um 1838 bei Ant. Diabelli & Comp. in Wien unter dem Titel: »Gebeth von de la Motte Fouqué. (Du Urquell aller Güte.) In Musik gesetzt für Sopran, Alt, Tenor und Bass mit Begleitung des Pianoforte von Franz Schubert. 139tes Werk. Herrn Carl Freyherrn v. Schönstein hochachtungsvoll gewidmet von den Verlegern«. Verlagsnummer 6268. Partitur und Stimmen.

Nr. 11. Quartett.

Vorlage: Partitur-Abschrift in der Spaun-Witteczek'schen Sammlung im Archiv der Gesellschaft der Musikfreunde in Wien.

Nr. 12. An die Sonne.

Vorlage: Die erste Ausgabe. Sie erschien 1872 bei J. P. Gotthard in Wien als Nr. 6 der Sammlung »Neueste Folge nachgelassener mehrstimmiger Gesänge mit und ohne Begleitung von Franz Schubert«. Verlagsnummer 321. Partitur und Stimmen.

Nr. 13. Lebenslust.

Vorlagen: 1. Die erste Ausgabe. Sie erschien als Nr. 7 der beim vorhergehenden Stück erwähnten Sammlung. Verlagsnummer 322.

2. Eine Partitur-Abschrift in der Spaun-Witteczek'schen Sammlung im Archiv der Gesellschaft der Musikfreunde in Wien.

Bemerkung: In der letztgenannten Vorlage ist das Stück »Quartetto« überschrieben und die zweite Stimme mit »Soprano II« bezeichnet; am Schluss angebrachte Wiederholungzeichen deuten darauf hin, dass das Gedicht mehrere Strophen gehabt hat. Sonst stimmen die Vorlagen miteinander überein.

Nr. 14. Der Tanz.

Vorlage: Die autographe Partitur im Besitze von Nicolaus Dumba in Wien. Ohne Überschrift.

Bemerkung: Am Schluss des Stückes stehen Wiederholungszeichen, und Schubert schreibt hinzu: »2te Strophe auf dieselbe Melodie«. Indess war die zweite Strophe nicht wieder aufzufinden. Eine fremde Hand hat auf die erste Seite der Partitur »Irene« hingeschrieben, was mit der Erzählung bei Kreissle S. 374 im Einklang steht.

Nr. 15. Cantate
zur Feier der Genesung der Irene Kiesewetter.

Vorlage: Die autographe Partitur im Besitze von Nicolaus Dumba in Wien. Ohne Überschrift.

Bemerkungen: Auch in dieser Vorlage steht, wie in der Vorlage zu Nr. 5, beim Eintritt von Sopran und Alt S. 8 Tkt. 3 die Bezeichnung »Chor«, ohne dass die vorhergehenden Männerstimmen als Soli bezeichnet wären. Der italienische Text wird so wiedergegeben, wie er in der Vorlage steht, obwohl er an Klarheit Einiges zu wünschen übrig lässt. Auch diese Vorlage führt von fremder Hand (wie Nr. 14) die Bezeichnung »Irene«.

Nr. 16. Begräbnislied.

Vorlage: Die erste Ausgabe. Sie erschien als Nr. 8 der bei Nr. 12 dieser Serie angeführten Sammlung unter dem Titel: »Lasst uns den Leib begraben«. Verlagsnummer 323.

Bemerkungen: Auf der letzten Note der Singstimmen, S. 3 Tkt. 11, hat die Vorlage ein ⌢, was sich mit der Begleitung nicht gut vereinbaren lässt. Im letzten Takt fehlt in der Vorlage das ♮ vor e; vergl. S. 2 Tkt. 10.

Nr. 17. Osterlied.

Vorlage: Die erste Ausgabe. Sie erschien als das letzte Stück der bei Nr. 12 dieser Serie angeführten Sammlung unter dem Titel »Jesus Christus, unser Heiland«. Verlagsnummer 324.

Nr. 18. Chor der Engel.

Vorlage: Partitur-Abschrift in der Spaun-Witteczek'schen Sammlung im Archiv der Gesellschaft der Musikfreunde in Wien.

Nr. 19. Der 92. Psalm.

Vorlage: Die erste Ausgabe. Sie steht als Nr. 6 in dem Werke: »Schir Zion, gottesdienstliche Gesänge der Israeliten, herausgegeben von S. Sulzer, Ober-Cantor am israelitischen Bethhause in Wien«. Ohne Angabe des Verlegers und der Jahreszahl (1841).

Bemerkungen: Die zweite Stimme ist in der Vorlage mit »Soprano II« bezeichnet. Der Nachschlag nach dem Triller der Solostimme S. 2 Tkt. 14 steht auch in der Vorlage mit his. — Neuere Ausgaben haben dem Stücke mühsam einen deutschen Text untergelegt, der sich aber zur Wiedergabe nicht eignet.

SCHUBERT'S WERKE.

Revisionsbericht.

—•◦•—

Serie XVIII. Für Frauenchor.

Nr. 1. Coronach.

Vorlage: Die erste Ausgabe. Sie erschien am 5. April 1826 bei M. Artaria in Wien als Nr. 4 der bei Ser. XVI, Nr. 10 angeführten Sammlung.

Bemerkung: Die Vorlage enthält auch den — der Musik mühsam untergelegten — englischen Text. Wie bei Ser. XVI, Nr. 10 konnte dieser auch hier weggelassen werden.

———————

Nr. 2. Der 23. Psalm.

Vorlage: Die autographe Partitur im Besitze von Nicolaus Dumba in Wien. Überschrift: »Psalm 23. Dec. 1820. Frz. Schubert mpia.«

Bemerkungen: Seite 5, Takt 1 steht auch in der Vorlage der Terzquartaccord mit reiner Quart. Die bisherigen Ausgaben haben ein ♮ vor dem b sowohl im ersten Sopran, als in der Clavierbegleitung; bei der Sorgfalt, mit welcher Schubert dieses Stück niederschrieb, ist es nicht gut denkbar, dass er hier das ♮ in beiden Systemen vergessen hätte. Auch die Vortragszeichen sind in der Vorlage mit grösster Genauigkeit eingetragen, und zu ihnen mag der Bindebogen gerechnet werden, der S. 7, Takt 2 in allen vier Singstimmen die beiden Noten verbindet, die zwei verschiedenen Silben angehören. Im darauffolgenden Takt steht in der Vorlage das bei Schubert öfter wiederkehrende »emoriendo« wieder.

———————

Nr. 3. Gott in der Natur.

Vorlage: Die autographe Partitur im Besitze von Nicolaus Dumba in Wien. Überschrift: »Gott in der Natur. Gleim. August 1822. Frz. Schubert mpia.«

Bemerkung: Einzelne geringfügige Abweichungen von den bisherigen Ausgaben beruhen auf genauer Vergleichung mit der in jeder Beziehung verlässlichen Vorlage.

———————

Nr. 4. Ständchen.

Vorlage: Die erste Ausgabe. Sie erschien um 1838 bei A. Diabelli und Comp. in Wien unter dem Titel: »Ständchen. Gedicht von Grillparzer. Solo für eine Altstimme, nebst 2 Sopran und 2 Alt mit Begleitung des Pianoforte. In Musik gesetzt von Franz Schubert. 135tes Werk.« Verlagsnummer 6266. Partitur und Stimmen.

Bemerkung: Im Vergleiche mit Ser. XVI, Nr. 14 zeigt das Stück einzelne unwesentliche Abweichungen in Text und Musik, auf welche, als auf wirklich bestehende, aufmerksam gemacht werden muss.

———————

Nr. 5. Das Leben.

Vorlagen: 1. Eine Partitur-Abschrift von Ferdinand Schubert's Hand in der Spaun-Witteczek'schen Sammlung im Archiv der Gesellschaft der Musikfreunde in Wien.

2. Die erste Ausgabe. Sie erschien um 1840 bei A. Diabelli u. Comp. in Wien in der 44. Lieferung der Sammlung: »Franz Schubert's musikalische Dichtungen für Gesang und Pianoforte.«

Bemerkungen: Wie alle bei Diabelli als »Nachlass« erschienenen Werke von Franz Schubert nur mit der grössten Vorsicht aufzunehmen sind, weil man vor willkühr-lichen Änderungen Diabelli's nie sicher ist, so wurde auch in diesem Falle der erst-genannten Vorlage der Vorzug gegeben. Erwähnenswerth ist, dass dieses Stück in der bei Serie XIX, Nr. 27 erwähnten Skizze für drei Männerstimmen ohne Begleitung ge-schrieben ist und die Wiederholungszeichen so angebracht sind, dass der Wiedereintritt der ersten Stimme auf die zwei letzten Noten der Unterstimmen fällt.

Nr. 6. Klage um Ali Bey.

Vorlage: Die erste Ausgabe. Sie erschien bei A. Diabelli und Comp. in Wien in der 45. Lieferung der beim vorhergehenden Stück genannten Sammlung.

Bemerkung: Das Stück wird nach der Vorlage wiedergegeben. Ein lebhafter Zweifel an der Echtheit des Eingangstaktes wie auch der beiden Schlusstakte jeder Strophe kann hier nicht unterdrückt werden. Wahrscheinlich ist auch dieses Stück ursprünglich ohne jede Begleitung geschrieben.

SCHUBERT'S WERKE.

Revisionsbericht.

— •• —

Serie XIX. Kleinere drei- und zweistimmige Gesangswerke.

Nr. 1. Die Advocaten.

Vorlagen: 1. Einzelne Blätter der autographen Partitur im Besitze von Nicolaus Dumba in Wien.

2. Die erste Ausgabe. Sie erschien 1827 bei A. Diabelli und Comp. in Wien unter dem Titel: »Die Advocaten. Komisches Terzett für 2 Tenor und Bass, mit Begleitung des Pianoforte. In Musik gesetzt von Franz Schubert, 74tes Werk«. Verlagsnummer 2452. Partitur.

Bemerkungen: Die erstgenannte Vorlage enthält die Partie S. 4, Takt 16 bis zum Schluss von S. 11. Die letzten 26 Takte des Stückes (S. 12 u. 13) befinden sich autograph im Privatbesitze in England, auf demselben Bogen, auf welchem auch der autographe Titel steht. Dieser lautet: »Die Advocaten. Komisches Terzett für 2 Tenor und einen Bass mit Begleitung des Pianoforte, in Musik gesetzt von Franz Schubert«. Die ersten 57 Takte der autographen Partitur scheinen verloren gegangen zu sein.

Nr. 2. Der Hochzeitsbraten.

Vorlagen: 1. Die autographe Partitur im Besitze von A. Cranz in Wien. Überschrift: »Der Hochzeitsbraten. Von Schober. Nov. 1827. Frz. Schubert. mpia.«

2. Die erste Ausgabe. Sie erschien 1829 bei A. Diabelli u. Comp. in Wien unter dem Titel: »Der Hochzeitsbraten von Schober. Terzett für Sopran, Tenor und Bass mit Begleitung des Pianoforte. In Musik gesetzt von Franz Schubert. 104tes Werk«. Verlagsnummer 3316. Partitur.

Bemerkungen: In einzelnen unwesentlichen Punkten weichen die Vorlagen von einander ab; der erstgenannten wurde überall der Vorzug gegeben.

Nr. 3. Cantate
zum Geburtstag des Sängers Michael Vogl.

Vorlage: Partitur-Abschrift in der Spaun-Witteczek'schen Sammlung im Archiv der Gesellschaft der Musikfreunde in Wien.

Nr. 4. Cantate
zur Namensfeier des Vaters.

Vorlage: Die autographe Partitur im Besitze von Nicolaus Dumba in Wien. Überschrift: »Terzetto«. Am Schluss: »Fine, den 27. September 813. Auf die Nahmensfeyer meines Vaters ! ! !«

Nr. 5. Cantate
zur 50jährigen Jubelfeier Salieri's.

Vorlage: Die autographe Partitur im Besitze von Nicolaus Dumba in Wien. Überschrift: »Terzetto. Juny 1816. Franz Schubert mpia.«

Bemerkung: In welchem Verhältnis dieses Stück zu dem in Serie XVI, Nr. 44 mitgetheilten steht, wird wohl kaum mehr aufzuklären sein. Wahrscheinlich war eine Aufführung des unbegleiteten Quartettes aus irgendwelchen Gründen unthunlich, und bildete das Terzett mit Clavierbegleitung bei der Aufführung in Salieri's Hause den ersten Satz der Cantate.

Nr. 6. Das Abendroth.
Nr. 7. Punschlied.

Vorlagen: Die autographen Partituren im Besitze von A. Cranz in Wien.

Nr. 8. Trinklied.

Vorlage: Die erste Ausgabe. Sie erschien im November 1830 bei Joseph Czerný in Wien in der Sammlung: »Der Mondabend   Trinklied   Klaglied   für eine Singstimme mit Begleitung des Pianoforte in Musik gesetzt von Franz Schubert. Nachgelassenes Werk.« Verlagsnummer 342. Spätere Drucke haben auch die Opuszahl 131.

Nr. 9. „Vorüber die stöhnende Klage".
Nr. 10. „Dessen Fahne Donnerstürme wallte".
Nr. 11. „Hier umarmen sich getreue Gatten".

Vorlagen: Partitur-Abschriften in der Spaun-Witteczek'schen Sammlung im Archiv der Gesellschaft der Musikfreunde in Wien.

Nr. 12. „Selig durch die Liebe".
Nr. 13. „Wer die steile Sternenbahn".
Nr. 14. Die zwei Tugendwege.
Nr. 15. Bardengesang.

Vorlagen: Die autographen Partituren im Besitze von Nicolaus Dumba in Wien.

Nr. 16. Mailied.
Nr. 17. Trinklied im Mai.

Vorlagen: Partitur-Abschriften in der Spaun-Witteczek'schen Sammlung im Archiv der Gesellschaft der Musikfreunde in Wien.

Nr. 18. Trinklied im Winter.
Nr. 19. Frühlingslied.

Vorlagen: Die autographen Partituren im Besitze von Georg Goltermann in Frankfurt am Main.

Bemerkungen: Beide Stücke stehen auf demselben Blatte mit den unter Nr. 27 und 28a dieser Serie mitgetheilten Canons und mit einem Entwurf zu Serie XVIII Nr. 5. Bei dem letztgenannten ist von Schuberts Hand das Datum »Aug. 1815« angegeben. Wahrscheinlich rühren auch die anderen Stücke aus derselben Zeit her.

Nr. 19 ist in der Vorlage leicht mit Bleistift durchgestrichen, vielleicht von Schubert selbst, weil die zweite Strophe des Gedichtes sich der Musik nicht ohne kleine Änderungen unterlegen lässt. Er mag das im Drange des Componirens übersehen haben.

Nr. 20. Todtengräberlied.

Vorlage: Partitur-Abschrift in der Spaun-Witteczek'schen Sammlung im Archiv der Gesellschaft der Musikfreunde in Wien.

Nr. 21. Verschwunden sind die Schmerzen.

Vorlage: Die autographe Partitur im Besitze von Nicolaus Dumba in Wien.

Bemerkung: Der Text dieses Canons bildet die erste Strophe eines längeren Gedichtes »Auf den Sieg der Deutschen«, welches Schubert auch für eine Singstimme mit Begleitung von zwei Violinen und Violoncell componirt hat. Diese Composition wird im Anhange zu Serie XX mitgetheilt werden.

Nr. 22. Unendliche Freude.

Vorlage: Die autographe Partitur und eine autographe Stimme im Besitze von Nicolaus Dumba in Wien.

Bemerkung: Die autographe Stimme hat die Überschrift »Canon a tre Bassi«, ist aber im Violinschlüssel geschrieben. Zum Schlusse schreibt Schubert: »NB. Wenn dieser Kanon nur einmahl gesungen wird, so können ihn 1 Bass und 2 Tenore singen, doch muss der Bass anfangen.« Man vergleiche hiezu den vorhergehenden Canon. Schubert hat auch eine Coda zu diesem Canon versucht. Erst

dann

Nr. 23. Dreifach ist der Schritt der Zeit.
Nr. 24. Goldner Schein.
Nr. 25. Der Schnee zerrinnt.
Nr. 26. Liebe säuseln die Blätter.

Vorlagen: Stimmen-Abschriften in der Spaun-Witteczek'schen Sammlung im Archiv der Gesellschaft der Musikfreunde in Wien.

Nr. 27a. ⎫
Nr. 27b. ⎭ Willkommen, lieber schöner Mai.
Nr. 28a. Lacrimoso son io.

Vorlage: Autographe Stimme im Besitze von Goltermann in Frankfurt a. M. (vergl. Nr. 18 u. 19).

Nr. 28b. Lacrimosa son io.

Vorlage: Abschrift einer Stimme in der Spaun-Witteczek'schen Sammlung im Archiv der Gesellschaft der Musikfreunde in Wien.

Nr. 29. Sanctus.

Vorlagen: Die autographe Partitur und eine autographe Stimme im Besitze von Nicolaus Dumba in Wien.

Nr. 30. Frühlingslied.
Nr. 31. Mailied.
Nr. 32. Der Morgenstern.
Nr. 33. Jägerlied.
Nr. 34. Lützow's wilde Jagd.

Vorlagen: Partitur-Abschriften in der Spaun-Witteczek'schen Sammlung im Archiv der Gesellschaft der Musikfreunde in Wien.

Bemerkung: Die Auswahl der Strophen der hier behandelten Gedichte rührt wahrscheinlich von Schubert selbst her, da den Abschriften in der genannten Sammlung die Autographe zu Grunde lagen und Schubert die Gewohnheit hatte, die Strophen eines componirten Gedichtes, meist nicht ohne Wahl, herauszuschreiben.

Anhang I.
Nr. 35. Schmerz verzerret ihr Gesicht.
(Entwurf.)

Vorlage: Die autographe Partitur im Besitze von Nicolaus Dumba in Wien.

Bemerkung: Dieses unvollendete Stück wird mitgetheilt, weil es so auffallend zeigt, wie der unfertige Schubert selbst in den kleinsten Formen zunächst nach Ausdruck ringt.

Anhang II.
Nr. 36. Singübungen.

Vorlage: Die autographe Partitur im Besitze der königlichen Bibliothek in Berlin

SCHUBERT'S WERKE.

Revisionsbericht.

— · —

Serie XX. Für eine Singstimme mit Begleitung des Pianoforte.

Vorbemerkungen.

Bei der Bezeichnung der für diese Serie benutzten Vorlagen werden die Originalausgaben Schubert'scher Werke, d. h. jene Ausgaben, die Schubert selbst besorgte und mit Opus-Zahlen versah, von den ersten Ausgaben, d. h. jenen, die ein Stück überhaupt zum ersten Male veröffentlichten, immer genau unterschieden. Zu den letzteren zählt u. a. auch die in den Jahren 1830—1850 bei Anton Diabelli u. Comp. in Wien in fünfzig Lieferungen unter dem Titel »Franz Schubert's nachgelassene musikalische Dichtungen für Gesang und Pianoforte« erschienene Sammlung. Der Kürze wegen wird sie als »Nachlass« bezeichnet. Ebenso werden die von Schubert's Freunde J. v. Witteczek angelegte, jetzt im Archiv der Gesellschaft der Musikfreunde in Wien befindliche Sammlung von Abschriften Schubert'scher Werke, und die von A. Stadler, gleichfalls einem Freunde Schubert's, schon in den Jahren 1815—1817 gemachte Sammlung von Liederabschriften, jetzt im Besitze von Dr. Max Friedländer in Berlin, bloss mit dem Namen ihrer Urheber bezeichnet. Die in den Vorlagen enthaltenen Stich- oder Schreibfehler werden im Allgemeinen nicht erwähnt. Beim Zählen der Takte auf einer Seite oder in einer Zeile wird der Auftakt nicht mitgezählt.

Nr. 1. Hagar's Klage.

Vorlagen: 1. Das Autograph im Besitze von A. Cranz in Wien.
2. Die Abschrift bei Witteczek.

Bemerkungen: Auf dem Autograph ist der Dichter nicht genannt. Das Gedicht steht im Göttinger Musenalmanach 1781 mit der Bezeichnung »Schg.« Aus Bürger's Briefwechsel ergiebt es sich, dass Schücking (aus Münster) der Dichter ist. (Diesen Nachweis lieferte Herr Dr. Redlich in Hamburg.)

Das Autograph reicht nur bis S. 8, Z. 4, Takt 3 incl. Das Adagio S. 8 steht in kleineren Notenwerthen:

Allem Anscheine nach hat es noch ein zweites Autograph gegeben, nach welchem die Abschrift bei Witteczek gemacht wurde.

Nr. 2. Des Mädchens Klage.

Vorlage: Das Autograph im Besitze von Dr. Max Friedländer in Berlin.

Nr. 3. Eine Leichenphantasie.

Nr. 4. Der Vatermörder.

Vorlagen: Die Autographe im Besitze von Nic. Dumba in Wien.

Nr. 5. Der Jüngling am Bache.

Vorlage: Das Autograph im Besitze von Dr. Max Friedländer in Berlin.

Nr. 6. Klaglied.

Vorlagen: 1. Das Autograph im Besitze von Nic. Dumba in Wien.
2. Die Abschrift von Stadler.
Bemerkung: Das Autograph ist die erste Niederschrift. Stadler scheint seine Abschrift, die das Dumba'sche Autograph in einigen Kleinigkeiten sorgfältig ergänzt, nach einer Reinschrift Schubert's gemacht zu haben.

Nr. 7. Todtengräberlied.

Nr. 8. Die Schatten.

Vorlage: Das Autograph im Besitze von Dr. Max Friedländer in Berlin.
Bemerkung: Diese zwei Lieder stehen in der Vorlage in einem Heft. Aber jedes hat sein eigenes Datum.

Nr. 9. Sehnsucht.

Vorlage: Das Autograph im Besitze der königl. Bibliothek in Berlin.
Bemerkungen: Das Autograph zeigt noch ziemlich kindliche Schriftzüge und viele Correcturen. Zu Anfang schrieb Schubert »Stimme«; er strich das Wort aber durch und setzte dann »Voce«, wie er es in frühester Jugend immer zu thun pflegte.
S. 5, Takt 3 ist im Autograph durchgestrichen. Besondere Zeichen deuten darauf hin, dass Schubert diesen Takt nachträglich geändert, vielleicht auch an seine Stelle mehrere Takte gesetzt hat. Diese Aenderung muss er aber auf ein besonderes Blatt geschrieben haben, denn sie ist auf den Blättern des Autographs nicht zu finden und ist verloren gegangen.

S. 6, Z. 5, Takt 1 u. ff. lautete die Klavierbegleitung in der rechten Hand ursprünglich so:

(in   das   schö-ne)

Dann trat S. 7, Tkt. 2 ein. Ebenso verhielt es sich mit der gleichlautenden Stelle auf S. 7. Diese Stelle änderte Schubert erst nachdem das Lied fertig war.

Das Nachspiel S. 7, Z. 5, Tkt. 2 u. ff. lautete ursprünglich:

Nr. 10. Verklärung.

Vorlagen: 1. Die Abschrift bei Witteczek.
2. Die erste Ausgabe; Nachlass, Lieferung 17. Verlagsnummer 4017.
Bemerkung: Die Vorlagen stimmen mit einander überein. S. 3, Z. 2, Tkt. 1 ist in beiden Vorlagen so.

Nr. 11. Thekla.

Vorlagen: Zwei Autographe. Die erste Niederschrift im Besitze der königl. Bibliothek in Berlin und die Reinschrift im Besitze von L. Herbeck in Wien.
Bemerkungen: Die Vorlagen weichen nur ganz unwesentlich von einander ab. Unsere Ausgabe folgt der Reinschrift. Das Datum, am Anfang und am Ende des Stückes, steht nur auf der ersten Niederschrift. Die Stellen S. 2, Z. 4, Takt 2 und S. 4, Tkt. 2 sind in beiden Vorlagen so. Schubert schreibt in diesem Stücke die Vorschläge bald ♪, bald ♪.

Nr. 12. Der Taucher.

Zu Nr. 12a. Vorlage: Das im Handschriftenarchiv von Alexander Posonyi in Wien befindliche Autograph.
Bemerkungen: Das Autograph führt den Titel: »Der Taucher. Ballade vom Friedrich Schiller, in Musick gesetzt vom Franz Schubert« und zeigt sich durchwegs

als die erste Niederschrift. Von den zahlreichen Correcturen sei nur folgende erwähnt. Der ursprüngliche Plan der Stelle S. 18, Z. 2, Takt 4 u. ff. lautete:

Zu Nr. 12b. **Vorlagen:** 1. Das Autograph im Besitze von A. Cranz in Wien.
2. Die erste Ausgabe; Nachlass, Lieferung 12. Verlagsnummer 3709.
3. Eine alte Abschrift im Besitze von Hofrath Kerner in Wien.

    Bemerkungen: Das Autograph führt den Titel: »Der Taucher. Ballade von
Friedrich Schiller, componirt von Franz Schubert. Angefangen im September 1813.
Geendigt im August 1814.« Es trägt sehr viele Correcturen von Diabelli's Hand, der
viele Stellen verändert und umgearbeitet und so die Vorlage für die erste Ausgabe
hergerichtet hat. Seine Aenderungen sind durch seine Schriftzüge, die rothe Tinte
und selbst durch scharfe Radirungen kenntlich; aber es liess sich noch überall fest-
stellen, was Schubert geschrieben hatte.

Das Zwischenspiel S. 26, Tkt. 4 bis S. 29, Tkt. 5 hätte ursprünglich so lauten sollen:

Sterben.

Dann strich Schubert die letzten neun Takte davon und ersetzte sie durch die folgenden:

So steht dieses Zwischenspiel noch im Autograph.   Aus der oben erwähnten Abschrift aber, wie aus einer Notiz bei Witteczek und aus der ersten Ausgabe geht hervor, dass Schubert mit dieser Fassung noch immer nicht zufrieden war und dass er später dieses Zwischenspiel auf einem besonderen Blatte neu componirte.   Diese letzte Fassung bringt unsere Ausgabe nach den oben genannten Vorlagen 2 und 3, da das Autograph davon verloren gegangen ist.

S. 18, Z. 2, Tkt. 2 ist auch im Autograph so.

Nr. 13—15.   Don Gayseros.

Vorlage: Das Autograph im Besitze der königl. Bibliothek in Berlin.

Bemerkung: Das Autograph hat weder Titel noch Signatur. Es könnten daher Zweifel über die Echtheit der Composition erstehen, wenn es bei Schubert nicht auch sonst ab und zu vorkäme, dass er ein Stück niederschreibt, ohne es zu betiteln. Auch trägt das Autograph durchaus nicht den Charakter einer Abschrift; die drei Stücke stehen nicht in der Reihenfolge, in der sie ihrem Inhalte nach stehen sollten, und haben äusserlich ein etwas fragmentarisches Aussehen, wie sich ein solches aus der Hast des ersten Niederschreibens leicht erklären lässt.

Nr. 16.   Andenken.

Nr. 17.   Geisternähe.

Nr. 18.   Todtenopfer.

Vorlagen: Die Abschriften bei Witteczek.

Nr. 19.   Trost an Elisa.

Vorlagen: 1. Die Abschrift bei Witteczek.
2. Die Abschrift von Stadler.

Nr. 20.   Die Betende.

Vorlagen: 1. Die Abschrift von Stadler.
2. Die erste Ausgabe; Nachlass, Lieferung 31. Verlagsnummer 6940.

Nr. 21.   Lied aus der Ferne.

Vorlagen: 1. Die Abschrift bei Witteczek.
2. Die Abschrift von Stadler.

Bemerkung: Eine alte Abschrift bei A. Cranz in Wien hat als Tempobezeichnung »Etwas geschwind«.

Nr. 22. Der Abend.

Nr. 23. Lied der Liebe.

Vorlagen: Die Abschriften bei Witteczek.

Nr. 24. Erinnerungen.

Vorlagen: 1. Das Autograph im Besitze von Nic. Dumba in Wien.
2. Die Abschrift bei Witteczek.

Bemerkungen: Das Autograph reicht nur bis S. 3, Z. 5, Tkt. 1 incl. und zeigt sich als die erste Niederschrift.

Hier lautet die erste Partie so:

Das Uebrige stimmt mit der Abschrift bei Witteczek überein. Diese ist offenbar nach einer Reinschrift Schubert's gemacht worden, in der Schubert die erste Partie umgestaltet hat.

Nr. 25. Adelaide.

Vorlagen: 1. Die Abschrift bei Witteczek.
2. Die Abschrift von Stadler.
Bemerkung: Witteczek giebt 1815, Stadler 1814 als das Compositionsjahr an. Gewiss hat es auch von diesem Liede zwei Autographe, eines aus dem Jahre 1814, das andere aus dem Jahre 1815, gegeben.

Nr. 26. An Emma.

Zu Nr. 26a. Vorlagen: 1. Das Autograph im Besitze von C. Lacom in Wien.
2. Ein autographes Skizzenblatt im Besitze von Nic. Dumba in Wien.
Bemerkungen: Das Datum ist in beiden Vorlagen dasselbe. Auf dem Skizzenblatt sind nur die ersten neun Takte (unvollständig) zu finden, und Schubert ist im Zweifel darüber, ob er die Singstimme im Violin- oder im Sopranschlüssel schreiben soll.
Nach dem *dim.* S. 3, Z. 3, Tkt. 5 und Z. 4, Tkt. 5, steht im Autograph (wie in unserer Ausgabe) Tempo I   Das ist ein Beweis dafür, dass das *dim.* nicht nur für die Dynamik, sondern auch für's Tempo gilt. Auf dem autographen Skizzenblatt lautet das Tempo: »Mässig langsam«.
Zu Nr. 26b. Vorlagen: 1. Die erste von Schubert besorgte Ausgabe in der Beilage zur »Wiener Zeitschrift für Kunst, Literatur, Theater und Mode« vom 30. Juni 1821.
2. Die Abschrift von Stadler.
Zu Nr. 26c. Vorlage: Die Originalausgabe. Sie erschien im April 1826 im Verlage des k. k. Hoftheater-Capellmeisters Thad. Weigl unter dem Titel: »Hektors Abschied. Emma. Des Mädchens Klage. Gedichte von Fried. von Schiller, in Musik gesetzt für eine Singstimme mit Pianoforte-Begleitung von Franz Schubert. 56. Werk«. Verlagsnummer 2492.
Bemerkungen: In der Vorlage lautet der Titel irrthümlich »Emma«. Schubert schrieb, wie aus den Autographen und den alten Abschriften zu ersehen ist, den Titel, wie Schiller: »An Emma«. Auch die Bezeichnung »56. Werk« ist ein Irrthum. Andere Fehler der Vorlage wurden ohne weiteres getilgt.

Nr. 27. Romanze.

Vorlagen: 1. Das Autograph im Besitze der königl. Bibliothek in Berlin.
2. Ein autographes Fragment im Besitze von Dr. Max Friedländer in Berlin.
　　Bemerkungen: Das autographe Fragment enthält die Partie S. 4, Z. 2, Tkt. 3 bis
S. 6, Z. 3, Tkt. 5 incl. Der erste Theil davon stimmt mit dem Autograph in der königl.
Bibliothek fast ganz überein. Von S. 5, Z. 2 angefangen lautet aber die Composition in
Dr. Friedländer's Fragment so:

in　der Vä - ter Gruft.　Das　Fräu - lein　horchte,　still und bang, der

Pries - ter Li - ta - ney'n;　trüb in　des Ker - kers Git - ter drang der

Fa - ckeln ro - ther Schein.　Sie ahn - te schaudernd ihr Geschick,

ihr ward so dumpf und schwer,   im To-desgram erstarb ihr Blick,   sie

sank,   und war   nicht mehr.   Des   Thurms Ru - i - nen

Das Uebrige ist wieder wie im Autograph der königl. Bibliothek.

Nr. 28. An Laura.

Vorlage: Die Abschrift von Stadler.

Nr. 29. Der Geistertanz.

Vorlagen: 1. Das Autograph, früher im Besitze von Weinberger und Hofbauer in Wien.

2. Die erste Ausgabe; Nachlass, Lieferung 31. Verlagsnummer 6940.

Bemerkung: Das Autograph enthält nur die ersten 30 Takte und stimmt darin mit der ersten Ausgabe überein. Diese konnte daher für das Uebrige als massgebend angesehen werden.

Nr. 30. Das Mädchen aus der Fremde.

Vorlage: Eine bei Witteczek stehende Abschrift von Ferdinand Schubert.

Nr. 31. Gretchen am Spinnrade.

Vorlagen: 1. Das Autograph im Besitze von Nic. Dumba in Wien.

2. Ein autographes Fragment im Besitze der königl. Bibliothek in Berlin.

3. Die Originalausgabe. Sie erschien am 30. April 1821 in Commission von Cappi und Diabelli in Wien unter dem Titel: »Gretchen am Spinnrade aus Göthe's »Faust« in

Musik gesetzt und dem hochgebohrnen Herrn Herrn Moritz Reichsgrafen von Fries . . . ehrfurchtsvoll gewidmet von Franz Schubert. 2tes Werk.« (Ohne Verlagsnummer.)

Bemerkungen: Die Originalausgabe wurde als massgebend betrachtet. Das Dumba'sche Autograph weicht in einigen unwesentlichen Dingen davon ab. Diese Abweichungen sind sorgfältig verzeichnet in Friedländer's »Supplement« zum »Schubert-Album« der Edition Peters. (Ed. Pet. Nr. 2173, S. 48 und 49.) Das Datum steht auf dem Autograph.

Nr. 32. Nachtgesang.

Vorlage: Das Autograph früher im Besitze von Weinberger und Hofbauer in Wien (vergl. Nr. 45 b).

Nr. 33. Trost in Thränen.

Vorlage: Das Autograph im Besitze von Nic. Dumba in Wien (vergl. Nr. 45 b).

Nr. 34. Schäfers Klagelied.

Vorlagen.   Zu Nr. 34 a: Das Autograph im Besitze von Nic. Dumba in Wien.
Zu Nr. 34 b: 1. Das Autograph im Besitze der königl. Bibliothek in Berlin.
2. Die Originalausgabe. Sie erschien im Mai 1821 in Commission bei Cappi und Diabelli in Wien unter dem Titel: »Schäfers Morgenlied. Heidenröslein. Jägers Abendlied. Meeres-Stille von Goethe. Für eine Singstimme mit Begleitung des Pianoforte in Musik gesetzt und dem wohlgebohrnen Herrn Herrn Jgnaz Edlen von Mosel . . . . . hochachtungsvoll gewidmet von Franz Schubert. 3tes Werk.« Verlagsnummer 768.

Nr. 35. Sehnsucht.

Vorlagen: Zwei Autographe im Besitze von Nic. Dumba in Wien.
Bemerkungen: Das eine dieser Autographe ist unvollständig. Es fehlen darin die ersten 13 Takte. Dieses Autograph zeigt die erste Niederschrift, und es folgt hier dem Liede »Sehnsucht« gleich »Am See« (Nr. 36). Das zweite Autograph ist eine ausgeführte Reinschrift und war für unsere Ausgabe massgebend (vergl. Nr. 45 b).
Im erstgenannten Autograph lautet der Schluss des Liedes, S. 5, Takt 2 u. ff., so:

glän-zet da dro-ben, so nah und so fern?« Und

hast du mit Staunen das Leuchten er-blickt: ich lieg dir zu Füs - sen, da

bin ich beglückt, ich lieg dir zu Füs - sen, da bin ich beglückt.

Nr. 36. Am See.

Vorlagen: 1. Das Autograph (erster Entwurf) im Besitze von Nic. Dumba in Wien (vergl. Nr. 35).

2. Die Abschrift bei Witteczek.

3. Die Abschrift von Stadler.

Bemerkungen: Das Autograph reicht nur bis S. 4, Z. 4, Takt 3. Es hat als Tempobezeichnung zu Anfang »Langsam« und weicht in einigen Kleinigkeiten von den Abschriften ab. Offenbar sind diese nach einer Reinschrift Schubert's gemacht worden; sie waren daher massgebend. S. 5, Takt 1 steht in beiden Abschriften so.

Nr. 37. Scene aus Goethe's »Faust«.

Vorlagen. Zu Nr. 37a: 1. Das Autograph im Besitze der königl. Bibliothek in Berlin. Es ist von Schubert selbst als »Skizze zu einer weitern Ausführung« bezeichnet, und stellt sich als die erste Niederschrift dar.

2. Eine mit dem eben genannten Autograph übereinstimmende autographe Reinschrift im Besitze von Charles Malherbe in Paris.

Zu Nr. 37b: 1. Die Abschrift bei Witteczek.

2. Die erste Ausgabe; Nachlass, Lieferung 20. Verlagsnummer 4268.

Bemerkung: Es ist beachtenswerth, dass Schubert die letzten Worte dieser Scene nicht componirt hat.

Nr. 38. Ammenlied.

Vorlage: Die Abschrift bei Witteczek.

Nr. 39. Auf einen Kirchhof.

Vorlage: Das Autograph im Besitze von Nic. Dumba in Wien.

Nr. 40. Minona.

Vorlagen: 1. Das Autograph (erste Niederschrift) im Besitze der Gesellschaft der Musikfreunde in Wien.

2. Das Autograph (Reinschrift) im Besitze von Nic. Dumba in Wien.

Bemerkungen: Die erste Niederschrift zeigt, dass Schubert ernsthaft und nicht leicht an dem Stück gearbeitet hat; da er aber alle geänderten Stellen überklebte, so lässt sich der innere Gang der Arbeit nicht verfolgen. Wie sie sich fertig zeigt, weist die erste Niederschrift von der Reinschrift keine Abweichungen auf; diese ist nur sorgfältiger geschrieben und in allen Vortragszeichen genauer. Die Stelle S. 7, Z. 4, Takt 2 u. ff. lautete zuerst so:

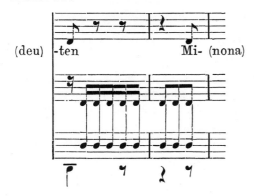

dann so:

Für die Lehre von der Ausführung der Vorschläge ist die Stelle S. 2, Z. 2, Takt 4 sehr bezeichnend. In der ersten Niederschrift schreibt Schubert:

ü - ber die lieb - li - che Leuchte da - her

Nr. 41. Als ich sie erröthen sah.

Vorlagen: 1. Das Autograph, früher im Besitze von E. Kanitz in Wien.
2. Die erste Ausgabe; Nachlass, Lieferung 39. Verlagsnummer 7417.
Bemerkung: Das Autograph war unvollständig; es fehlten ihm die letzten 14 Takte. Für diese war die erste Ausgabe massgebend, die im Uebrigen mit dem Autograph übereinstimmte.

Nr. 42. Das Bild.

Vorlage: Die Abschrift bei Witteczek.

Nr. 43. Der Mondabend.
Nr. 44. Loda's Gespenst.

Vorlagen: Die Abschriften von Stadler.

Nr. 45. Der Sänger.

Vorlagen. Zu Nr. 45 a: Die erste Ausgabe. Sie erschien im April 1829 bei Joseph Czerny in Wien unter dem Titel: »Der Sänger Ballade von Göthe. In Musik gesetzt für eine Singstimme mit Begleitung des Pianoforte von Franz Schubert. 117tes Werk.« Verlagsnummer 340.
Zu Nr. 45 b: Das Autograph im Besitze von Charles Malherbe in Paris.
Bemerkungen: Das Autograph, früher im Besitze von Weinberger und Hofbauer in Wien, bildete ursprünglich die letzten Bogen eines stärkeren Heftes, das Schubert mit besonderem Fleisse und mit dem Aufgebote seiner ganzen, nicht geringen kalligraphischen Fertigkeit zusammengeschrieben hatte. Dieses Heft führte den Titel: »Lieder von Goethe componirt von Franz Schubert. 2tes Heft« und enthielt folgende zwölf Lieder: Sehnsucht (Nr. 35), Wer kauft Liebesgötter (Nr. 118), Trost in Thränen (Nr. 33), Der Gott und die Bajadere (Nr. 111), Nachtgesang (Nr. 32), Sehnsucht (Nr. 158), Mignon (Nr. 168), Bundeslied (Nr. 115), Tischlied (Nr. 97), An den Mond (Nr. 116), Der Rattenfänger (Nr. 112) und Der Sänger (Nr. 45). Gewiss hatte Schubert dem Hefte, dem ja ein gleiches vorangegangen sein muss, eine besondere Bestimmung gegeben; wahrscheinlich sollte es an Goethe geschickt werden. Das Heft wurde, so weit es ging, auseinandergeschnitten und stückweise verkauft.

Nr. 46. Die Erwartung.

Vorlage: Die Originalausgabe. Sie erschien im April 1829 bei M. J. Leidesdorf in Wien unter dem Titel: »Die Erwartung. Gedicht von Fr. von Schiller. In Musik gesetzt mit Begleitung des Pianoforte und seinem Freunde Joseph Hüttenbrenner gewidmet von Franz Schubert. Op. 116.« Verlagsnummer 1153.
Bemerkungen: Die Vorlage ist nicht fehlerfrei, und manche Stellen sind zweifelhaft geblieben. Erwähnenswerth ist, dass S. 3, Z. 2, Takt 3, dann S. 5. Takt 1 und S. 7,

Z. 3, Takt 3 das Taktzeichen jedesmal 𝄵 ist; es schien zweifellos, dass an diesen Stellen 𝄵 stehen sollte.   Schubert pflegt nämlich die Taktzeichen 𝄵 und 𝄴 nicht zu wiederholen, wenn er bloss das Zeitmass ändert. Aber er unterscheidet sie stets genau. Wahrscheinlich sollte auch S. 10, Takt 1 das Taktzeichen 𝄵 sein. S. 6, Z. 2, Takt 2 lautet die letzte Note der Singstimme in der Vorlage *d*; auch dieses wurde zu den Fehlern gezählt.

Nr. 47. Am Flusse.

Vorlage: Das Autograph im Besitze der königl. Bibliothek in Berlin.

Nr. 48. An Mignon.

Vorlagen.   **Zu Nr. 48 a**: Zwei Autographe im Besitze der königl. Bibliothek in Berlin.   Das eine, die erste Niederschrift, enthält das ganze Stück. Dem anderen, der Reinschrift, fehlen die letzten vier Takte.

Zu Nr. 48 b: 1. Das Autograph im Besitze von A. W. Thayer in Triest.

2. Die Originalausgabe. Sie erschien 1823 bei Anton Diabelli und Comp. in Wien unter dem Titel: »An Schwager Kronos. An Mignon. Ganymed. Gedichte von Goethe. In Musik gesetzt für eine Singstimme mit Begleitung des Pianoforte und dem Dichter verehrungsvoll gewidmet von Franz Schubert. 19tes Werk.« Verlagsnummer 1800.

Nr. 49. Nähe des Geliebten.

Vorlagen.   **Zu Nr. 49 a**: Das Autograph (erste Niederschrift) im Besitze der königl. Bibliothek in Berlin. Es ist von Schubert durchgestrichen und mit der Bemerkung »gilt nicht« versehen.   Denn kaum hatte er es geschrieben, so fiel ihm auch schon die zweite Fassung ein.

Zu Nr. 49 b: 1. Das Autograph (erste Niederschrift) im Besitze von Albert Cahen in Paris.

2. Das (zweite) Autograph (Reinschrift) im Besitze der königl. Bibliothek zu Berlin.

3. Die Originalausgabe. Sie erschien am 9. Juli 1821 in Commission bei Cappi und Diabelli in Wien unter dem Titel: »Rastlose Liebe, Nähe des Geliebten, Der Fischer, Erster Verlust, und Der König in Thule. Gedichte von Goethe. Für eine Singstimme mit Begleitung des Pianoforte in Musik gesetzt und dem wohlgebohrnen Herrn Anton Salieri k. k. ersten Hofkapellmeister . . . hochachtungsvoll gewidmet von Franz Schubert. 5tes Werk.« Verlagsnummer 789.

Bemerkungen: Die Autographe sind oben nach der Reihe ihrer Entstehung angeführt.   Die beiden erstgenannten haben das Datum. In diesen beiden hat Schubert auf die dritte Strophe Rücksicht genommen; mit treuer Beibehaltung der Worte des Dichters setzte er Z. 2, Takt 3:

Im stil - len Hai-ne   geh' ich

Als es aber zur Reinschrift kam, opferte er die philologische Treue der melodischen Schönheit und änderte den Text.

Der letzte Takt der Singstimme lautet im Cahen'schen Autograph *):

Quel - len malt.

---

*) Die Kenntniss der Beschaffenheit dieses Autographes verdanken wir Herrn Charles Malherbe in Paris.

Nr. 50. Sängers Morgenlied.

Vorlage: Das Autograph im Besitze von Albert Cahen in Paris.
Bemerkung: Die Revision besorgte Herr Charles Malherbe in Paris.

Nr. 51. Sängers Morgenlied.

Vorlage: Das Autograph im Besitze der königl. Bibliothek in Berlin.

Nr. 52. Amphiaraos.

Vorlage: Das Autograph im Besitze von Nic. Dumba in Wien.

Nr. 53. Trinklied vor der Schlacht.

Nr. 54. Schwertlied.

Vorlagen: 1. Die Abschriften bei Witteczek.
2. Die Abschriften von Stadler.

Nr. 55. Gebet während der Schlacht.

Vorlage: Die erste Ausgabe; Nachlass, Lieferung 10. Verlagsnummer 3707.

Nr. 56. Das war ich.

Vorlage: Die Abschrift bei Witteczek.
Bemerkung: Auf einem Autograph des Liedes »Fragment aus dem Aeschylus« (Nr. 236 b) findet sich ein aus dem Juni 1816 stammender Entwurf einer zweiten Composition des Körner'schen Gedichtes; er lautet:

Das war ich.

Nr. 57. Die Sterne.

Vorlagen: 1. Die Abschrift bei Witteczek.
2. Die Abschrift von Stadler.

Nr. 58. Vergebliche Liebe.

Vorlage: Das Autograph im Besitze von Prof. E. Rudorff in Berlin, der auch die Revision besorgte.

Nr. 59. Liebesrausch.

Vorlage: Das Autograph im Besitze des Männergesangvereins »Schubertbund« in Wien (siehe Nr. 60). Der frühere Besitzer hat den Titel herausgeschnitten, um eine Widmung an den »Schubertbund« an dessen Stelle zu setzen.

Nr. 60. Sehnsucht der Liebe.

Vorlagen: 1. Das Autograph im Besitze des Männergesangvereins »Schubertbund« in Wien, auf demselben Blatte mit Nr. 59. Es enthält nur die ersten acht Takte.
2. Die Abschrift bei Witteczek.
3. Die Abschrift von Stadler.
Bemerkung: Das Autograph hat das Datum »8. April 1815«. Hier lauten die ersten Takte der Singstimme:

Wie die Nacht mit heil'-gem Be - ben

Nottebohm giebt »Juli 1815« als Compositionsdatum an. Es scheint somit, dass es zwei Bearbeitungen dieses Liedes gegeben hat, und dass den Abschriften die zweite als Vorlage diente.

Nr. 61. Die erste Liebe.

Nr. 62. Trinklied.

Vorlagen: Die Abschriften bei Witteczek.

Nr. 63. Stimme der Liebe.

Vorlage: Das Autograph im Besitze von Nic. Dumba in Wien (siehe Nr. 64).
Bemerkung: Auch im Autograph steht nach dem Vorspiel ein doppelter Taktstrich und kein Wiederholungszeichen. Es bleibt also zweifelhaft, ob das Vorspiel auch als Zwischenspiel nach der ersten und zweiten Strophe zu gelten hat. Vielleicht sollte die Bestimmung darüber dem Ausführenden überlassen bleiben.

Nr. 64. Naturgenuss.

Vorlage: Das Autograph im Besitze von Nic. Dumba in Wien, auf demselben Blatte mit Nr. 63. Der letzte Takt steht auf demselben Blatte mit Nr. 65.

Nr. 65. Die Sterbende.

Vorlage: Das Autograph im Besitze von Hofrath L. R. v. Spaun in Wien.
Bemerkungen: Auf diesem Autograph stehen, wie oben berichtet wurde, noch der letzte Takt und die zwei nachgeschriebenen Strophen von Nr. 64. Gleich darauf folgt »Die Sterbende«. Daher wurde das Datum von Nr. 63 und Nr. 64 auch für Nr. 65 angenommen, zumal die drei Stücke in einem Zuge geschrieben zu sein scheinen. Auf der Rückseite des Blattes bei Spaun steht das Lied »Daphne am Bach« (Nr. 209) mit dem Datum »April 1816«,

was Nottebohm, der die beiden Blätter nicht neben einander sah, veranlasst hat, auch für »Die Sterbende« dieses Datum anzunehmen.

Im Autograph fehlen die Wiederholungszeichen am Schlusse des Liedes; auch hat Schubert die zweite und dritte Strophe nicht dazu geschrieben, wie er es sonst zu thun pflegte, obwohl noch Platz dafür da war. Er hat offenbar gleich nach der Vollendung der Composition bemerkt, dass sich die anderen Strophen nicht gut unterlegen lassen; daher strich er auch das Stück durch.

Nr. 66. An die Freude.

Vorlage: Die erste Ausgabe. Sie erschien im Januar 1829 bei Joseph Czerny in Wien unter dem Titel: »Drey Gedichte. Nr. 1. An die Freude von Schiller. Nr. 2. Lebens-Melodien von Schlegel. Nr. 3. Die vier Weltalter von Schiller. In Musik gesetzt für eine Singstimme mit Begleitung des Pianoforte von Franz Schubert. 111tes Werk.« Verlagsnummer 335.

Nr. 67. Des Mädchens Klage.

Vorlagen. Zu Nr. 67a: Das Autograph im Besitze von Nic. Dumba in Wien. Es enthält dieses und die folgenden drei Stücke.

Zu Nr. 67b: Die Originalausgabe. Siehe Nr. 26c.

Bemerkungen: Auffallend ist in der Originalausgabe die Textvertheilung an zwei Stellen. In der ersten Strophe heisst es da:

mit Macht, und sie seufzt hi - naus

in der zweiten:

wei - ter gibt sie dem

Die erste dieser Stellen wurde mit Rücksicht auf das Autograph geändert. Ist sie in der Originalausgabe ein Versehen, so ist es wahrscheinlich die zweite auch.

Nr. 68. Der Jüngling am Bache.

Vorlage: Das Autograph im Besitze von Nic. Dumba in Wien. Siehe Nr. 67a.

Bemerkung: Die Textvertheilungen in der zweiten, dritten und vierten Strophe rühren von Schubert her.

Nr. 69. An den Mond.

Vorlagen: 1. Das Autograph im Besitze von Nic. Dumba in Wien. Siehe Nr. 67a.

2. Die Originalausgabe. Sie erschien im April 1826 im Verlage des k. k. Hoftheater-Capellmeisters Thad. Weigl in Wien unter dem Titel: »Der Schmetterling; und die Berge. Von Friedrich Schlegel. An den Mond; von Fr. v. Hölty. in Musik gesetzt für eine Singstimme mit Pianofortebegleitung von Franz Schubert. 57tes Werck.« Verlagsnummern 2494—2496.

Bemerkungen: Das Autograph hat kein Vorspiel. Die Begleitung des dritten und vierten Takts der zweiten und dritten Strophe lautet im Autograph:

Auch ist das Autograph in den Vortragsbezeichnungen sorgfältiger. Diese wurden zur Ergänzung desjenigen benutzt, was die Originalausgabe bot. Sonst sind beide Vorlagen gleich.

Nr. 70. Die Mainacht.

Vorlage: Das Autograph im Besitze von Nic. Dumba in Wien. Siehe Nr. 67 a.

Nr. 71. Amalia.

Nr. 72. An die Nachtigall.

Vorlagen: 1. Die Abschriften bei Witteczek.
2. Die Abschriften von Stadler.

Nr. 73. An die Apfelbäume, wo ich Julien erblickte.

Vorlagen: 1. Das Autograph (Bruchstück) im Besitze von Mr. Manson in Paris. Hier fehlen die ersten 15 Takte.
2. Die erste Ausgabe; Nachlass, Lieferung 50. Verlagsnummer 9000.
Bemerkung: Im Autograph folgt gleich Nr. 74.

Nr. 74. Seufzer.

Vorlage: Das Autograph im Besitze von Mr. Manson in Paris. Vergl. Nr. 73. Die Revision besorgte Herr Ch. Malherbe in Paris.

Nr. 75. Liebeständelei.

Vorlage: Die Abschrift bei Witteczek.

Nr. 76. Der Liebende.

Vorlage: Das Autograph im Besitze von Victor Graf Wimpffen in Kainberg bei Graz.

Nr. 77. Die Nonne.

Vorlagen: 1. Ein Autograph im Besitze von Nic. Dumba in Wien.
2. Ein zweites Autograph im Besitze von Dr. H. Steger in Wien.

Bemerkungen: Das Dumba'sche Autograph hat das Datum »29. Mai 1815«; das Steger'sche »16. Juni 1815«. Dieses stellt sich als eine Umarbeitung des anderen dar und war für unsere Ausgabe massgebend. Das Dumba'sche Autograph hat sich nicht vollständig erhalten; es bricht nach S. 6, Z. 2, Takt 6 ab. Seine wesentlichsten Abweichungen vom Steger'schen Autograph sind folgende.

Vorspiel:

Ferner S. 4, Z. 3 u. ff.

Recit.

Die Non-ne,   voll   von welscher Wuth,   ent - glüht' in ih - rem

Mu-the,   und sann   auf nichts, als Dolch   und Blut,   und träum-te nur vom

Blu - te.   Sie ding - te plötz - lich   ei - ne

Schaar von wil-den Meu-chel-mördern, den Mann, der treu-los wor-den war, ins

Wild, schnell.

To-dtenreich zu fördern. Die boh- ren man - ches Mör - der-

schwert in sei - ne schwar-ze See - le, sein schwarzer, falscher Geist ent-

fährt wie Schwe - fel-dampf der Höh - le. Er wim-mert

Nr. 78. Die Liebe.

Vorlage: Das Autograph im Besitze von Victor Graf Wimpffen in Kainberg bei Graz.
Bemerkung: Der Titel steht auf dem Autograph.

Nr. 79. Adelwold und Emma.

Vorlage: Das Autograph im Besitze von Nic. Dumba in Wien.
Bemerkung: S. 4, Z. 1, Takt 3 ist auch im Autograph so.

Nr. 80. Der Traum.

Vorlagen: 1. Die Abschrift bei Witteczek.
2. Die Abschrift von Stadler.

Nr. 81. Die Laube.

Vorlagen: 1. Die Abschrift bei Witteczek.
2. Die erste Ausgabe. Sie erschien 1866 bei C. A. Spina in Wien als Nr. 2 der Sammlung: »Sechs Lieder (Nr. 1. Der Traum, Nr. 2. Die Laube, Nr. 3. An die Nachtigall. Gedichte von Hölty. Nr. 4. Das Sehnen, Gedicht von Kosegarten. Nr. 5. An den Frühling, Nr. 6. Die Vögel) für eine Singstimme mit Begleitung des Pianoforte von Franz Schubert, op. 172. Aus dem Nachlasse.« Verlagsnummer 16750.

Nr. 82. Meeres Stille.

Vorlagen: 1. Das Autograph (erste Niederschrift) im Besitze von Vict. Graf Wimpffen in Kainberg. Siehe Nr. 83.
2. Das Autograph (Reinschrift) im Besitze der köngl. Bibliothek in Berlin.
3. Die Originalausgabe. Siehe Nr. 34 b.
Bemerkung: Die Autographe weichen nur ganz unbedeutend von einander ab. Die Reinschrift stimmt mit der Originalausgabe überein.

Nr. 83. Kolma's Klage.

Vorlagen: 1. Das Autograph im Besitze von Vict. Graf Wimpffen in Kainberg, auf demselben Blatte mit Nr. 82.
2. Die erste Ausgabe; Nachlass, Lieferung 2. Verlagsnummer 3632.
Bemerkungen: Das Autograph reicht nur bis zum $^6/_8$-Takt S. 3, Z. 2. Die Textvertheilung der einzelnen Strophen ist im Autograph genau angegeben. Zur zweiten Strophe bemerkt Schubert: »Die zweite Strophe wird durchgehends etwas leiser gesungen«; zur dritten: »Doch die dritte desto stürmischer«. Die Klavierbegleitung ist nur einmal geschrieben und muss sich offenbar nach dem Vortrage der Strophen richten. Das Tempo lautete ursprünglich: »Nicht zu langsam«.

Nr. 84. Grablied.

Vorlage: Das Autograph, früher im Besitze von Weinberger und Hofbauer in Wien. Auf demselben Blatte mit Nr. 85.

Nr. 85. Das Finden.

Vorlagen: 1. Das Autograph (erste Niederschrift) früher im Besitze von Weinberger und Hofbauer in Wien. Siehe Nr. 84.

2. Das Autograph (Reinschrift) im Besitze von A. Cranz in Wien.

Bemerkung: Die Autographe stimmen mit einander vollkommen überein; nur hat die Reinschrift genauere Vortragszeichen.

Nr. 86. Lieb Minna.

Vorlagen: 1. Das Autograph im Besitze von Nic. Dumba in Wien.

2. Die Abschrift von Stadler.

Bemerkung: Dass die 3. Strophe ohne ⌒ zu singen ist, sagt Stadler in seiner Abschrift ausdrücklich.

Nr. 87. Wandrers Nachtlied.

Vorlagen: 1. Das Autograph (Reinschrift) im Besitze der königl. Bibliothek in Berlin.

2. Die Originalausgabe. Sie erschien im Mai 1821 in Commission von Cappi und Diabelli in Wien unter dem Titel: »Der Wanderer von Schmidt v. Lübeck. Morgenlied von Werner. — Wandrers Nachtlied von Goethe, für eine Singstimme mit Begleitung des Piano-Forte, in Musik gesetzt, und Sr. Excellenz dem hochgebornen und hochwürdigsten Herrn Herrn Johann Ladislav Pyrker v. Felsö-Eör, Patriarchen von Venedig, Primas von Dalmatien . . . . in tiefer Ehrfurcht gewidmet von Franz Schubert. 4tes Werk.« Verlagsnummer 773.

Bemerkungen: Die beiden Vorlagen stimmen mit einander überein. Das Compositionsdatum steht nach Friedländer's Angabe auf dem Autograph (der ersten Niederschrift) im Besitze von Ernst Perabo in Boston.

Nr. 88. Der Fischer.

Vorlagen: 1. Das Autograph (Reinschrift) im Besitze der königl. Bibliothek in Berlin.

2. Die Originalausgabe. Siehe Nr. 49 b.

Bemerkungen: Die Vorlagen stimmen mit einander überein. Das Compositionsdatum steht nach Friedländer's Angabe auf dem Autograph (der ersten Niederschrift) im Besitze von Ernst Perabo in Boston.

Nr. 89. Erster Verlust.

Vorlagen: 1. Das Autograph (Reinschrift) im Besitze der königl. Bibliothek in Berlin.

2. Die Originalausgabe. Siehe Nr. 49 b.

Bemerkungen: Das Autograph hat 𝄵 als Taktzeichen; das 𝄴 der Originalausgabe wurde als Druckfehler angesehen. Der letzte Takt lautet im Autograph:

Nr. 90. Idens Nachtgesang.

Vorlage: Das Autograph im Besitze von A. Cranz in Wien.

Nr. 91. Von Ida.

Vorlagen: Zwei Autographe (erste Niederschrift und Reinschrift) im Besitze von A. Cranz in Wien.
Bemerkung: Das NB. steht in beiden Autographen.

Nr. 92. Die Erscheinung.

Vorlagen: Zwei Autographe (erste Niederschrift und Reinschrift) im Besitze von A. Cranz in Wien.

Nr. 93. Die Täuschung.

Nr. 94. Das Sehnen.

Nr. 95. Der Abend.

Nr. 96. Geist der Liebe.

Vorlagen: Die Autographe im Besitze von A. Cranz in Wien.

Nr. 97. Tischlied.

Vorlagen: 1. Das Autograph (Reinschrift) im Besitze von Nic. Dumba in Wien (vergl. Nr. 45 b).
2. Die erste Ausgabe. Sie erschien im April 1829 bei Joseph Czerny in Wien unter dem Titel: »Sechs Gedichte. Nr. 1. Geist der Liebe, von Kosegarten. Nr. 2. Der Abend, von Hölty. Nr. 3. Tischlied, von Göthe. Nr. 4. Lob des Tokayers, von Baumberg. Nr. 5. An die Sonne, von T. Körner. Nr. 6. Die Spinnerin, von Göthe. In Musik gesetzt für eine Singstimme mit Begleitung des Pianoforte von Franz Schubert. 118tes Werk.« Verlagsnummer 341.
Bemerkung: Der ersten Ausgabe scheint die erste Niederschrift dieses Liedes als Vorlage gedient zu haben. Die Abweichungen in der Singstimme:

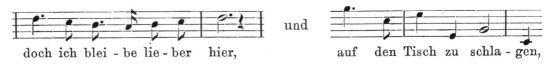

doch ich blei - be lie - ber   hier,   und   auf   den Tisch zu schla - gen,

deuten wenigstens darauf hin. Schubert mag die Aenderung vorgenommen haben, als er an die andern Strophen des Gedichtes dachte.

Nr. 98. Der Liedler.

Vorlagen: 1. Die Originalausgabe. Sie erschien am 9. Mai 1825 bei Cappi u. Comp. in Wien unter dem Titel: »Der Liedler, Ballade von J. Kenner, in Musik gesetzt für eine Singstimme mit Begleitung des Pianoforte und dem Dichter gewidmet von Frz. Schubert. 38tes Werk.« Verlagsnummer 110.

2. Eine alte Abschrift im Besitze von Hofrath Kerner in Wien.

Bemerkungen: Friedländer sah das Autograph dieser Ballade bei Frau v. Mayrhofer in Klagenfurt. Nach seiner Beschreibung enthält das Autograph die Widmung und als Zeitangaben »1815« zu Anfang und »den 12. December 1815« am Schluss des Stückes. Diese Angaben widersprechen nicht unbedingt der Zeitangabe Nottebohm's, welche für unsere Ausgabe beibehalten wurde. Mit dem Autograph stimmt die Kerner'sche Abschrift überein. Beide weichen von der Originalausgabe an einigen Stellen ab. Die Partie S. 6, Z. 4 u. ff. steht in *E*dur, und die letzten Takte auf S. 7 lauten:

Die Singstimme S. 9, Z. 3, Takt 2 und 3:

ferner S. 14, Z. 2:

Der letzte Takt auf S. 8 steht auch in der Vorlage so.

Nr. 99. Ballade.

Vorlage: Die erste Ausgabe. Sie erschien im Januar 1830 bei Jos. Czerny in Wien unter dem Titel: »Ein Fräulein schaut vom hohen Thurm. Ballade von Kenner. In Musik gesetzt für eine Singstimme mit Begleitung des Pianoforte von Franz Schubert. 126tes Werk.« Verlagsnummer 2664.

Bemerkungen: Nottebohm sagt, das Stück sei 1825 componirt. Das scheint ein Schreib- oder Druckfehler, oder sonst ein Versehen zu sein, denn Kenner'sche Gedichte hat Schubert bloss im Jahre 1815 componirt und die ganze Composition trägt den Charakter dieser Zeit. Sie wurde daher hier eingereiht. — Der erste Takt, ohne organischen Zusammenhang mit den folgenden, schien nicht von Schubert herzurühren, und wurde daher klein gestochen. S. 4 stimmt Z. 1, Takt 2 auch in der Vorlage mit Z. 4, Takt 3 nicht ganz überein.

Nr. 100. Abends unter der Linde.

Vorlage: Das Autograph im Besitze von A. Artaria in Wien, auf demselben Blatte mit der ersten Niederschrift von Nr. 103.

Bemerkung: Die Vorlage hat keine Tempobezeichnung.

Nr. 101. Abends unter der Linde.

Vorlagen: Zwei Autographe (erste Niederschrift und Reinschrift) im Besitze von A. Cranz in Wien. Siehe Nr. 102.

Bemerkung: Die Vorlagen weichen nur ganz unwesentlich von einander ab. Die erste Niederschrift hat C als Taktzeichen.

Nr. 102. Die Mondnacht.

Vorlagen: 1. Das Autograph (erste Niederschrift) im Besitze von A. Cranz in Wien, auf demselben Blatte mit der ersten Niederschrift von Nr. 101.

2. Das Autograph (Reinschrift) im Besitze von A. W. Thayer in Triest.

Nr. 103. Huldigung.

Vorlagen: 1. Das Autograph (erste Niederschrift) im Besitze von A. Artaria in Wien. Siehe Nr. 100.

2. Das Autograph (Reinschrift) im Besitze von A. Cranz in Wien. Siehe Nr. 104.

Bemerkung: In der ersten Niederschrift ist der zwölfte Takt so geschrieben:

dich - ten, sin-nen.

Vergl. die Bemerkungen zu Nr. 40.

Nr. 104. Alles um Liebe.

Vorlagen: 1. Zwei Autographe im Besitze von A. Cranz in Wien.

2. Das Autograph (erste Niederschrift) im Besitze von Dr. Max Friedländer in Berlin.

Bemerkung: Eines der beiden Autographe bei Cranz steht auf demselben Blatte mit Nr. 103.

Nr. 105. Das Geheimniss.
Nr. 106. Hoffnung.

Vorlage: Das Autograph im Besitze von A. Cranz in Wien. Beide Stücke auf einem Blatte.

Nr. 107. An den Frühling.

Vorlagen. **Zu Nr. 107a:** Das Autograph im Besitze von A. Cranz in Wien.
Zu Nr. 107b: Das Autograph im Besitze des wissenschaftlichen Klubs in Wien.
Bemerkung: Die Strophen wie in den Autographen.

Nr. 108. Das Mädchen aus der Fremde.

Vorlage: Eine bei Witteczek stehende Abschrift von Ferdinand Schubert.

Nr. 109. Die Bürgschaft.

Vorlage: Die erste Ausgabe; Nachlass, Lieferung 8. Verlagsnummer 3705.

Nr. 110. Punschlied.

Vorlage: Das Autograph im Besitze von A. Cranz in Wien. Siehe Nr. 111.

Nr. 111. Der Gott und die Bajadere.

Vorlagen: 1. Das Autograph (erste Niederschrift) im Besitze von A. Cranz in Wien, auf demselben Blatte mit Nr. 110.
2. Das Autograph (Reinschrift) früher im Besitze von Weinberger und Hofbauer in Wien (vergl. Nr. 45b).
Bemerkung: Das NB. rührt von Schubert her.

Nr. 112. Der Rattenfänger.

Vorlagen: 1. Das Autograph (erste Niederschrift) im Besitze von A. Cranz in Wien, auf demselben Blatt mit Nr. 113 und 114.
2. Das Autograph (Reinschrift) im Besitze von Charles Malherbe in Paris (vergl. Nr. 45b).
Bemerkung: Die beiden Autographe weichen nur sehr wenig von einander ab. Die Reinschrift war massgebend.

Nr. 113. Der Schatzgräber.

Vorlage: Das Autograph im Besitze von A. Cranz in Wien. Siehe Nr. 112.
Bemerkung: S. 2, Z. 4, Takt 2 hat die Vorlage im oberen System der Begleitung:

Das wurde für einen Schreibfehler angesehen.

Nr. 114. Heidenröslein.

Vorlagen: 1. Das Autograph (erste Niederschrift) im Besitze von A. Cranz in Wien. Siehe Nr. 112.

2. Das Autograph (Reinschrift) im Besitze der königl. Bibliothek in Berlin.

3. Die Originalausgabe. Siehe Nr. 34b.

Bemerkung: Die zuletzt genannte Vorlage war massgebend, zumal die anderen von ihr nur sehr wenig abweichen. Diese Abweichungen sind in Friedländer's »Supplement« zum »Schubert-Album« der Edition Peters verzeichnet. Siehe Nr. 31.

Nr. 115. Bundeslied.

Vorlagen: 1. Das Autograph (erste Niederschrift) im Besitze von A. Cranz in Wien, auf demselben Blatte mit Nr. 116.

2. Das Autograph (Reinschrift) im Besitze von Nic. Dumba in Wien (vergl. Nr. 45b).

Bemerkungen: Die Vorlagen weichen nur sehr wenig von einander ab. Der Schlusstakt lautet in der ersten Niederschrift:

Nr. 116. An den Mond.

Vorlagen: 1. Das Autograph (erste Niederschrift) im Besitze von A. Cranz in Wien. Siehe Nr. 115.

2. Das Autograph (Reinschrift) im Besitze von Charles Malherbe in Paris (vgl. Nr. 45b).

Bemerkungen: Die Autographe sind ganz gleich. Die erste Niederschrift hat das Datum und zum Schluss die Bemerkung »3 Strophen«, d. h. ausser der ersten. Schubert hat, offenbar schon durch das Gedicht veranlasst, je zwei Strophen Goethe's in eine zusammengezogen; es ergiebt sich daher von selbst, dass er die eine Strophe des Gedichtes, die in unserer Ausgabe in Klammern steht, von der Benutzung zu seiner Musik ausschied.

Nr. 117. Wonne der Wehmuth.

Vorlagen: 1. Das Autograph (erste Niederschrift) im Besitze von Victor Graf Wimpffen in Kainberg, auf demselben Blatte mit Nr. 118.

2. Das Autograph (Reinschrift) im Besitze der königl. Bibliothek in Berlin.

Bemerkung: Die Autographe sind ganz gleich; es konnte daher auch die kurz nach Schubert's Tode erschienene aber unverlässliche erste Ausgabe (siehe Nr. 207) ausser Betracht gelassen werden.

Nr. 118. Wer kauft Liebesgötter?

Vorlagen: 1. Das Autograph (erste Niederschrift) im Besitze von Victor Graf Wimpffen in Kainberg. Siehe Nr. 117.

2. Das Autograph (Reinschrift) im Besitze von Nic. Dumba in Wien (vergl. Nr. 45b).

Bemerkungen: Die Vorlagen weichen fast gar nicht von einander ab.

Nr. 119. Die Spinnerin.

Vorlage: Das Autograph (Reinschrift) im Besitze der königl. Bibliothek in Berlin.

Nr. 120. Liebhaber in allen Gestalten.

Vorlage: Die Abschrift von Stadler.
Bemerkung: Die Vorlage hat nur die erste, zweite, dritte und neunte Strophe des Gedichtes, die beiden letzteren mit geringen Aenderungen (»käm' ich wie gelaufen« und »willst bess're besitzen«) zur Herstellung rhythmischer Gleichheit mit der Melodie. Es ist nicht unmöglich, dass diese praktische Einrichtung von Schubert herrührt.

Nr. 121. Schweizerlied.

Vorlage: Die Abschrift von Stadler.

Nr. 122. Der Goldschmiedgesell.

Vorlage: Die erste Ausgabe; Nachlass, Lieferung 48. Verlagsnummer 8837.
Bemerkung: Für dieses Stück war leider keine bessere Vorlage aufzutreiben. Da sich die meisten Vorspiele der im »Nachlass« veröffentlichten kleinen Lieder von Schubert als unecht erwiesen haben, so ist es möglich und wahrscheinlich, dass auch das Vorspiel zu diesem Liede nicht von Schubert herrührt. Es wurde daher klein gestochen. Auch ist wahrscheinlich, dass die Tonart des Liedes ursprünglich eine andere, höhere, war.

Nr. 123. Cora an die Sonne.

Nr. 124. Der Morgenkuss.

Nr. 125. Abendständchen.

Vorlagen: Die Abschriften bei Witteczek.

Nr. 126. Morgenlied.

Vorlage: Das Autograph im Besitze von A. Cranz in Wien.

Nr. 127. An die Sonne.

Vorlage: Die erste Ausgabe. Siehe Nr. 97.
Bemerkung: Der Titel lautet in G. v. Baumberg's Gedichten (Wien, 1800): »Als ich einen Freund des nächsten Morgens auf dem Lande zum Besuche erwartete«.

Nr. 128. Der Weiberfreund.

Vorlage: Das Autograph im Besitze von Nic. Dumba in Wien.

Nr. 129. An die Sonne.
Nr. 130. Lilla an die Morgenröthe.
Nr. 131. Tischlerlied.
Nr. 132. Todtenkranz für ein Kind.

Vorlage: Das Autograph im Besitze von A. Cranz in Wien; alle vier Lieder auf einem Bogen.

Bemerkung: Bei dem ersten dieser Lieder ist im Autograph G. v. Baumberg von fremder Hand als Dichterin bezeichnet. Aber in den »Sämmtlichen Gedichten von Gabriele v. Baumberg« (Wien 1800) kommt dieses Gedicht nicht vor.

Nr. 133. Abendlied.

Vorlage: Das Autograph im Besitze von A. Cranz in Wien.

Nr. 134. Die Fröhlichkeit.

Vorlage: Die Abschrift bei Witteczek.

Nr. 135. Lob des Tokayers.

Vorlage: Die erste Ausgabe. Siehe Nr. 97.

Bemerkungen: Es mag dahingestellt bleiben, ob das Vorspiel von Schubert herrührt. Da aber in op. 118 auch Lieder vorkommen, die in der ersten Ausgabe wie in den Autographen kein Vorspiel haben (siehe Nr. 96, 97 und 119), so ist kein äusserer Grund vorhanden, in die Treue dieser Angabe gerade nur beim »Lob des Tokayers« Zweifel zu setzen.

Zu den letzten acht Takten der Singstimme ist in der ersten Ausgabe der Text der ersten Strophe auch in die zweite und dritte gesetzt. Es wurde ein Versehen angenommen.

Nr. 136. An den Frühling.
Nr. 137. Lied.

Vorlage: Das Autograph im Besitze von A. Cranz in Wien, beide Stücke auf einem Blatte.

Nr. 138. Furcht der Geliebten.

Vorlagen. Zu Nr. 138a: Das Autograph im Besitze von Ch. Malherbe in Paris.
Zu Nr. 138b: 1. Die Abschrift bei Witteczek.
2. Die Abschrift von Stadler.

Nr. 139. Das Rosenband.

Vorlage: Die Abschrift bei Witteczek.

Nr. 140. Selma und Selmar.

Vorlagen. Zu Nr. 140a: 1. Die Abschrift bei Witteczek.
2. Die Abschrift von Stadler.
Zu Nr. 140b: Das Autograph im Besitze von A. Cranz in Wien, auf demselben Bogen mit Nr. 141, 142 und 143.

Nr. 141. Vaterlandslied.

Vorlagen. Zu Nr. 141a: Das Autograph im Besitze von A. Cranz in Wien. Siehe Nr. 140.
Zu Nr. 141b: Die Abschrift bei Witteczek.

Nr. 142. An Sie.

Vorlage: Das Autograph im Besitze von A. Cranz in Wien. Siehe Nr. 140.

Nr. 143. Die Sommernacht.

Vorlagen. Zu Nr. 143a: Das Autograph im Besitze von A. Cranz in Wien. Siehe Nr. 140.
Zu Nr. 143b: 1. Die Abschrift bei Witteczek.
2. Die Abschrift bei Stadler.
Bemerkung: Der sechste Takt ist in allen Vorlagen so.

Nr. 144. Die frühen Gräber.

Vorlagen: 1. Das Autograph (erste Niederschrift) im Besitze von Victor Graf Wimpffen in Kainberg bei Graz, in einem Heft mit Nr. 145 und 146.
2. Die Abschrift bei Witteczek.
3. Die Abschrift von Stadler.
4. Eine Abschrift im Besitze von Hofrath Kerner in Wien.
Bemerkungen: Die Abschriften müssen nach der Reinschrift Schubert's gemacht worden sein. Sie stimmen mit einander vollkommen überein und waren für unsere Ausgabe massgebend. Von der ersten Niederschrift weichen sie nur in zwei Punkten ab. Diese hat »Mässig« (ursprünglich »Ruhig«) als Tempobezeichnung, und Z. 3, Takt 1 und 2 in der Clavierbegleitung:

Nr. 145. Dem Unendlichen.

Vorlagen. Zu Nr. 145a: Das Autograph (erste Niederschrift) im Besitze von Victor Graf Wimpffen in Kainberg. Siehe Nr. 144.
Zu Nr. 145b: Das Autograph (Reinschrift) im Besitze von A. Cranz in Wien.

Zu Nr. 145 c: Das Autograph (Reinschrift) im Besitze der königl. Bibliothek in Berlin. Mit diesem fing Schubert ein Heft an, dem er den Titel gab: »Vier deutsche Gedichte für eine Singstimme mit Begleitung des Pianoforte. Franz Schubert.« Aber er führte den Plan nicht aus; das Heft enthält nur das eine Stück und verräth nicht, welche Stücke ihm noch folgen sollten.

Nr. 146. Shilrik und Vinvela.

Vorlage: Das Autograph (erste Niederschrift) im Besitze von Vict. Graf Wimpffen in Kainberg (bis S. 9, Z. 2, Takt 5 incl.) und Nic. Dumba in Wien (S. 9, Z. 2, Takt 6 bis zum Schluss). Siehe Nr. 144 und 185.

Bemerkung: Die erste Ausgabe dieses Liedes (Nachlass; Lieferung 4. Verlagsnummer 3634) deutet darauf hin, dass es noch eine Reinschrift von Schubert's Hand gegeben hat. Aber in dieser Ausgabe ist der Harold'sche Text, den Schubert bei den Gesängen aus Ossian stets treu behielt, vielfach umgestaltet und verweichlicht und dadurch wahrscheinlich auch die Partie der Singstimmen in Mitleidenschaft gezogen worden, so dass sich die wahre Form der Reinschrift nicht herausschälen liess, und die erste Niederschrift als massgebend angesehen werden musste.

Nr. 147. Ossian's Lied nach dem Falle Nathos'.

Vorlagen: 1. Die Abschrift von Stadler.
2. Eine Abschrift im Besitze von Hofrath Kerner in Wien.

Bemerkungen: Die Vorlagen stimmen mit einander überein. Ihnen lag eine Reinschrift Schubert's zu Grunde. Ein unvollständig erhaltenes Autograph im Besitze von Nic. Dumba in Wien zeigt die erste Niederschrift dieses Liedes. Es lautet:

Ossian's Lied nach dem Tode Nathos.

ach sein Ge - sicht sei lieb - lich, dass sei - ne Freun-de froh-

lo - cken in sei - ner Ge - gen - wart. O

Nr. 148. Das Mädchen von Inistore.

Vorlage: Die Abschrift von Stadler.

Bemerkung: Zu dieser Stelle aus Fingal macht Harold folgende Notiz: »Das Mädchen von Inistore war die Tochter von Gorlo, König von Inistore, oder den Orkadischen Inseln. Trenar war der Bruder des Königs von Iniscon, das man für eine der Schottländischen Inseln hält. Die Orkadischen und Schottländischen Inseln waren zu dieser Zeit den Königen von Lochlin unterthänig. Wir sehen, dass die Hunde Trenar's zu Haus den Tod ihres Herrn in dem nämlichen Augenblick, als er getödtet wurde, empfanden. Es war die Meinung der Zeiten, dass die Seelen der Helden gleich nach ihrem Tode zu den Hügeln ihres Landes, wo sie sich in den glücklichsten Zeiten ihres Lebens aufhielten, gingen. Man wähnte auch, dass die Hunde und Pferde die Geister der Verblichenen sähen.«

Nr. 149. Lambertine.

Vorlagen: 1. Die Abschrift bei Witteczek.
2. Die erste Ausgabe; Nachlass, Lieferung 36. Verlagsnummer 7414.

Nr. 150. Labetrank der Liebe.

Nr. 151. An die Geliebte.

Nr. 152. Wiegenlied.

Nr. 153. Mein Gruss an den Mai.

Nr. 154. Skolie.

Nr. 155. Die Sternenwelten.

Nr. 156. Die Macht der Liebe.

Vorlage: Das Autograph im Besitze von A. Cranz in Wien, alle sieben Lieder in einem Hefte.

Bemerkungen: Zu Nr. 153 schreibt Schubert: »Dazu 8 Strophen«, zu Nr. 155: »Dazu 2 Strophen«. Es ist dem Herausgeber nicht gelungen, diesen Gedichten auf die Spur zu kommen. Unter den von J. G. Kumpf herausgegebenen »Poetischen Schriften« J. G. Fellinger's (Klagenfurt 1819 u. 1821) stehen »Die Sternenwelten« nicht.

Zu Nr. 156 schreibt Schubert: »Dazu eine Strophe«. Das Gedicht findet sich aber in Kalchberg's sämmtlichen Werken nur als Sonett vor. Offenbar hatte Schubert eine andere Fassung des Gedichtes vor sich. Indessen liess sich der zweiten Strophe des Sonetts mühelos entnehmen, wie die zweite Strophe des Liedes gewesen sein mag.

Nr. 157. Das gestörte Glück.

Vorlage: Die Abschrift bei Witteczek.

Nr. 158. Sehnsucht.

Vorlagen. Zu Nr. 158 a: Das Autograph im Besitze von F. Wüsthoff in Aachen.

Zu Nr. 158 b: 1. Das Autograph (erste Niederschrift) im Besitze von A. Cranz in Wien.

2. Das Autograph (Reinschrift) früher im Besitze von Weinberger und Hofbauer in Wien (vergl. Nr. 45 b).

Nr. 159. Hektors Abschied.

Vorlagen. Zu Nr. 159 a: Das Autograph im Besitze von Otto Aug. Schulz in Leipzig.

Zu Nr. 159 b: Die Originalausgabe. Siehe Nr. 26 c.

Bemerkung: Im Autograph hat Schubert eine Stelle, offenbar nur ihrer hohen Lage wegen, später mit Bleistift geändert; sie lautet:

Lie - - - be nicht.

etc.

Nr. 160. Die Sterne.

Vorlage: Das Autograph im Besitze von Dr. Max Friedländer in Berlin.

Nr. 161. Nachtgesang.

Nr. 162. An Rosa. I.

Nr. 163. An Rosa. II.

Nr. 164. Idens Schwanenlied.

Nr. 165. Schwangesang.

Nr. 166. Luisens Antwort.

Vorlagen: 1. Das Autograph im Besitze von A. Cranz in Wien, alle sechs Lieder in einem Heft.

2. Ein zweites Autograph von Nr. 161 im Besitze von Dr. Max Friedländer in Berlin.

3. Ein zweites Autograph von Nr. 162, Nr. 163 und Nr. 164 gleichfalls im Besitze von A. Cranz in Wien.

Bemerkungen: Schubert hat alle diese Lieder zweimal niedergeschrieben. Die Abweichungen zwischen der ersten und zweiten Niederschrift sind nur bei Nr. 163 wesentlich. Nr. 164 fängt in der ersten Niederschrift so an:

Wie schaust

und hat ein kürzeres Nachspiel, nämlich:

Von Nr. 165 und 166 haben sich die ersten Niederschriften nicht erhalten.

Bei Nr. 161, 162 und 163 giebt Schubert selbst die Zahl der Strophen an, obwohl sich diese nicht immer gut zur Musik anwenden lassen. Bei Nr. 164, 165 und 166 setzt er bloss das Wiederholungszeichen und überlässt es offenbar dem Ausführenden, so viel Strophen zu singen, als er mag.

Nr. 167. Der Zufriedene.

Vorlage: Das Autograph im Besitze von A. Cranz in Wien, auf einem Bogen mit Nr. 168.

Nr. 168. Mignon.

Vorlagen: 1. Das Autograph (erste Niederschrift) im Besitze von A. Cranz in Wien. Siehe Nr. 167.

2. Das Autograph (Reinschrift) früher im Besitze von Weinberger und Hofbauer in Wien (vergl. Nr. 45 b).

Nr. 169. Hermann und Thusnelda.

Vorlagen: 1. Das Autograph (erste Niederschrift) im Besitze von Nic. Dumba in Wien.

2. Das Autograph (Reinschrift) im Besitze von A. Cranz in Wien.

Bemerkung: Die Abweichungen der beiden Autographe von einander sind ganz unbedeutend.

Nr. 170. Liane.

Nr. 171. Augenlied.

Vorlagen: Die Abschriften bei Witteczek.

Nr. 172. Klage der Ceres.

Vorlage: Das Autograph im Besitze von Nic. Dumba in Wien.

Bemerkungen: Schubert fing das Stück am 9. November 1815 an, vollendete es aber erst im Juni 1816.

S. 8, Z. 3, Takt 4 behandelt Schubert »ruhig« als einsilbiges Wort. Das hat er öfter gethan, und er scheint dabei nicht nur unter dem Einflusse des österreichischen Dialekts, sondern auch unter dem der Lehre von der Elision gestanden zu haben, die er bei Salieri, in den Übungen auf italienischen Text, kennen gelernt hatte. Vergl. Nr. 178, 324, 365 u. a.

Die Partie S. 5, Z. 5, Takt 7 bis S. 8, Z. 1, Takt 3 incl. findet sich im Autograph zweimal vor. Offenbar hatte Schubert die Absicht, die ganze im Juni 1816 componirte Partie bis zum Schluss noch einmal aufzuschreiben und dabei, wie er es gewöhnlich zu thun pflegte, einzelne Aenderungen und Verbesserungen anzubringen. So hat er es wenigstens mit den ersten zwei Seiten dieser Partie gethan. Die Aenderungen, die er hier anbrachte, sind aber nicht bedeutend.   Am meisten fällt der Eintritt von *A* dur S. 7 auf, der ursprünglich so lautete:

S. 6, Z. 3, Takt 4 war Schubert über die letzte Note der Singstimme im Unklaren. Erst lautete die Stelle so, wie sie gedruckt ist; dann änderte er, offenbar wegen des Septimenaccordes in der Clavierbegleitung, den er unbedingt beibehalten wollte, die Singstimme so:

stellte aber in der Reinschrift die ursprüngliche Tonfolge doch wieder her.   Ob dies mit Bewusstsein geschah, mag dahingestellt bleiben, denn er schrieb oft sehr rasch ins Reine.

Nr. 173.   Harfenspieler.

Vorlage: Das Autograph im Besitze von Nic. Dumba in Wien.
Bemerkung: Das Autograph ist an einer Ecke beschädigt und es fehlt S. 1, Z. 3, Takt 3 in der Clavierbegleitung die erste Bassnote, und S. 2, Z. 3, Takt 2 in der Clavierbegleitung der zweite Accord.   Indess ergab sich die Ergänzung aus dem Zusammenhange von selbst.

Nr. 174.   Geistes-Gruss.

Vorlagen.   **Zu Nr. 174 a**: Die Abschrift von Stadler.
Zu Nr. 174 b: Das Autograph im Besitze der königl. Bibliothek in Berlin.
Zu Nr. 174 c: Das Autograph im Besitze von A. W. Thayer in Triest.
Zu Nr. 174 d: Die Originalausgabe.   Sie erschien um Ostern 1828 bei M. J. Leidesdorf in Wien unter dem Titel: »Der Musensohn, Auf dem See, Geistes-Gruss. Drei Gedichte von Goethe.   In Musik gesetzt für Gesang mit Begleitung des Pianoforte und der wohlgebornen Frau Josephine v. Frank gewidmet von Franz Schubert. op. 92.« Verlagsnummer 1014.

Nr. 175.   Hoffnung.

Vorlagen.   **Zu Nr. 175 a**: Das Autograph im Besitze der königl. Bibliothek in Berlin.
Zu Nr. 175 b: Das Autograph (Reinschrift) einst im Besitze von Ludwig v. Herbeck in Wien, auf demselben Blatte mit Nr. 334.

Nr. 176. An den Mond.

Vorlage: Das Autograph im Besitze der königl. Bibliothek in Berlin.

Nr. 177. Rastlose Liebe.

Vorlagen: 1. Das Autograph (Reinschrift) im Besitze der königl. Bibliothek in Berlin.

2. Die Originalausgabe. Siehe Nr. 49 b.

Bemerkung: S. 5, Z. 4, Takt 4 u. ff. hat die Originalausgabe in der linken Hand der Clavierbegleitung:

Auch in diesem Punkte wurde dem Autograph der Vorzug gegeben, weil es die Stelle so bringt, wie sie in der Vorstellung Schubert's lebte, und nicht wie sie später (von ihm oder von seinem Verleger?) wahrscheinlich nur mit Rücksicht auf ein tonloses Instrument geändert wurde. Auch steht das wiederholte *fz* mit dem gleichzeitigen $\diagdown$ nicht gerade im besten Einklang.

Nr. 178. Erlkönig.

Vorlagen. Zu Nr. 178 a: 1. Die Abschrift von Stadler.

2. Eine Abschrift im Besitze von Hofrath Kerner in Wien.

Zu Nr. 178 b: Das Autograph im Besitze von Frau Clara Schumann in Frankfurt a. M.

Zu Nr. 178 c: Das Autograph im Besitze der königl. Bibliothek in Berlin.

Zu Nr. 178 d: Die Originalausgabe. Sie erschien im April 1821 in Commission bei Cappi und Diabelli in Wien unter dem Titel: »ERLKÖNIG Ballade von Göthe, in Musik gesetzt und Seiner Excellenz dem hochgebohrnen Herrn Herrn Moritz Grafen von Dietrichstein in tiefer Ehrfurcht gewidmet von Franz Schubert. 1tes Werk.« Ohne Verlagsnummer.

Bemerkungen: Die oben genannten Abschriften sind zweifellos nach der ersten Niederschrift Schubert's gemacht worden. Sie weichen von einander nur bei dem Worte »ruhig« ab (»Sei r u h i g, bleibe ruhig, mein Kind«), für welches die eine Viertel-, die andere Achtelnoten setzt. Gewiss hatte das ihnen vorliegende Autograph, wie die anderen Autographe, für das Wort »ruhig« nur eine Note, und es rührt die Theilung des Wortes in zwei Silben von den Abschreibern her. Vergl. die Bemerkungen zu Nr. 172.

Die Originalausgabe hat in späteren Exemplaren die Verlagsnummer 766. Die Metronomisirung und die in Klammern stehenden Vortragszeichen, gewiss Zusätze Schubert's, stehen erst in diesen Exemplaren.

Zu Nr. 178 c ist noch besonders zu bemerken, dass die Takte S. 3, Z. 3, Takt 1, und S. 4, Z. 4, Takt 6, ferner die Verwendung des Begleitungsmotivs im Bass in den Takten S. 6, Z. 3, Takt 5 und Z. 4, Takt 1 und 3 im Autograph als spätere Zusätze Schubert's kenntlich sind. Auch stand S. 5, Z. 5, Takt 4 an Stelle des *pp* ursprünglich ein *ff*.

Nr. 179. Der Schmetterling.

Nr. 180. Die Berge.

Vorlage: Die Originalausgabe. Siehe Nr. 69.

Bemerkung zu Nr. 180: S. 2, Z. 3, Takt 4 ist der erste Accord in der Vorlage ein

Es moll - Accord. Da aber darauf ein *As* dur - Accord folgt und der *Es* dur - Accord des nächsten Taktes ohne ♮ steht, überdies der plötzliche Eintritt eines *Es* moll - Accordes gar nicht im Sinne dieser Stelle liegt, wurde ein Stichfehler angenommen.

Nr. 181. Genügsamkeit.

Vorlage: Die erste Ausgabe. Sie erschien im Juli 1829 bei Ant. Diabelli u. Comp. in Wien unter dem Titel: »Am Bach im Frühlinge. Genügsamkeit. An eine Quelle, von Claudius. Für eine Singstimme mit Begleitung des Pianoforte in Musik gesetzt von Franz Schubert. 109tes Werk.« Verlagsnummer 3317.

Bemerkung: Die Vorspiele der drei als op. 109 erschienenen Lieder sind wahrscheinlich nicht von Schubert. Bei Nr. 181 ist man geneigt, dasselbe auch vom Nachspiel anzunehmen. Leider hat sich für diese Lieder keine andere Vorlage als die erste Ausgabe auftreiben lassen.

Nr. 182. Das Grab.

Vorlage: Die Abschrift bei Witteczek.

Bemerkung: Dieses Stück ist bloss in der Vorstellung des Componisten ein »Chor«. So wie es Schubert aufgeschrieben hat, ist es zunächst ein Strophenlied am Clavier und wurde daher in diese Serie aufgenommen. Es bleibt dahingestellt, ob Schubert sich dabei einen Männerchor oder einen tief liegenden gemischten Chor vorgestellt hat. Vergleiche Nr. 186.

Nr. 183. An die Natur.

Vorlagen: 1. Das Autograph im Besitze von Nic. Dumba in Wien. Siehe Nr. 184. 2. Die wahrscheinlich nach einem andern Autograph gemachte Abschrift bei Witteczek.

Nr. 184. Lied.

Vorlage: Das Autograph im Besitze von Nic. Dumba in Wien, auf demselben Blatte mit Nr. 183.

Nr. 185. Klage.

Vorlagen. Zu Nr. 185 a: Das Autograph im Besitze von Nic. Dumba in Wien, auf demselben Blatte mit dem Schlusse von Nr. 146.

Zu Nr. 185 b: Das Autograph im Besitze von A. Cranz in Wien.

Nr. 186. Das Grab.

Vorlage: Die Abschrift bei Witteczek.
Bemerkung: Auch hier gilt das bei Nr. 182 Gesagte.

Nr. 187. Der Tod Oscars.

Vorlage: Die erste Ausgabe; Nachlass, Lieferung 5. Verlagsnummer 3635.
Bemerkungen: An drei Stellen; nämlich:
S. 11, Z. 4, Takt 4 bei der letzten Note der Singstimme,

S. 11, Z. 4, Takt 5 beim dritten Accord der rechten Hand, und

S. 14, im vorletzten Takt beim ersten Accord der rechten Hand, ist man geneigt Druckfehler anzunehmen. Indessen können diese Stellen auch so lauten, wie in der Vorlage.

Aus den autographen Vorlagen zu anderen Gesängen aus Ossian ist ersichtlich, dass sich Schubert ziemlich streng an den deutschen Text Harold's gehalten hat; er hat diesen nur hie und da gekürzt, hat aber nie die Eigenthümlichkeit und die Kraft des Ausdrucks gemildert. Dieses hat aber die erste Ausgabe fast durchwegs gethan. Beim »Tod Oscars«, zu welchem keine autographe Vorlage aufzutreiben war, wurde der Versuch gemacht, den Harold'schen Text wieder herzustellen. Das konnte um so eher gewagt werden, als es sich zufälligerweise leicht machen liess. Einzelne Worte, die durch solche von gleichem Rhythmus ersetzt wurden, brauchen nicht erwähnt zu werden; obwohl sich auch in solchen Fällen die Form der Melodie oder des Recitativs nur mit dem ursprünglichen Text recht erfassen lässt. Am meisten geändert waren folgende Stellen:

S. 3, letzter Takt: »er führte den Tod in die Reihen unsrer Feinde«.

S. 6, Z. 3, Takt 2 und 3:

in heis-ser Flammen-gluth ent-brannten bei-de.

S. 14, Z. 5, Tkt 2:

und tie-fes Schweigen die Hü-gel beherrscht.

Nr. 188. Cronnan.

Vorlagen: 1. Ein autographes Bruchstück im Besitze von Nic. Dumba in Wien, auf demselben Blatte mit Nr. 280.

2. Die erste Ausgabe; Nachlass, Lieferung 2. Verlagsnummer 3632.

Bemerkungen: Das autographe Bruchstück enthält bloss die letzten 17 Takte.

Auch bei diesem Stücke wurde, wie bei Nr. 187, der Harold'sche Text wieder hergestellt, so weit es eben noch möglich war.

S. 7, Z. 3, Takt 3 ist auch in der Vorlage so.

Nr. 189. Morgenlied.

Nr. 190. Abendlied.

Vorlage: Das Autograph im Besitze von Ed. Jungmann in Frankfurt a. M., beide Lieder auf einem Blatte.

Nr. 191. Ritter Toggenburg.

Vorlage: Die Abschrift bei Witteczek.

Bemerkung: Die erste Ausgabe dieses Stückes (Nachlass, Lieferung 19) hat die Tonart geändert und die letzte Strophe aus der Moll- in die Dur-Tonart gesetzt.

Nr. 192. Der Flüchtling.

Vorlagen: 1. Ein autographes Bruchstück im Besitze von N. Päumann in Wien, die ersten $21^1/_2$ Takte enthaltend.   Auf demselben Bogen stehen die letzten drei Takte von Nr. 193a und gleich darauf der Titel und das Datum von Nr. 194.

2. Die Abschrift bei Witteczek.

Nr. 193. Laura am Clavier.

Vorlagen.   Zu Nr. 193a: Die Abschrift bei Witteczek.
Zu Nr. 193b: Die Abschrift von Stadler.
Bemerkung zu Nr. 193a: Der letzte Takt auf S. 1 und der 2. Takt auf S. 2 sind auch in der Vorlage so.

Nr. 194. Des Mädchens Klage.

Nr. 195. Die Entzückung an Laura.

Vorlagen: Die Abschriften bei Witteczek.

Nr. 196. Die vier Weltalter.

Vorlage: Die erste Ausgabe. Siehe Nr. 66.

Nr. 197. Pflügerlied.

Vorlagen: 1. Das Autograph im Besitze von A. Cranz in Wien, auf einem Blatte mit Nr. 198.

2. Die Abschrift bei Witteczek.

3. Die Abschrift von Stadler.

Bemerkung: Das Autograph ist die erste Niederschrift. Es hat keine Tempobezeichnung und kein Nachspiel. Die Abschriften sind offenbar nach der Reinschrift Schubert's gemacht worden und waren daher massgebend. Im Uebrigen stimmen sie mit dem Cranz'schen Autograph überein.

Nr. 198. Die Einsiedelei.

Vorlage: Das Autograph im Besitze von A. Cranz in Wien. Siehe Nr. 197.
Bemerkungen: Für die letzten 6 Takte ist im Autograph die Partie der linken Hand nur angedeutet, weil auf dem Blatte keine Notenlinien mehr vorhanden waren. Doch schien zweifellos, was gemeint war. Das Autograph ist sehr flüchtig geschrieben, und es bleibt dahingestellt, ob das Vorspiel zu jeder Strophe gespielt werden soll.

Nr. 199. Gesang an die Harmonie.

Nr. 200. Die Wehmuth.

Vorlagen: Die Abschriften bei Witteczek.

Nr. 201. Lied.

Vorlagen. Zu Nr. 201 a: Das Autograph im Besitze der königl. Bibliothek in Berlin.
Zu Nr. 201 b: 1. Die Abschrift bei Witteczek.
2. Die Abschrift von Stadler.

Nr. 202. Der Herbstabend.

Vorlagen: 1. Eine autographe Skizze im Besitze der königl. Bibliothek in Berlin.
2. Die Abschrift bei Witteczek.
3. Die Abschrift von Stadler.

Nr. 203. Der Entfernten.
Nr. 204. Fischerlied.

Vorlage: Das Autograph im Besitze von A. Cranz in Wien, beide Lieder auf einem Blatte.

Nr. 205. Lebensmelodieen.

Vorlage: Die erste Ausgabe. Siehe Nr. 66.
Bemerkung: Die erste Ausgabe hat nur eine Strophe. Gewiss ist aber das Lied als Strophenlied gedacht.

Nr. 206. Die verfehlte Stunde.

Vorlage: Das Autograph im Besitze von A. Artaria in Wien.

Nr. 207. Sprache der Liebe.

Vorlage: Die erste Ausgabe. Sie erschien im Juni 1829 bei M. J. Leidesdorf in Wien unter dem Titel: »Das Lied im Grünen von Reil. Wonne der Wehmuth von Göthe. Sprache der Liebe von Fr. v. Schlegel. 3 Gedichte in Musik gesetzt mit Begleitung des Pianoforte von Franz Schubert. op. 115.« Verlagsnummer 1152.
Bemerkungen: Für dieses Stück war leider keine bessere Vorlage aufzutreiben. Die erste Ausgabe ist ungemein fehlerhaft und unverlässlich. Das Vorspiel, ohne organischen Zusammenhang mit dem Liede selbst, ist wahrscheinlich nicht von Schubert; es wurde darum klein gestochen. Im neunten Takte vor dem Schluss lautet der Bass in der

Vorlage: ; es wurde ein Stichfehler angenommen.

In der Vorlage fehlen die Wiederholungszeichen; es lässt sich auch keine der weiteren Strophen des Gedichtes zur Musik der ersten Strophe benutzen. Aber zum Verständnis der Verse wurde doch das ganze Gedicht aufgenommen.

Nr. 208. Abschied von der Harfe.

Vorlage: Die Abschrift bei Witteczek.
Bemerkung: Ohne Zweifel gelten die einleitenden Accorde bloss für die erste Strophe.

Nr. 209. Daphne am Bach.

Vorlage: Das Autograph im Besitze von Hofrath v. Spaun in Wien.

Bemerkung: Auf diesem Autograph findet sich noch folgender Entwurf aus derselben Zeit vor:

Nr. 210. Stimme der Liebe.

Vorlagen: 1. Die Abschrift bei Witteczek.
2. Die erste Ausgabe; Nachlass, Lieferung 29. Verlagsnummer 5033.
Bemerkung: Die Vorlagen stimmen mit einander überein.

Nr. 211. Entzückung.

Nr. 212. Geist der Liebe.

Nr. 213. Klage.

Vorlage: Das Autograph im Besitze von A. Cranz in Wien, alle drei Lieder auf einem Bogen.

Bemerkung: Für die Begleitung der letzten sieben Takte von Nr. 213 hatte Schubert auf dem Bogen keine Notenlinien mehr. Er schrieb sie auf den leeren Rand des Bogens hin, aber doch so, dass es klar ist, was er meinte.

Bei diesem Liede hat er, ähnlich wie bei Nr. 116, durch den Inhalt des Gedichtes veranlasst, je zwei Strophen des Dichters in eine zusammengezogen. Die fünfte Strophe muss daher wohl wegbleiben.

Nr. 214. Stimme der Liebe.

Vorlage: Die Abschrift bei Witteczek.

Nr. 215. Julius an Theone.

Vorlage: Das Autograph im Besitze von A. Cranz in Wien, auf demselben Bogen mit den ersten Entwürfen zum Canon: »Goldner Schein« (Ser. 19, Nr. 24) und zu Nr. 227.
   Bemerkung: In der dritten Strophe hat Schubert den Text etwas geändert. Matthisson's Verse lauten:

<blockquote>
Schaudernd wank' ich nun am jähen Rand
Eines Abgrunds, wo auf Dornenbetten,
Thränenlos, mit diamantnen Ketten,
   Die Verzweiflung lauscht! Ha! mich zu retten.
Holde Feindin u. s. w.
</blockquote>

Nr. 216. Klage.

Vorlagen: 1. Die Abschrift bei Witteczek.
2. Die Abschrift von Stadler.

Nr. 217. Frühlingslied.

Nr. 218. Auf den Tod einer Nachtigall.

Nr. 219. Die Knabenzeit.

Nr. 220. Winterlied.

Vorlage: Das Autograph im Besitze von Dr. Max Friedländer in Berlin, alle vier Lieder auf einem Bogen.
   Bemerkung.   Zu Nr. 219: Nachdem das Lied fertig war, versuchte Schubert die Melodie zu ändern, und zwar so:

aber er kam nicht weiter und hat auch für diese ersten Takte die Begleitung nicht geändert. Vielleicht wollte er den Plan für eine Reinschrift benutzen.

Nr. 221. Minnelied.

Nr. 222. Die frühe Liebe.

Nr. 223. Blumenlied.

Nr. 224. Der Leidende.

Nr. 225. Seligkeit.

Vorlage: Das Autograph im Besitze von A. Cranz in Wien, alle fünf Lieder in einem Heft.

Bemerkungen.   Zu Nr. 221: Im 13. Takt wollte Schubert ursprünglich den Text beibehalten, der ihm vorlag:

> Wo die Finger meiner Frau
> Maienblumen lasen.

Aber er hatte kaum die ersten drei Worte davon niedergeschrieben, als er sich zur Aenderung entschloss.

Zu Nr. 222: Das Lied steht im Autograph auf zwei Systemen, dann schrieb Schubert die 2., 3. und 4. Strophe nach; die 5. dürfte er nicht ohne Absicht weggelassen haben.

Zu Nr. 224: Dieses Lied ist im Autograph nur einmal aufgeschrieben. Die Abweichungen der zweiten Bearbeitung sind mit Rothstift eingetragen, wahrscheinlich in etwas späterer Zeit und nur um das Lied ohne Aenderung der Tonart in eine tiefere Stimmlage zu setzen.

Nr. 226. Erntelied.

Vorlage: Die Abschrift bei Witteczek.

Bemerkung: In der Vorlage fehlt die vierte Strophe des Gedichtes; es ist möglich und wahrscheinlich, dass die Weglassung dieser Strophe von Schubert herrührt. Vergl. Nr. 222.

Nr. 227. Das grosse Halleluja.

Vorlagen: 1. Das Autograph (erster Entwurf) im Besitze von A. Cranz in Wien. Siehe Nr. 215.

2. Die Abschrift bei Witteczek, wahrscheinlich nach einer Reinschrift Schubert's gemacht.

Bemerkungen: Die erste Ausgabe dieses Stückes (Nachlass, Lieferung 41) bringt es als dreistimmigen Frauenchor mit Pianofortebegleitung. In den Vorlagen zu unserer Ausgabe, nach denen offenbar auch die erste Ausgabe eingerichtet wurde, ist keine Andeutung für eine solche Einrichtung zu finden, und es bleibt dahingestellt, ob sich Schubert in diesem Falle gerade einen dreistimmigen Frauenchor gedacht hat.

Die vorletzte Strophe des Gedichtes hat Schubert gestrichen. Sie lautet:

> Ehre dem Wunderbaren,
> Der unzählbare Welten in den Ocean der Unendlichkeit aussäte
> Und sie füllete mit Heerschaaren Unsterblicher,
> Dass ihn sie liebten und selig wären durch ihn.

Nr. 228. Schlachtgesang.

Nr. 229. Die Gestirne.

Vorlage: Das Autograph im Besitze der königl. Bibliothek in Berlin; beide Stücke auf einem Blatte.

Bemerkung.   Zu Nr. 229: Wahrscheinlich gilt das Vorspiel nur für die erste Strophe und bleibt die Wahl der Strophen dem Sänger überlassen.

Nr. 230. Edone.

Vorlage: Das Autograph im Besitze von Victor Graf Wimpffen in Kainberg bei Graz.
Bemerkung: Nach einer Notiz bei Witteczek hat Schubert dieses Lied später selbst nach *D*dur transponirt, aber sonst nicht verändert.

Nr. 231. Die Liebesgötter.

Vorlage: Die Abschrift bei Witteczek.

Nr. 232. An den Schlaf.

Vorlage: Die Abschrift bei Witteczek.
Bemerkung: Das Gedicht soll von J. P. Uz sein; gewiss hat es mehrere Strophen, da die Vorlage Wiederholungszeichen aufweist. Leider ist es nicht gelungen, ihm auf die Spur zu kommen. Vergl. Nr. 277.

Nr. 233. Gott im Frühlinge.

Vorlage: Die Abschrift bei Witteczek.
Bemerkung: Schubert benutzte nur die ersten drei Strophen des Gedichtes. Die übrigen wurden nur der Vollständigkeit wegen aufgenommen.

Nr. 234. Der gute Hirt.

Vorlagen: 1. Das Autograph (erste Niederschrift) im Besitze von Nic. Dumba in Wien.
2. Die Abschrift bei Witteczek.
Bemerkungen: Das Autograph hat weder Vor-, noch Nachspiel. Diese stehen bei Witteczek, dessen Abschriften sonst verlässlich sind und oft nach den Reinschriften Schubert's gemacht wurden. Immerhin ist die Möglichkeit nicht ausgeschlossen, dass Vor- und Nachspiel nicht von Schubert sind. Das Gedicht hat sieben Strophen; Schubert hat die 5. und 6. Strophe weggelassen. Sie lauten:

Ich sehe schon, dass mir von meinem Freunde Ein reicher Tisch bereitet ist, Im Angesichte meiner Feinde, Trotz ihrer Hinterlist.	Sie sehn den Schutz des Höchsten, und sie schämen Sich ihrer schwach erfund'nen Macht. Wie sollten mir die Menschen nehmen, Was Gott mir zugedacht!

Nr. 235. Die Nacht.

Vorlage: Die erste Ausgabe; Nachlass, Lieferung 44. Verlagsnummer 8821.
Bemerkung: Mit Rücksicht auf den ersten Accord, den man leicht für eine Zuthat des Verlegers der ersten Ausgabe halten könnte, vergleiche man Nr. 39.

Nr. 236. Fragment aus dem Aeschylus.

Vorlagen. Zu Nr. 236a: Das Autograph im Besitze von Dr. Max Friedländer in Berlin.
Zu Nr. 236b: Das Autograph im Besitze von Charles Malherbe in Paris. Vergl. Nr. 56.

Nr. 237. An die untergehende Sonne.

Vorlage: Die Originalausgabe. Sie erschien im Jahre 1826 bei Ant. Diabelli und Comp. in Wien unter dem Titel: »An die untergehende Sonne. Gedicht von Kosegarten. In Musik gesetzt für eine Singstimme mit Begleitung des Pianoforte von Franz Schubert. 44tes Werk.« Verlagsnummer 2252.

Bemerkung: Schubert hat blos die erste und die zweite Strophe des Gedichtes benutzt. Die dritte und vierte lauten:

Schön sinkt sich's nach den Schweissen des
    Tag's,
Schön in die Arme der Ruhe
Nach wohlbestandenem Tagewerk.
 Du hast dein Tagewerk bestanden,
 Du hast es glorreich vollendet,
 Hast Welten erleuchtet und Welten er-
    wärmt,
 Den Schooss der Erde befruchtet,
 Die schwellenden Knospen geröthet,
 Der Blumen Kelche geöffnet,
 Die grünen Saaten gezeitigt,
 Hast Welten gesäuget und Welten er-
    quickt —
 Geliebt und Liebe geerntet,
 Gesegnet, und rings mit Segnungen
 Dein rollendes Haar bekränzt.
  Schlummere sanft
  Nach den Schweissen des Tag's;
  Erwache freudig
  Nach verjüngendem Schlummer!

Erwach' ein junger, freudiger Held!
Erwach' zu neuen Thaten!
 Dein harrt die lechzende Schöpfung;
 Dein harren Au' und Wiesen;
 Dein harren Vögel und Heerden;
 Dein harrt der Wandrer im Dunkeln;
 Dein harrt der Schiffer in Stürmen;
 Dein harrt der Kranke im Siechbett;
 Dein harret der Wonnen seligste:
 Die Wonne zu lieben, und zu werden geliebt;
 Der Seligkeiten unaussprechlichste:
 Die hohe, vergötternde Seligkeit, wohlzu-
    thun!
  Sink' in Frieden!
  Schlummr' in Ruhe!
  Erwach' in Entzückungen, Sonne!

Nr. 238. An mein Clavier.

Vorlage: Die Abschrift von Stadler.

Bemerkung: Das Gedicht, von Schubart »Serafina an ihr Clavier« betitelt, hat sechs Strophen. Wenn Stadler, der sehr verlässlich ist, genau nach dem Autograph abgeschrieben hat, so rührt die Weglassung der dritten und fünften Strophe von Schubert her. Diese Strophen lauten:

Melancholie
Dunkelt die Seele der Spielerin nie,
 Heiter ist sie!
 Tanzende Docken,
 Töne, wie Glocken,
  Flössen ins Blut
  Rosigen Muth.

Tugend, ach dir!
Unschuld, dir weih' ich mein liebes Clavier,
 Stimmet es mir,
 Engel, ihr Hüter
 Frommer Gemüther;
  Jeder Ton sei,
  Himmel, dir treu.

Nr. 239. Grablied auf einen Soldaten.

Nr. 240. Freude der Kinderjahre.

Vorlage: Das Autograph im Besitze von Dr. Max Friedländer in Berlin; beide Lieder auf einem Blatte.

Bemerkung: Nr. 239 ist bei Schubart »Todtenmarsch« betitelt und hat folgenden zweiten Theil:

Trupp.

Eilt, Kameraden, von der Gruft!
Weil uns die Trommel wieder ruft.
Er rastet nun in kühlem Sand:
Uns fordert Fürst und Vaterland.
  Wir bieten ihm
  Mit Ungestüm
 Die rauhe Kriegerhand.

Zwar gieng' es leichter in dem Feld,
Als auf dem Bette, aus der Welt;
Doch alles nur nach Gottes Rath,
So denkt ein redlicher Soldat.
  Ihm geht es gut;
  Er stirbt mit Muth,
 Wie unser Kamerad.

Nr. 241. Das Heimweh.

Nr. 242. Aus Diego Manazares.

Vorlage: Das Autograph im Besitze von Dr. Max Friedländer in Berlin; beide Lieder auf einem Blatte.

Bemerkung: Der Titel von Nr. 242 lautet im Autograph: »Aus Diego Manazares. Ilmerine«.

Nr. 243. An den Mond.

Vorlage: Das Autograph im Besitze von Nic. Dumba in Wien.

Nr. 244. An Chloen.

Nr. 245. Hochzeitlied.

Vorlagen: Die Abschriften bei Witteczek.

Nr. 246. In der Mitternacht.

Vorlage: Das Autograph im Besitze von Dr. R. Fellinger in Wien.

Nr. 247. Trauer der Liebe.

Nr. 248. Die Perle.

Vorlage: Das Autograph im Besitze von Dr. Max Friedländer in Berlin; beide Lieder auf einem Blatte.

Bemerkung: Das Autograph ist flüchtig geschrieben, und es ist wahrscheinlich, dass das Vorspiel von Nr. 248 nur für die erste Strophe zu gelten hat.

Nr. 249. Liedesend.

Vorlagen. **Zu Nr. 249 a**: Das Autograph (erste Niederschrift) im Besitze von Dr. Max Friedländer in Berlin.

Zu Nr. 249 b: Das Autograph (Reinschrift) im Besitze von Nic. Dumba in Wien; in einem Hefte mit Nr. 250 a.

Bemerkung: Der seltsame, das Zerschlagen der Harfe malende Takt steht in beiden Autographen so.

Nr. 250. Lied des Orpheus, als er in die Hölle ging.

Vorlagen. **Zu Nr. 250 a**: 1. Das Autograph im Besitze von Nic. Dumba in Wien. Es ist unvollständig und reicht nur bis S. 4, Z. 3, Takt 1 incl.; der letzte Bogen fehlt.
2. Die nach diesem Autograph gemachte Abschrift von Stadler; sie enthält das ganze Stück.

Zu Nr. 250 b: 1. Die Abschrift bei Witteczek.
2. Die erste Ausgabe; Nachlass, Lieferung 19. Verlagsnummer 4267.

Bemerkung: Die erste Bearbeitung zeigt das Stück, wie es ursprünglich Schubert's Geiste entspross; die zweite, wie er es für praktischen Gebrauch herrichtete. Man könnte geneigt sein, diese für eine Arbeit Diabelli's (des Verlegers der ersten Ausgabe) zu halten, wenn man nicht wüsste, dass Schubert bei aller Freiheit des Componirens die Rücksicht auf das Praktische nie verlor, und wenn das Stück nicht unter den Abschriften Witteczek's stünde, der fast nie anders, als nach den Autographen abschreiben liess.

Nr. 251. Abschied.

Vorlage: Die Abschrift bei Witteczek.
Bemerkung: Bei Mayrhofer ist das Gedicht »Lunz« betitelt.   Lunz ist ein kleiner Ort im Wienerwald.

Nr. 252. Rückweg.

Vorlage: Das Autograph im Besitze von Nic. Dumba in Wien; auf einem Bogen mit Nr. 255 a, 256 und 594.

Nr. 253. Alte Liebe rostet nie.

Vorlage: Das Autograph im Besitze von A. Cranz in Wien; auf einem Bogen mit Nr. 254 a und 255 a.

Nr. 254 a. Harfenspieler. I.

Vorlage: Das Autograph im Besitze von A. Cranz in Wien.   Vergl. Nr. 253.

Nr. 255 a. Harfenspieler. II.

Vorlagen: 1. Das Autograph im Besitze von A. Cranz in Wien, die ersten 40 Takte enthaltend.   Vergl. Nr. 253.
2. Das Autograph im Besitze von Nic. Dumba in Wien, die letzten 12 Takte enthaltend.   Vergl. Nr. 252.

Nr. 256. Harfenspieler. III.

Vorlage: Das Autograph im Besitze von Nic. Dumba in Wien.   Vergl. Nr. 252.
Bemerkung: Der erste Entwurf zu diesem Liede lautete:

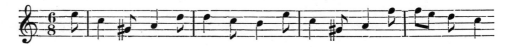

Nr. 257. Harfenspieler.

Vorlage: Das Autograph im Besitze von Nic. Dumba in Wien.   Vergl. Nr. 395.
Bemerkungen: Die Orthographie S. 2, Z. 3, Takt 4 rührt von Schubert her. Auch die Titel der Harfenspielerlieder Nr. 254 a, 255 a, 256 und 257 wurden nach den Autographen wiedergegeben. Diese Lieder sind als Vorstudien zu den von Schubert als op. 12 herausgegebenen »Gesängen des Harfners« anzusehen.

Nr. 254 b, 258, 255 b. Gesänge des Harfners.

Vorlage: Die Originalausgabe. Sie erschien im December 1822 bei Cappi und Diabelli in Wien unter dem Titel: »Gesänge des Harfners aus Wilhelm Meister, von Goethe, für eine Singstimme mit Begleitung des Pianoforte, in Musik gesetzt, und Seiner bischöflichen Gnaden, dem Herrn Joh. Nep. Ritter von Dankesreither, Bischof zu St. Pölten, k. k. wirklichem Hofrath.... in tiefer Ehrfurcht gewidmet von Franz Schubert. 12tes Werk.« Verlagsnummer 1161.

Nr. 259. Lied der Mignon.

Nr. 260. Lied der Mignon.

Vorlagen: Die Abschriften bei Witteczek.

Nr. 261. Der König in Thule.

Vorlagen: 1. Das Autograph (Reinschrift) im Besitze der königl. Bibliothek in Berlin.
2. Die Originalausgabe. Siehe Nr. 49 b.
Bemerkung: Die Vorlagen stimmen mit einander überein.

Nr. 262. Jägers Abendlied.

Vorlagen: 1. Das Autograph (Reinschrift) im Besitze der königl. Bibliothek in Berlin.
2. Die Originalausgabe. Siehe Nr. 34.
Bemerkungen: Aus dem Autograph ist ersichtlich, dass das ♭ vor *f* im 10ten Takt in der Singstimme wie in der Pianofortebegleitung ein späterer Zusatz Schubert's ist. Das Gedicht hat ursprünglich vier Strophen. Von diesen hat Schubert die dritte weggelassen. Sie lautet:

Des Menschen, der die Welt durchstreift
Voll Unmuth und Verdruss,
Nach Osten und nach Westen schweift,
Weil er dich lassen muss.

Nr. 263. An Schwager Kronos.

Vorlage: Die Originalausgabe. Siehe Nr. 48 b.

Nr. 264. Der Sänger am Felsen.

Nr. 265. Lied.

Vorlagen: Die Abschriften bei Witteczek.

Nr. 266 a. Der Unglückliche.

Vorlage: Das Autograph im Besitze von Dr. Joh. Brahms in Wien; auf einem Bogen mit Nr. 267.

Bemerkungen: Im Autograph ist das Lied »Werner« betitelt, was sich dadurch erklärt, dass Schubert manchmal den Namen des Dichters als Ueberschrift benutzte. Er entnahm das Gedicht der Deinhardstein'schen Sammlung »Dichtungen für Kunstredner«, wo es »Der Unglückliche« betitelt und mit »Werner« unterzeichnet ist. Hier lautet der Text vor dem Wiedereintritt des ₵:

> Das Land, das meine Sprache spricht
> Und alles hat, was mir gebricht?

Ausführlicheres über das Gedicht findet man in Friedländer's »Supplement« zum »Schubert-Album«, Edition Peters Nr. 2173, S. 50 u. ff.

Im Autograph lautete die Tempobezeichnung ursprünglich »Sehr langsam« und Schubert wollte das Lied im Bassschlüssel schreiben. Das »Geschwind« stand schon S. 3, Takt 3, und die Begleitung sollte hier in beiden Händen den Rhythmus ♪♫ ♪♫ erhalten.

Nr. 266 b. Der Wanderer.

Vorlage: Die Originalausgabe. Siehe Nr. 87.

Nr. 267. Der Hirt.

Vorlage: Das Autograph im Besitze von Dr. Joh. Brahms in Wien. Vergl. Nr. 266 a.

Nr. 268. Lied eines Schiffers an die Dioskuren.

Vorlage: Die Originalausgabe. Sie erschien im November 1826 bei Cappi und Czerny in Wien unter dem Titel: »Lied eines Schiffers an die Dioskuren von J. Mayrhofer. Der Wanderer von A. W. Schlegel. Aus Heliopolis von J. Mayrhofer in Musick gesetzt für eine Singstimme mit Begleitung des Pianoforte von Franz Schubert, 65tes Werk.« Verlagsnummer 221.

Nr. 269. Geheimniss.
Nr. 270. Zum Punsche.

Vorlagen: Die Abschriften bei Witteczek.

Nr. 271. Abendlied der Fürstin.

Vorlage: Das Autograph im Besitze der königl. Bibliothek in Berlin.

Nr. 272. Am Bach im Frühling.
Nr. 273. An eine Quelle.

Vorlage: Die erste Ausgabe. Siehe Nr. 181.

Nr. 274. Bei dem Grabe meines Vaters.

Vorlagen: 1. Die Abschrift bei Witteczek.
2. Die Abschrift von Stadler.

Nr. 275. Am Grabe Anselmo's.

Vorlage: Die Originalausgabe. Sie erschien im August 1821 in Commission bei Cappi und Diabelli in Wien unter dem Titel: »Memnon, Antigone und Oedip, von J. Mayrhofer, und Am Grabe Anselmo's, von Claudius. Für eine Singstimme mit Begleitung des Pianoforte in Musik gesetzt und dem Wohlgebohrnen Herrn Michael Vogl, Mitglied und Regisseur des k. k. Hofoperntheaters hochachtungsvoll gewidmet von Franz Schubert. 6tes Werk.« Verlagsnummer 790.

Nr. 276. An die Nachtigall.

Nr. 277. Wiegenlied.

Vorlage: Die Originalausgabe. Sie erschien im Juli 1829 bei Ant. Diabelli und Comp. in Wien unter dem Titel: »An die Nachtigall. Wiegenlied, von Claudius. Iphigenia, von Mayrhofer. Für eine Singstimme mit Begl. des Pianoforte. In Musik gesetzt von Franz Schubert. 98tes Werk.« Verlagsnummer 3315.

Bemerkung zu Nr. 277: Aus der Originalausgabe wie aus der gewiss nach dem Autograph gemachten Abschrift Stadler's geht hervor, dass Schubert Claudius als Dichter angiebt. Die meisten der im November 1816 componirten Gedichte sind thatsächlich von Claudius. Aber als Dichter des Wiegenliedes lässt er sich sonst nicht nachweisen. Vergl. Nr. 232.

Nr. 278. Abendlied.

Vorlagen: 1. Die Abschrift bei Witteczek.
2. Die Abschrift von Stadler.

Bemerkung: In beiden Abschriften stehen die fünf Strophen; sie standen also auch auf dem Autograph. Das Gedicht hat noch zwei, von den anderen etwas getrennte Strophen, die Schubert nicht aufgenommen hat. Sie lauten:

Wollst endlich sonder Grämen
Aus dieser Welt uns nehmen
  Durch einen sanften Tod!
Und wenn du uns genommen,
Lass uns in Himmel kommen,
  Du unser Herr und unser Gott!

So legt euch denn, ihr Brüder,
In Gottes Namen nieder;
  Kalt ist der Abendhauch.
Verschon uns, Gott! mit Strafen,
Und lass uns ruhig schlafen!
  Und unsern kranken Nachbar auch!

Nr. 279. Phidile.

Vorlage: Die Abschrift bei Witteczek.

Nr. 280. Lied.

Vorlage: Das Autograph im Besitze von Nic. Dumba in Wien. Siehe Nr. 188.

Nr. 281. Lied.

Nr. 282. Herbstlied.

Vorlagen: Die Abschriften bei Witteczek.

Nr. 283. Skolie.

Vorlage: Das im Handschriften Archiv von Alexander Posonyi in Wien befindliche Autograph. Es steht auf einem Blatte mit Nr. 285.

Nr. 284. Lebenslied.

Vorlagen: 1. Das Autograph (erste Niederschrift) im Besitze von A. W. Thayer in Triest; hier fehlen die letzten sechs Takte. Auf demselben Blatte steht eine kleine Partie des Rondo Ser. 11, Nr. 5.

2. Das Autograph (Reinschrift) im Besitze der Gesellschaft der Musikfreunde in Wien; auf einem Bogen mit Nr. 285. Schubert schrieb dazu: »In der Wohnung des Herrn von Schober«.

Bemerkung: In der ersten Niederschrift lautet die Tempobezeichnung »Mässig«. Im 14. Takt ist die Singstimme [Er - den wie] notirt.

Die Reinschrift, die sonst mit der ersten Niederschrift, soweit diese vorliegt, übereinstimmt, hat Schubert wahrscheinlich aus dem Gedächtnisse niedergeschrieben. Beide Vorlagen haben dasselbe Datum.

Nr. 285. Leiden der Trennung.

Vorlagen: 1. Das im Handschriften-Archiv von Alexander Posonyi in Wien befindliche Autograph (erste Niederschrift). Es enthält blos die ersten 18 Takte. Vergl. Nr. 283.

2. Das Autograph im Besitze der Gesellschaft der Musikfreunde in Wien (Reinschrift). Es enthält bloss die ersten 8 Takte. Vergl. Nr. 284.

3. Die Abschrift von Stadler. Sie wurde nach der Reinschrift gemacht.

Bemerkungen: Die erste Niederschrift verräth, dass Schubert das Stück anfangs im 2/4-Takt schreiben wollte. Dann wählte er den C-Takt. Erst die Reinschrift weist den ₵-Takt auf. Die ersten 8 Takte sind in beiden Autographen gleich. Vom 15. Takt angefangen lautet das Stück in der ersten Niederschrift:

Nr. 286. Licht und Liebe.

Vorlage: Die erste Ausgabe; Nachlass, Lieferung 41. Verlagsnummer 8818.

Bemerkung: Bei der Unverlässlichkeit dieser Ausgabe ist es schwer zu entscheiden, ob das Vorspiel von Schubert herrührt.

Nr. 287. Alinde.

Nr. 288. An die Laute.

Vorlage: Die Originalausgabe. Sie erschien im Mai 1827 bei Tobias Haslinger in Wien unter dem Titel: »Alinde. An die Laute. Zur guten Nacht. Gedichte von Fried. Rochlitz. In Musik gesetzt für eine Singstimme mit Begleitung des Pianoforte von Franz Schubert. 81tes Werk.« Verlagsnummer 5029.

Bemerkungen: Die Originalausgabe hat neben dem Titelblatte ein besonderes Widmungsblatt mit dem Inhalte: »Dem Verfasser dieser Gedichte Herrn Friedrich Rochlitz (grossherzoglich Sachsen-Weimar'schen Hofrathe) diesem um Tonkunst und schöne Wissenschaften vielverdienten Schriftsteller in hochachtungsvoller Freundschaft gewidmet vom Verleger.«

Das dritte Stück dieser Sammlung siehe Ser. 16, Nr. 11.

Nr. 289. Frohsinn.

Nr. 290. Jagdlied.

Vorlagen: 1. Das Autograph im Besitze von Vict. Graf Wimpffen in Kainberg bei Graz. Beide Lieder auf einem Blatte.

2. Die Abschrift bei Witteczek.

Bemerkung: Das Autograph ist die erste Niederschrift der beiden Lieder. Die Abschrift ist offenbar nach einer Reinschrift Schubert's gemacht worden. Das Vorspiel zu Nr. 289 fehlt im Autograph, steht aber in der Abschrift.

Nr. 291. Die Liebe.

Nr. 292. Trost.

Vorlagen: Die Abschriften bei Witteczek.

Nr. 293. Der Schäfer und der Reiter.

Vorlage: Die Originalausgabe. Sie erschien im December 1822 bei Cappi und Diabelli in Wien unter dem Titel: »Der Schäfer und der Reiter, von Friedr. B. de la Motte Fouqué. Lob der Thränen, von A. W. v. Schlegel. und Der Alpenjäger, von Joh. Maÿerhofer. Für eine Singstimme mit Begleitung des Pianoforte in Musik gesetzt, und seinem Freunde Jos. Edlen von Spaun k. k. Bankal-Assessor gewidmet von Franz Schubert. 13tes Werk.« Verlagsnummer 1162.

Nr. 294. Lob der Thränen.

Vorlagen: 1. Das Autograph jetzt im Besitze von C. Meinert in Dessau. Erste Niederschrift, ohne jede Bezeichnung. Den Schriftzügen nach kann es aus dem Jahre 1817 stammen.

2. Die Originalausgabe. Siehe Nr. 293.

Bemerkungen: Das Autograph ist sehr flüchtig geschrieben und weicht nur ganz unwesentlich von der Originalausgabe ab. Diese war daher massgebend. Im Autograph steht »Andante« als Tempobezeichnung.

Nr. 295. Der Alpenjäger.

Vorlagen. **Zu Nr. 295 a:** Die Originalausgabe. Siehe Nr. 293.
Zu Nr. 295 b: Die Abschrift von Stadler.
Bemerkungen: Die ⌢ am Schluss des ersten Theils gilt in 295 b gewiss nur für den Schluss des Liedes, und dürfte daher in Nr. 295 a, Takt 25, nur ein Ueberbleibsel gekürzter Schreibweise sein.

Nach Friedländer's Angabe hat Schubert dieses Lied auch nach *D* dur transponirt (Autograph im Besitze von Graf Breuner).

Nr. 296. Wie Ulfru fischt.

Vorlage: Die Originalausgabe. Sie erschien 1823 bei Sauer und Leidesdorf in Wien unter dem Titel: »Auf der Donau. Der Schiffer. Wie Ulfru fischt von Johann Mayerhofer. Für eine Bassstimme mit Begleitung des Pianoforte in Musik gesetzt und dem Verfasser der Gedichte gewidmet von seinem Freunde Franz Schubert. 21. Werk.« Verlagsnummer 276.

Nr. 297. Fahrt zum Hades.

Vorlagen: 1. Die Abschrift bei Witteczek.
2. Die Abschrift von Stadler.
Bemerkungen: Bei Stadler steht S. 2, Z. 2, Takt 2 und S. 5, Z. 2, Takt 1:

Cy- pres - sen

ferner S. 3, Z. 2, Takt 2 und 3:

da   tönt

endlich S. 5, Z. 5, Takt 3:

Er - - de

Nr. 298. Schlaflied.

Vorlagen: 1. Das Autograph (Reinschrift) im Besitze von Dr. Max Friedländer in Berlin, auf einem Bogen mit Nr. 299.
2. Die Originalausgabe. Sie erschien im October 1823 bei Sauer und Leidesdorf in Wien unter dem Titel: »Gruppe aus dem Tartarus von Fr. Schiller Schlummerlied von Mayerhofer Zwey Gedichte in Musik gesetzt für eine Singstimme mit Pianofortebegleitung von Franz Schubert. 24^t Werk.« Verlagsnummer 429.
3. Die Abschrift von Stadler.
Bemerkungen: Die Originalausgabe war massgebend. Nur der Text wurde, so weit es nöthig schien, nach Mayrhofer's Gedichten (Wien 1824) und nach der Abschrift von Stadler, der gewiss ein Autograph zu Grunde lag, berichtigt. Auf dem Titelblatt der Originalausgabe heisst das Lied »Schlummerlied«; der Titel des Liedes selbst lautet aber

»Schlaflied«, wie bei Mayrhofer und in Stadler's Abschrift. Das oben erwähnte Autograph nennt es »Abendlied«. Hier steht das Stück wie bei Stadler in ₵-Takt, aber sonst übereinstimmend mit der Originalausgabe. Stadler hat »Mässig«, das Autograph »Langsam« als Tempobezeichnung. Von diesem Liede hat es also wahrscheinlich drei Autographe gegeben.

Nr. 299. Die Blumensprache.

Vorlage: Das Autograph im Besitze von Dr. Max Friedländer in Berlin. Siehe Nr. 298.

Bemerkung: Schubert giebt den Namen des Dichters nicht an. Das Gedicht steht in Becker's »Taschenbuch zum geselligen Vergnügen« vom Jahre 1805 und ist hier mit Pl. unterzeichnet. Höchst wahrscheinlich ist es von Platner. Es hat noch eine vierte Strophe, die Schubert nicht componirt hat; diese lautet:

Sie winken in lieblich gewundenen Kränzen
Die Freude zum festlichen Kreis,
Wenn flatternd das ringelnde Haar sie umglänzen
Dem Bachus, der Venus zum Preis;
Denn arm sind der Götter erfreuende Gaben
Wenn Leier und Blumen das Herz nicht erlaben.

Nr. 300. Die abgeblühte Linde.

Nr. 301. Der Flug der Zeit.

Vorlage: Die Originalausgabe. Sie erschien im November 1821 in Commission bei Cappi und Diabelli in Wien unter dem Titel: »Die abgeblühte Linde, Der Flug der Zeit, vom Grafen Ludwig von Széchényi. Der Tod und das Mädchen, von Claudius, für eine Singstimme mit Begleitung des Pianoforte in Musik gesetzt und dem hochgebohrnen Herrn Herrn Grafen Ludwig Széchényi von Sarvári-Felsö-Videk Sr. k. k. Majestät wirklichen Kämmerer & hochachtungsvoll gewidmet von Franz Schubert. 7tes Werk.« Verlagsnummer 855.

Nr. 302. Der Tod und das Mädchen.

Vorlagen: 1. Die Originalausgabe. Siehe Nr. 300.

2. Die Abschrift von Stadler.

3. Drei kleine Fragmente des Autographs, jetzt im Besitze der Gesellschaft der Musikfreunde in Wien. Sie bezeugen, dass das Blatt, dem sie einst angehörten, mit der Schere in viele (etwa 12—16) Stücke zerschnitten worden ist. Auf der Rückseite des Blattes standen die letzten Takte von Nr. 303.

Bemerkungen: Eines der erwähnten Fragmente giebt das Datum an. Die in Klammern gesetzten Vortragsbezeichnungen stehen in Stadler's und in anderen alten Abschriften und rühren wahrscheinlich von Schubert her.

Nr. 303. Das Lied vom Reifen.

Vorlagen: 1. Das Autograph im Besitze von A. Cranz in Wien, die ersten 10 Takte enthaltend.

2. Die bei Nr. 302 erwähnten autographen Fragmente, Takt 11, 12 und 13 enthaltend.

Bemerkung: Der letzte Takt fehlt. Ueber seine Beschaffenheit schien gar kein

Zweifel möglich; auch war das Nachspiel, wie aus den autographen Fragmenten ersichtlich ist, gewiss nicht länger, denn sie enthalten nach den letzten Takten auch gleich einzelne Worte der nachgeschriebenen zweiten Strophe.

Nr. 304.　Täglich zu singen.

Vorlage: Das Autograph im Besitze von A. Cranz in Wien.

Bemerkung: Aus dem längeren Gedichte von Claudius hat Schubert selbst die vier Strophen herausgehohen. Es sind dies die erste, zweite, vierte und letzte Strophe des Gedichtes. Die dritte lautet:

> Und dass mir denn zu Muthe ist,
> Als wenn wir Kinder kamen
> Und sahen, was der heil'ge Christ
> Bescheret hatte, Amen!

Die übrigen:

Auch bet' ich ihn von Herzen an,	Und all das Geld und all das Gut
Dass ich auf dieser Erde	Gewährt zwar viele Sachen;
Nicht bin ein grosser reicher Mann,	Gesundheit, Schlaf und guten Muth
Und auch wohl keiner werde.	Kann's aber doch nicht machen.
Denn Ehr' und Reichthum treibt und bläht,	Und die sind doch, bei Ja und Nein!
Hat mancherlei Gefahren,	Ein rechter Lohn und Segen!
Und vielen hat's das Herz verdreht,	Drum will ich mich nicht gross kastei'n
Die weiland wacker waren.	Des vielen Geldes wegen.

Nr. 305.　Die Nacht.

Vorlage: Die erste Ausgabe; Nachlass, Lieferung 1. Verlagsnummer 3631.

Bemerkungen: Bei diesem Stücke aus Ossian ist es am meisten zu beklagen, dass sich dafür keine andere Vorlage auftreiben liess. Es ist bekannt, dass der Schluss dieses Liedes, wie er in der ersten Ausgabe steht, nicht von Schubert herrührt, sondern, mit Benützung von Nr. 290, von den Verlegern der ersten Ausgabe eingerichtet wurde. Ob Schubert's Schluss S. 13, Z. 4, Takt 3 war, oder ob er von S. 13, Z. 2, Takt 3 an überhaupt anders lautete, liess sich nicht mehr ergründen.

S. 6, Z. 5, Takt 2 steht in der Vorlage vor dem Worte »wolkigt« in der Singstimme eine Achtelpause. Die Betonung erheischt eine Viertelpause. Der Takt hat dann 5 Viertel; das kommt in Schubert's Recitativen öfter vor.

Nr. 306.　Am Strome.

Vorlagen: 1. Das Autograph im Besitze von Nic. Dumba in Wien; auf einem Bogen mit Nr. 307. Es reicht nur vom 23. Takt bis zum Schluss.

2. Die Originalausgabe. Sie erschien im Mai 1822 bei Cappi und Diabelli in Wien unter dem Titel: »Der Jüngling auf dem Hügel von Heinrich Hüttenbrenner. Sehnsucht, Erlafsee und Am Strome von Mayrhofer. Für eine Singstimme mit Begleitung des Pianoforte in Musik gesetzt und dem hochgebohrnen Herrn Joh. Carl Grafen Esterhàzy von Galantha k. k. würklichen Kämmerer & ehrfurchtsvoll gewidmet von Franz Schubert. 8tes Werk.« Verlagsnummer 872.

Bemerkung: Das Autograph, so weit es vorhanden ist, stimmt bis auf einige genauere Vortragsbezeichnungen mit der Originalausgabe überein.

Nr. 307. Philoktet.

Vorlagen: 1. Das Autograph im Besitze von Nic. Dumba in Wien. Siehe Nr. 306. Es enthält nur die ersten 37 Takte.

2. Die erste Ausgabe; Nachlass, Lieferung 11. Verlagsnummer 3708.

Nr. 308. Memnon.

Vorlagen: 1. Das Autograph im Besitze von Nic. Dumba in Wien.
2. Die Originalausgabe. Siehe Nr. 275.

Nr. 309. Antigone und Oedip.

Vorlagen: 1. Das Autograph (erste Niederschrift) im Besitze von Ch. Malherbe in Paris.

2. Das Autograph (Reinschrift) im Besitze von C. Meinert in Dessau.

3. Die Originalausgabe. Siehe Nr. 275.

Bemerkungen: In der Originalausgabe steht die Partie des Oedip im Violinschlüssel und der Text lautet im 5. und 6. Takt: »lasst einen kühlen Hauch des Trostes in des Vaters grosse Seele weh'n«. Die vollkommen gleich lautenden Autographe waren massgebend.

Nr. 310. Auf dem See.

Vorlagen. Zu Nr. 310a: Die Abschrift bei Witteczek.
Zu Nr. 310b: Die Originalausgabe. Siehe Nr. 174d.

Nr. 311. Ganymed.

Vorlage: Die Originalausgabe. Siehe Nr. 48b.

Nr. 312. Der Jüngling und der Tod.

Vorlagen. Zu Nr. 312a: Das Autograph im Besitze von A. Cranz in Wien.
Zu Nr. 312b: Die Abschrift bei Witteczek.

Bemerkung: Im Autograph ist die Partie des Todes gestrichen und ein Zeichen deutet auf die Aenderung, die Schubert auf ein anderes Blatt schrieb. Diese ist gewiss nur aus praktischen Rücksichten gemacht worden, damit das Lied auch von einer Stimme gut ausführbar sei. Denn wie es ursprünglich niedergeschrieben wurde, war das Stück für eine hohe und eine tiefe Stimme gedacht. Vergl. Nr. 332.

Nr. 313. Trost im Liede.

Vorlagen: 1. Das Autograph im Besitze von A. Cranz in Wien; auf einem Bogen mit Nr. 314.

2. Die erste Ausgabe. Sie erschien als Beilage zur »Wiener Zeitschrift für Kunst, Literatur, Theater und Mode« vom 23. Juni 1827, zusammen mit Nr. 420.

Bemerkung: Im Autograph fehlen die ersten 3 (Sechzehntel-) Noten in der Clavierbegleitung; das Lied fängt hier ohne diesen Auftakt an. Sonst sind die Vorlagen gleich.

Nr. 314. An die Musik.

Vorlagen. **Zu Nr. 314a:** Das Autograph im Besitze von A. Cranz in Wien. Siehe Nr. 313.

Zu Nr. 314b: Die Originalausgabe. Sie erschien im December 1827 im Verlage des k. k. Hoftheater-Capellmeisters Thad. Weigl in Wien unter dem Titel: »Abendlied für die Entfernte. Thekla (eine Geisterstimme); Um Mitternacht. An die Musik. Gedichte von A. W. Schlegel, Fr. v. Schiller, Ernst Schulze und Schober, in Musik gesetzt für Eine Singstimme mit Pianoforte-Begleitung von Franz Schubert. 88tes Werk.« Verlagsnummer 2696.

Bemerkungen: Aus dem Autograph ist ersichtlich, das Schubert ursprünglich das Tempo mit »Etwas geschwind« angeben wollte. Er macht also einen Unterschied. Die Vergleichung der beiden Fassungen des Liedes zeigt übrigens, wie sehr er auf einen reinen Satz achtete.

Nr. 315. Pax vobiscum.

Vorlage: Das Autograph im Besitze von Nic. Dumba in Wien.

Bemerkungen: Im Autograph steht nur eine Strophe und es fehlt das Wiederholungszeichen. Die ursprüngliche Tempobezeichnung war »Ruhig«.

Nr. 316. Hänflings Liebeswerbung.

Vorlage: Die Originalausgabe. Sie erschien im April 1823 bei Sauer und Leidesdorf in Wien unter dem Titel: »Drey Lieder in Musik gesetzt für eine Singstimme mit Begleitung des Piano-Forte und gewidmet der Wohlgebohrnen Frau Justina Edlen von Bruchmann, von Franz Schubert. 20tes Werk, enthält: 1. Sey mir gegrüsst aus den östlichen Rosen von Rückert, 2. Frühlingsglaube von Uhland, 3. Hänflings Liebeswerbung von Fr. Kind.« Verlagsnummer 231.

Nr. 317. Auf der Donau.

Nr. 318. Der Schiffer.

Vorlage: Die Originalausgabe. Siehe Nr. 296.
Bemerkung. **Zu Nr. 318:** S. 2, Takt 3 lautet der Bass in der Vorlage:

Es wurde angenommen, dass die Takte S. 3, Z. 5, Takt 3 und S. 4, Z. 5, Takt 2 eine Correctur dafür enthalten, die aus Versehen nicht ausgeführt wurde.

Nr. 319. Uraniens Flucht.

Vorlage: Das Autograph im Besitze von Dr. Max Friedländer in Berlin.

Nr. 320. Nach einem Gewitter.

Vorlage: Die Abschrift bei Witteczek.

Nr. 321. Fischerlied.
Nr. 322. Die Einsiedelei.

Vorlage: Das Autograph im Besitze der königl. Bibliothek in Berlin; beide Lieder auf einem Blatte.

Nr. 323. Das Grab.

Vorlage: Das Autograph im Besitze von Nic. Dumba in Wien; auf einem Blatte mit einem Theile von Nr. 324.

Bemerkung: Die Bezeichnung »Männerchor« steht auf dem Autograph.

Nr. 324. Der Strom.

Vorlage: Das Autograph im Besitze von Nic. Dumba in Wien. Siehe Nr. 323.

Bemerkungen: Die Notiz: »Zum Andenken für Herrn Stadler« steht auf dem Autograph. Sie lässt vermuthen, dass das Gedicht von Stadler ist. Auch in diesem Liede behandelt Schubert das Wort »ruhig« als einsilbiges Wort, wie in Nr. 172, 178 u. a.

Nr. 325. Iphigenia.

Vorlagen: 1. Die Originalausgabe. Siehe Nr. 276.
2. Die Abschrift bei Witteczek.

Bemerkung: Die Originalausgabe bringt das Stück in *F*dur, die Abschrift in *Ges*dur, was gewiss die ursprüngliche Tonart war. Schubert dürfte das Stück nur auf Wunsch des Verlegers transponirt haben. Aehnliches findet man in Ser. 11, Nr. 2 bei op. 90, Nr. 3.

Nr. 326. An den Tod.

Vorlagen: 1. Die Originalausgabe. Sie erschien im Verlage des lithographischen Instituts als Beilage zur »Wiener allgemeinen musikalischen Zeitung« vom 26. Juni 1824. Verlagsnummer 5.
2. Die Abschrift bei Witteczek.
3. Die Abschrift von Stadler.

Bemerkungen: Die Abschriften wurden zu Rathe gezogen, weil sie in den Vortragsbezeichnungen sorgfältiger sind, und die zweite Strophe haben. Schubert hat sich den Text Schubart's selbst zurecht gelegt. Das Gedicht, wie es ihm vorlag, lautet:

Tod, du Schrecken der Natur,
Immer rieselt deine Uhr,
    Die geschwungne Sense blinkt,
    Gras und Halm und Blume sinkt.

Mähe nicht ohn' Unterschied,
Dieses Blümchen, das erst blüht,
    Dieses Röschen, erst halbroth;
    Sei barmherzig, lieber Tod!

Nimm den holden Knaben nicht,
Der voll Unschuld im Gesicht
    Mit der Brust der Mutter spielt
    Und sein erstes Leben fühlt.

Und den Jüngling schone mir,
Der am fühlenden Klavier
    Goldne Saiten wiegt und schwingt,
    Und ein Lied von Liebe singt.

Sieh, dort steht ein deutscher Held
In Kolumbus' neuer Welt,
    Der des Wilden Axt nicht scheut;
    Tod, ach friste seine Zeit!

Schon' den Dichter, dessen Kraft,
Wie sein Schöpfer, Welten schafft,
    Und in seinem Bildungskreis
    Alles fromm zu machen weiss.

Tödte nicht die junge Braut,
Schön für ihren Mann gebaut,
    Die, wie Sulamit gestimmt,
    Liebe gibt und Liebe nimmt.

Nicht den Frommen in dem Land,
Dessen hochgehobne Hand
    Betend Gottes Himmel stützt,
    Wenn er Rache niederblitzt.

Ach, den Sünder tödte nicht!
Schreck' ihn nur mit dem Gericht;
 Dass er bang zusammenfährt,
 Busse weint, und sich bekehrt.

In der Fürsten goldnem Saal,
Lieber Tod, bist du zur Qual;
 Schone sie, bis sie vom Wind
 Eitles Prunks gesättigt sind.

Keinen Reichen tödte du!
Den Gesunden lass in Ruh'!
 Triffst du gute Laune an,
 So verlängre ihre Bahn!

Aber musst du tödten, Tod,
Ach so thu's, wo dir die Noth
 Aus zerfress'nem Auge winkt
 Und in Staub des Kerkers sinkt.

Wo mit jedem Morgen — Tod!
Wo mit jedem Abend — Tod!
 Tod! um Mitternacht erschallt,
 Dass die Schauerzelle hallt.

»Tod, wann kommst du, meine Lust?
Ziehst den Dolch aus meiner Brust?
 Streifst die Fesseln von der Hand?
 Ach, wann deckst du mich mit Sand?«

Diese Todesstimme ruft
Aus so mancher Kerkergruft,
 Wo der Gram verzweiflungsvoll
 Ohne Hoffnung schmachten soll.

Drum, o Tod! wenn dir's gefällt,
Hol Gefangne aus der Welt:
 Komm, vollende ihre Noth;
 Sei barmherzig, lieber Tod!

Nr. 327. Die Forelle.

Vorlagen. **Zu Nr. 327 a:** 1. Die Abschrift von Stadler.
2. Eine alte Abschrift im Besitze von Hofrath Kerner in Wien.
 Zu Nr. 327 b: Das Autograph im Besitze von Nic. Dumba in Wien. Beschrieben in Friedländer's »Supplement« zum »Schubert-Album«, Edition Peters 2173, S. 57.
 Zu Nr. 327 c: Das Autograph im Album des Aloys Fuchs, jetzt im Besitze von C. Meinert in Dessau.
 Zu Nr. 327 d: Das Autograph im Besitze von G. R. Salvini in Porto. Es hat von Schubert's Hand die Ueberschrift: »Die Forelle. Von Schubart und Schubert.« Auf der ersten Seite steht Hüttenbrenner's Notiz: »Diese Original-Handschrift des Autors dem königl. Hannoverschen Hofsänger H. Julius Stiegelli bei seiner Anwesenheit in Grätz verehrt von Anselm Hüttenbrenner einem Freunde und Mitschüler Schubert's.« Eine andere Notiz sagt: »Ich ersuche dieses Lied gleich in Arbeit nehmen zu lassen, damit man die Correctur am Mittwoch künftiger Woche erhalte« (Unterschrift unleserlich).
 2. Die erste Ausgabe. Sie erschien als Beilage zur »Wiener Zeitschrift für Kunst, Literatur, Theater und Mode« vom 9. December 1820.
 3. Die Originalausgabe. Sie erschien im Januar 1825 bei Ant. Diabelli und Comp. in Wien als Nr. 152 der Sammlung »Philomele« unter dem Titel: »Die Forelle, Gedicht von Schubart. In Musik gesetzt für eine Singstimme mit Begleitung des Pianoforte von Franz Schubert.« Verlagsnummer 1703.
 Bemerkungen: Die zu Nr. 327 d benutzten drei Vorlagen stimmen mit einander überein.
 Schubert hat die letzte Strophe des Gedichtes weggelassen. Sie lautet:

Die ihr am goldnen Quelle
 Der sichern Jugend weilt,
Denkt doch an die Forelle;
 Seht ihr Gefahr, so eilt!

Meist fehlt ihr nur aus Mangel
 Der Klugheit. Mädchen, seht
Verführer mit der Angel! —
 Sonst blutet ihr zu spät.

Nr. 328. Gruppe aus dem Tartarus.

Vorlage: Die Originalausgabe. Siehe Nr. 298.
 Bemerkung: Allem Anschein nach war die Singstimme ursprünglich im Bassschlüssel geschrieben.

Nr. 329. Elysium.

Vorlagen: 1. Das Autograph im Besitze von Nic. Dumba in Wien; in einem Heft mit Nr. 330 und 331. Von »Elysium« fehlen die ersten 19 Takte.

2. Die erste Ausgabe; Nachlass, Lieferung 6. Verlagsnummer 3636.

Bemerkungen: Die viermal wiederkehrenden Worte »durchwallet das Herz« haben in den Vorlagen jedesmal folgende Melodie:

durch-wal-let das Herz

Nur wo sie zum letzten mal vorkommen, S. 5, Z. 3, Takt 6, deutet Schubert im Autograph die zur Vermeidung der Octavenfortschreitung nothwendige Aenderung an. Diese wurde daher durchgeführt.

Schiller's »Sanfter Entzücken nur heisset hier Schmerz« hat Schubert in seiner Natürlichkeit vielleicht nur unwillkürlich geändert und gemildert.

Nr. 330. Atys.

Vorlage: Das Autograph im Besitze von Nic. Dumba in Wien. Siehe Nr. 329.

Nr. 331. Erlafsee.

Vorlagen: 1. Das Autograph im Besitze von Nic. Dumba in Wien. Siehe Nr. 329.

2. Eine unvollständige autographe Abschrift, in der der Text von fremder Hand geschrieben ist, im Besitze von Dr. Max Friedländer in Berlin.

3. Die erste Ausgabe. Sie erschien als Beilage zu Sartori's »Malerischem Taschenbuch für Freunde interessanter Gegenden« (Wien, bei Doll) 6. Jahrgang, 1818, worin auch das ganze Gedicht abgedruckt und von einem Kupferstich »Erlafsee« begleitet ist.

4. Die Originalausgabe. Siehe Nr. 306.

Bemerkung: Das Gedicht Mayrhofer's, wie es im »Malerischen Taschenbuch« und später in seinen »Gedichten« (Wien, 1824) erscheint, lautet:

Erlafsee.

Mir ist so wohl, so weh
Am stillen Erlafsee.
Heilig Schweigen
In Fichtenzweigen.
Regungslos
Der dunkle Schooss;
Nur der Wolken Schatten fliehn
Überm glatten Spiegel hin.
Feenbild, was willst du mir,
So umschwebst du mich auch hier?
Weiche aus dem Land der Hirten.
Hier gedeihen keine Myrthen;
Schilfgras nur und Tannenwucht
Kränzen diese stille Bucht.
Frische Winde
Kräuseln linde
Das Gewässer;
Und der Sonne

Güldne Krone
Flimmert blässer.
Ach, weine nicht, Du süsses Bild!
Der Wellenkranz ist bald gestillt,
Und glatter See, und Lüfte lau,
Erheitern dich, du Wunderfrau.
Des Sees Rand
Umschlingt ein Band,
Aus lichtem Grün gewunden:
Es ist der Fluss,*)
Der treiben muss
Die Sägemühlen unten.
Unwillig krümmt er sich am Steg
Von seiner schönen Mutter weg,
Und fliesst zu fernen Gründen.
Wirst, Liebe! auch mit holder Hand,
Des Sängers ernstes Felsenland,
Mit Blüthenroth umwinden?

*) Die Erlaf.

Nr. 332. Der Alpenjäger.

Vorlage: Die Originalausgabe. Sie erschien im Februar 1825 bei Cappi und Comp. in Wien unter dem Titel: »Der Pilgrim und der Alpenjäger gedichtet von Friedrich von Schiller, in Musik gesetzt für eine Singstimme mit Begleitung des Pianoforte von Franz Schubert, seinem Freunde L. F. Schnorr von Carolsfeld gewidmet. 37tes Werk.« Verlagsnummer 71.

Bemerkungen: Ein unvollständig erhaltenes Autograph im Besitze von A. W. Thayer in Triest zeigt die erste Niederschrift dieses Liedes. Sie lautet:

Der Alpenjäger.

Willst du nicht das Lämm-lein hüthen?
Willst du nicht die Heer-de lo-cken
Willst du nicht der Blüm-lein warten,

Lämm-lein ist so fromm und sanft, nährt sich von des
mit des Hor-nes mun-term Klang? Lieb-lich tönt der
die im Bee-te freund-lich stehn? Draus-sen la-det

Gra-ses Blü-then, spie-lend an des Ba-ches Ranft.
Schall der Glo-cken in des Wal-des Lust-ge-sang.
dich kein Gar-ten; wild ist's auf den wil-den Höhn.

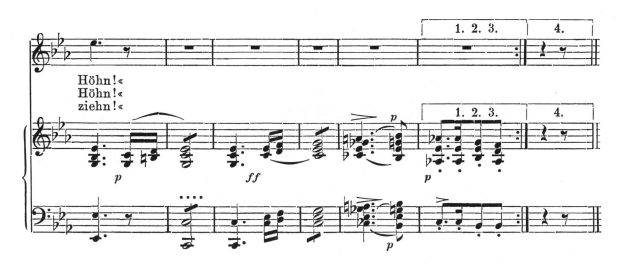

Geschwind.

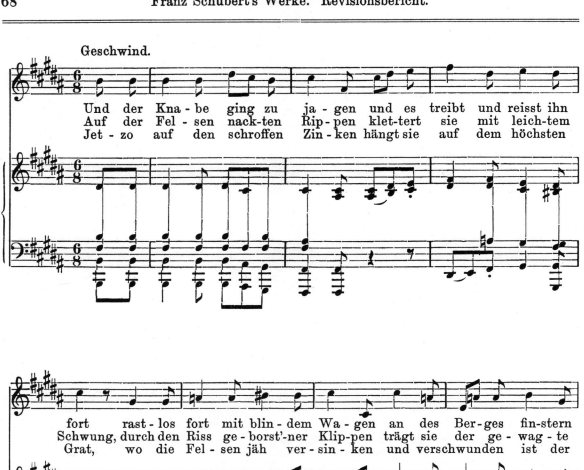

Und der Kna - be ging zu ja - gen und es treibt und reisst ihn
Auf der Fel - sen nack-ten Rip-pen klet-tert sie mit leich-tem
Jet - zo auf den schroffen Zin - ken hängt sie auf dem höchsten

fort rast - los fort mit blin-dem Wa - gen an des Ber-ges fin-stern
Schwung, durch den Riss ge-borst'-ner Klip-pen trägt sie der ge-wag - te
Grat, wo die Fel - sen jäh ver-sin - ken und verschwunden ist der

Ort. Vor ihm her mit Win - des-schnel - le flieht die
Sprung. A - ber hin - ter ihr ver-wo - gen folgt er
Pfad. Un - ter sich die stei - le Hö - he, hin - ter

Dabei ist bemerkenswerth, dass Takt 6 und 5 vor dem Schluss dieses Fragmentes ursprünglich so lauteten:

In der Witteczek'schen Sammlung findet sich neben der Originalausgabe dieses Liedes eine Abschrift der im C-Takt stehenden Schlusspartie vor, die eine Quarte tiefer steht. Sie beginnt:

und führt im Uebrigen das Lied genau so zu Ende wie die Originalausgabe, so dass es in *E* dur schliesst. Es ist nicht unmöglich, dass das ein früherer Versuch Schubert's war, das Erscheinen und die Stimme des Bergesalten zu charakterisiren. Jedenfalls schliesst sich diese Partie auf diese Weise dem Vorhergehenden harmonisch besser an. Vergl. Nr. 312.

Nr. 333. Der Kampf.

Vorlagen: 1. Die erste Ausgabe. Sie erschien im Januar 1829 bei Joseph Czerny in Wien unter dem Titel: »Der Kampf von Schiller, in Musik gesetzt für eine Bassstimme mit Begleitung des Pianoforte von Franz Schubert 110tes Werk.« Verlagsnummer 334.

2. Eine alte Abschrift im Besitze von Hofrath Spaun in Wien.

Bemerkung: Die erste Ausgabe hat »Allegro« als Tempobezeichnung.

Nr. 334. Thekla.

Vorlagen. Zu Nr. 334a: Das Autograph im Besitze von Prof. Dr. Jos. Joachim in Berlin.

Zu Nr. 334b: 1. Ein unvollständiges Autograph einst im Besitze von L. v. Herbeck in Wien. Siehe Nr. 175. Hier fehlen die ersten 19 Takte.

2. Die Originalausgabe. Siehe Nr. 314 b.

Bemerkungen: Bei der ersten Bearbeitung schwankte Schubert in der Tempobezeichnung; er schrieb erst: »Leise, von ferne«, dann »Sehr leise, von ferne«, dann »Langsam, von ferne«.

Für die zweite Bearbeitung war das Autograph, so weit es reichte, massgebend; die Originalausgabe weicht davon nur S. 3, Z. 2, Takt 3 im Bass ab, wo sie  hat.

Nr. 335. Der Knabe in der Wiege.

Vorlagen: 1. Die Abschrift bei Witteczek.

2. Eine alte Abschrift im Besitze von A. Cranz in Wien.

Bemerkungen: Die Vorlagen haben nur eine Strophe und die Wiederholungszeichen. Aber schon die zweite Strophe (resp. die dritte und vierte Strophe des Gedichtes, denn Schubert hat je zwei Strophen in eine zusammengezogen) lässt sich nicht sehr gut unterlegen. Sie wurde daher nebst den übrigen nach der Musik mitgetheilt.

Eine autographe Reinschrift dieses Liedes besitzt Herr Ch. Malherbe in Paris. Sie zeigt das Stück in einer sehr vortheilhaften Umgestaltung, ist aber nicht vollständig erhalten und kann nur hier mitgetheilt werden.

Wiegenlied.

Etwas bewegt. November 1817.

Singstimme.

Pianoforte.

lan - ge un - term Her - zen trug.

Sie sieht___ so froh___ die

vol - len Wangen glühn,___ in gel - be Rin - gel - lo - cken

Nr. 336. Auf der Riesenkoppe.

Vorlage: Das Autograph, früher im Besitze von Weinberger und Hofbauer in Wien.

Nr. 337. An den Mond in einer Herbstnacht.

Vorlagen: 1. Die Abschrift bei Witteczek.

2. Die erste Ausgabe; Nachlass, Lieferung 18. Verlagsnummer 4018.

Bemerkungen: Die Vorlagen stimmen mit einander überein.

In der letzten Strophe hat Schubert der musikalischen Form wegen einen Vers weggelassen und dadurch die Symmetrie des dichterischen Gedankens zerstört. Diese Strophe lautet:

> Du wirst gehn und wiederkehren,
> Und sehn noch manches Lächeln,
> Und sehn noch manche Thräne!
> Dann werd' ich nicht mehr lächeln,
> Dann werd' ich nicht mehr weinen,
> Mein wird man dann nicht mehr gedenken
> Auf dieser schönen Erde!

Nr. 338. Grablied für die Mutter.

Vorlage: Das Autograph im Besitze von Nic. Dumba in Wien.

Nr. 339. Einsamkeit.

Vorlage: Das Autograph im Besitze von Dr. Max Friedländer in Berlin.

Bemerkung: Das Autograph führt das Datum »Juny 1822«. Aber in einem Briefe vom 3. August 1818 erwähnt Schubert des Liedes als eines eben vollendeten; es wurde somit in den Juli 1818 gesetzt. Vergl. Friedländers »Beiträge zur Biographie Franz Schuberts.«

Nr. 340. Der Blumenbrief.

Vorlage: Die Abschrift bei Witteczek.

Bemerkung: In der Vorlage, wie auch in der ersten Ausgabe (Nachlass, Lieferung 21), steht das Lied in B dur. Die Vorlage sagt aber ausdrücklich, dass D dur die ursprüngliche Tonart ist.

Nr. 341. Das Marienbild.

Nr. 342. Litaney auf das Fest Aller Seelen.

Vorlage: Die erste Ausgabe; Nachlass, Lieferung 10. Verlagsnummer 3707. Beide Lieder in demselben Heft.

Bemerkung: Von dem Gedichte zu Nr. 342 bringt die Vorlage nur die erste, dritte und sechste Strophe. Da es sich nicht nachweisen lässt, dass diese Wahl von Schubert herrührt, so wird das ganze Gedicht abgedruckt.

Nr. 343. Blondel zu Marien.

Vorlage: Die Abschrift bei Witteczek.

Bemerkung: Die Vorlage enthält das Stück in C moll, giebt aber die ursprüngliche Tonart an. Es ist möglich, dass die auffallenden Melodieverzierungen in diesem Liede von Michael Vogl herrühren, der sich dergleichen öfter erlaubt hat. Mit kleingestochenen Noten wurde der Versuch gemacht, diese Stellen etwas zu mildern. Vergl. übrigens auch Nr. 344.

Nr. 344. Das Abendroth.

Vorlage: Die erste Ausgabe. Sie erschien im Jahre 1867 bei C. A. Spina in Wien unter dem Titel: »Sechs Lieder für eine Singstimme mit Begleitung des Pianoforte von Franz Schubert (Nachlass) op. 173. Nr. 1. Amalie, Gedicht von Schiller. Nr. 2. Das Geheimniss, Gedicht von Schiller. Nr. 3. Vergebliche Liebe, Gedicht von Bernard. Nr. 4. Der Blumen Schmerz, Gedicht von Bernard. Nr. 5. Die Blumensprache. Nr. 6. Das Abendroth (für Bass).« Verlagsnummern 19174—79.

Bemerkungen: In der Vorlage steht die Singstimme im Violinschlüssel, aber mit der ausdrücklichen Bezeichnung »Bass«. Sie dürfte daher im Autograph im Bassschlüssel gestanden haben. Vgl. Nr. 309, 357, 406 u. a. Die auffallende Rücksicht auf die Entfaltung einer schönen und umfangreichen Singstimme, die in diesem Liede herrscht, lässt vermuthen, dass es für einen bestimmten Sänger geschrieben worden ist. Aehnlich verhält es sich auch mit Nr. 343.

Nr. 345. Sonett I.

Vorlage: Die Abschrift bei Witteczek.
Bemerkung: Die Notiz über dieses Sonett rührt von Schlegel her.

Nr. 346. Sonett II.

Vorlage: Die Abschrift bei Witteczek.

Nr. 347. Sonett III.

Vorlage: Das Autograph im Besitze von Nic. Dumba in Wien.

Nr. 348. Blanka.
Nr. 349. Vom Mitleiden Mariae.

Vorlage: Das Autograph im Besitze von Hofrath Spaun in Wien; beide Lieder auf einem Blatte.

Nr. 350. Die Gebüsche.

Vorlage: Das Autograph im Besitze von Dr. Max Friedländer in Berlin.

Nr. 351. Der Wanderer.

Vorlage: Die Originalausgabe.   Siehe Nr. 268.

Nr. 352. Abendbilder.

Vorlage: Das Autograph im Besitze von Otto Goldschmidt in London.

Nr. 353. Himmelsfunken.

Vorlage: Die erste Ausgabe; Nachlass, Lieferung 10.   Verlagsnummer 3707.
Bemerkung: Im dritten Takt des Vorspiels hat die Vorlage im oberen Pianoforte-
system ; da an dieser Stelle kein Grund vorhanden ist, den fünfstimmigen Satz bloss für einen Augenblick zu unterbrechen, wurde ein Druckfehler angenommen.

Nr. 354. Das Mädchen.
Nr. 355. Bertha's Lied in der Nacht.
Nr. 356. An die Freunde.

Vorlage: Das Autograph im Besitze der Gesellschaft der Musikfreunde in Wien; alle drei Lieder in einem Heft.

Bemerkungen. Zu Nr. 354: S. 3, Takt 1 steht auch im Autograph so: Schubert mag auf diese Weise vielleicht unwillkürlich eine recht lange Haltung angedeutet haben. S. 2, Z. 3, Takt 5 und S. 3, Z. 4, Takt 4 stehen die ⌢ auch im Autograph so; vielleicht gelten sie für beide Achtelnoten.

Nr. 354 und 356 haben auch im Autograph keine Tempobezeichnung.

Nr. 357. Sehnsucht.

Vorlagen. Zu Nr. 357a: Das Autograph im Besitze von Frau L. Wittgenstein in Wien. Die erste Seite enthält nur den Titel. Er lautet: »1. Heft. Die Sehnsucht. Gedicht von Friedrich von Schiller, für eine Bassstimme mit Begleitung des Pianoforte in Musik gesetzt von Franz Schubert mpia«. Unten steht von fremder Hand: »Erhalten zum Andenken von H. Fr. Schubert Wien den 24. April 1824. Adal. Rotter«. Dieselbe Hand schrieb auf die letzte Seite: »Am 12. October 1824 sang die Sehnsucht H. Vogel, pens. k. k. Hofopernsänger.« Das Autograph ist eine Reinschrift, ohne Datum.

Zu Nr. 357b: Die Originalausgabe. Sie erschien im Februar 1826 bei A. Pennauer in Wien unter dem Titel: »Die Sehnsucht Gedicht von Schiller In Musik gesetzt für eine Singstimme mit Begleitung des Pianoforte von Franz Schubert. 39tes Werk.« Verlagsnummer 207. »Dieses Gesangstück ist auch mit Begleitung der Guitarre eingerichtet zu haben.«

Bemerkung: Dass in der Originalausgabe die Singstimme im 𝄞 gedruckt wurde, geschah wohl nur auf Wunsch des Verlegers.

Nr. 358. Hoffnung.

Vorlage: Die Originalausgabe. Sie erschien im Jahre 1828 bei A. Pennauer in Wien unter dem Titel: »Der Unglückliche. Gedicht von Caroline Pichler. geb. v. Greiner. Die Hoffnung. Der Jüngling am Bache. Gedichte von Fr. v. Schiller. In Musik gesetzt für eine Singstimme mit Begleitung des Pianoforte von Franz Schubert. op. 84.« Verlagsnummer 330.

Bemerkungen: In der Vorlage lauten die ersten Noten der Singstimme S. 2, Z. 3,

Takt 2: 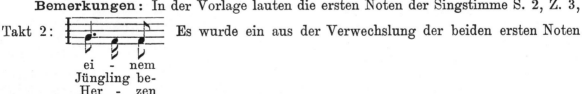 Es wurde ein aus der Verwechslung der beiden ersten Noten

entstandener Stichfehler angenommen, zumal eine so ausgeprägte Aenderung der Melodie wohl auch auf die Begleitung einen Einfluss ausgeübt hätte, wäre sie in Schubert's Absicht gelegen.

Auch S. 3, Z. 3, Takt 4, wo in der Vorlage der erste Accord der Begleitung ein Sextaccord auf *G* ist, wurde ein Stichfehler angenommen.

Nr. 359. Der Jüngling am Bache.

Vorlage. Zu Nr. 359a: Die Originalausgabe. Siehe Nr. 358.

Zu Nr. 359b: Das Autograph im Besitze von Nic. Dumba in Wien.

Bemerkung: Das Autograph hat nur eine Strophe, und es fehlt jeder Hinweis auf die Textverschiebung, wie sie die Originalausgabe für die Worte »Eine nur ist's, die ich suche« deutlich vorschreibt. Dass diese aber in Schubert's Absicht lag und daher auch für Nr. 359b gilt, zeigt ein Vergleich mit Nr. 68 und Nr. 5.

Nr. 360—363. Hymne I—IV.

Vorlage: Das Autograph im Besitze von A. Cranz in Wien; alle vier Hymnen in einem Heft.

Nr. 364. Marie.

Vorlage: Das Autograph im Besitze von Dr. J. Gänsbacher in Wien.

Bemerkung: Das Autograph hat kein Datum. Der Text ist das letzte der »geistlichen Lieder« von Novalis, denen auch die Hymnen Nr. 360—363 entnommen sind. Der Titel rührt von Schubert her.

Nr. 365. Beim Winde.

Vorlage: Das Autograph im Besitze der königl. Bibliothek in Berlin, auf einem Bogen mit der ersten Hälfte von Nr. 366.

Bemerkungen: Auch in diesem Liede behandelt Schubert »ruhig« und »thauig« als einsilbige Wörter. Vergl. Nr. 172, 178 u. a. In der praktischen Ausführung dürften diese Stellen Schubert's Intentionen am besten so entsprechen:

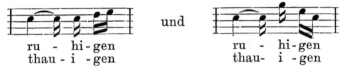

Denn seine Schreibweise scheint jede andere Verwendung der ganzen leichten i-Silbe auszuschliessen.

Die in Klammern gesetzten Zeichen, die Wiederholung der ersten Partie und den Schluss betreffend, fehlen im Autograph, sind aber wohl selbstverständlich.

Nr. 366. Die Sternennächte.

Vorlagen: 1. Das Autograph im Besitze der königl. Bibliothek in Berlin, die ersten 28 Takte enthaltend. Siehe Nr. 365.

2. Das Autograph im Besitze des Conservatoire in Paris, die letzten 28 Takte enthaltend, auf einem Blatte mit Nr. 367.

3. Die Abschift bei Witteczek.

Bemerkungen: In den Autographen, die sich gegenseitig vollkommen ergänzen, steht das Lied in *Des*dur. Es fehlt die Tempobezeichnung, es fehlen die klein gestochenen ad libitum zu verwendenden Noten S. 3, und die zwei Takte S. 3, Z. 2 Takt 4 und 5 lauten:

Allem Anscheine nach ist die Abschrift nach einer Reinschrift Schubert's gemacht worden. Sie steht in *B*dur.

Die Revision nach dem Pariser Autograph besorgte Herr Ch. Malherbe in Paris.

Nr. 367. Trost.

Vorlage: Das Autograph im Besitze des Conservatoire in Paris. Siehe Nr. 366.

Bermerkungen: Im Autograph steht das Wiederholungszeichen bloss vor dem letzten Takt. Wahrscheinlich sollte ihm ein gleiches zwischen dem 9. und 10. Takte des Liedes entsprechen.

Die zweite Strophe wurde der ersten Ausgabe des Liedes (Nachlass, Lieferung 44) entnommen. Es bleibt dahingestellt, ob sie von Mayrhofer ist; denn unter Mayrhofer's gedruckten Gedichten ist das Lied nicht zu finden.

Die Revision besorgte Herr Malherbe in Paris.

Nr. 368. Nachtstück.

Vorlagen: 1. Das Autograph im Besitze der Gesellschaft der Musikfreunde in Wien.
2. Die Originalausgabe. Sie erschien im Februar 1825 bei Cappi und Comp. in Wien unter dem Titel: »Die zürnende Diana und Nachtstück gedichtet von Joh. Mayerhofer, in Musik gesetzt für eine Singstimme mit Begleitung des Pianoforte und der Frau Katharina von Lacsny gebornen Buchwieser gewidmet von Franz Schubert. 35^s Werk.« Verlagsnummer 60.

Bemerkungen: Im Autograph steht das Lied in *Cis-*, in der Originalausgabe in *C*moll. S. 6, Z. 5, Takt 1 lautet die zweite Note der Singstimme im Autograph *a*, aber in der Originalausgabe *h*, und *h* auch im Autograph zwei Takte und zehn Takte früher.

Von S. 7, Z. 4, Takt 1 an war der Schluss ursprünglich folgendermassen entworfen:

Nr. 369. Die Liebende schreibt.

Vorlage: Die erste Ausgabe. Sie erschien als Beilage zur »Wiener Zeitschrift für Kunst, Literatur, Theater und Mode« vom 26. Juni 1832.

Nr. 370. Prometheus.

Vorlage: Das Autograph im Besitze von Vict. Graf Wimpffen in Kainberg bei Graz.

Nr. 371. Fragment aus Schiller's Gedicht.
Die Götter Griechenlands.

Vorlage: Das Autograph früher im Besitze von Weinberger und Hofbauer in Wien.

Bemerkung: Ursprünglich enthielt das Autograph nur die erste Fassung. Die Abweichungen der zweiten Fassung hat Schubert später hineingeschrieben.

Nr. 372. Nachthymne.

Vorlage: Das Autograph im Besitze der Gesellschaft der Musikfreunde in Wien.

Nr. 373. Die Vögel.

Vorlagen: 1. Die Abschrift bei Witteczek.
2. Die erste Ausgabe.   Siehe Nr. 81.   Verlagsnummer 16764.

Nr. 374. Der Knabe.

Vorlagen: 1. Das Autograph im Besitze von A. Cranz in Wien; es reicht nur bis
S. 3, Z. 5, Takt 5 incl.
2. Die Abschrift bei Witteczek.

Nr. 375. Der Fluss.

Vorlagen: 1. Das Autograph im Besitze von Dr. Max Friedländer in Berlin; es beginnt erst S. 2, Takt 2.
2. Die Abschrift bei Witteczek.

Nr. 376. Abendröthe.

Vorlage: Die erste Ausgabe; Nachlass, Lieferung 7.   Verlagsnummer 3704.
Bemerkung: S. 2, Z. 2, Takt 3 stimmt die Melodie auch in der Vorlage mit S. 2,
Z. 4, Takt 3 nicht überein. Das kann Absicht, aber auch eine Flüchtigkeit Schubert's sein.

Nr. 377. Der Schiffer.

Vorlage: Das Autograph im Besitze von Dr. Max Friedländer in Berlin.
Bemerkung: S. 5, Z. 3, Takt 3 steht im Autograph vor der zweiten Note der
Singstimme ein ♭ (so wie zwei und drei Takte später). Es wurde ein Schreibfehler Schubert's angenommen, und die Analogie mit S. 3, Z 3, Takt 3, ferner der Umstand, dass das
in dieser Umgebung nothwendige ♮ vor dem *h* des nächsten Taktes fehlt, endlich die durch
das Beibehalten des ♭ entstehende Monotonie dieser öfter wiederkehrenden Melodiestelle
schienen diese Annahme hinlänglich zu begründen.

Nr. 378. Die Sterne.

Vorlage: Die Abschrift bei Witteczek.

Nr. 379. Morgenlied.

Vorlagen: 1. Das Autograph im Besitze von Frl. Th. Pauer in Wien.   Es hat am
Schluss eine Notiz von Schubert's Hand: »NB. Der Sängerinn P. und dem Clavierspieler
St. empfehl' ich dieses Lied ganz besonders!!! 1820«.
2. Die Originalausgabe.   Siehe Nr. 87.
Bemerkung: Zur Aufklärung von P. und St. vergleiche man Nr. 587.

Nr. 380. Frühlingsglaube.

Vorlagen. Zu Nr. 380 a: Das Autograph im Besitze der königl. Bibliothek in Berlin. Ferdinand Schubert setzte das Datum darauf.
Zu Nr. 380 b: Die Originalausgabe. Siehe Nr. 316.

Nr. 381. Liebeslauschen.

Vorlage: Die erste Ausgabe; Nachlass, Lieferung 15. Verlagsnummer 4015.

Nr. 382. Orest auf Tauris.

Vorlagen: 1. Das Autograph im Besitze von Dr. Max Friedländer in Berlin; es beginnt erst S. 3, Z. 3, Takt 1.
2. Die erste Ausgabe; Nachlass, Lieferung 11. Verlagsnummer 3708.
Bemerkung: S. 4, Z. 2, Takt 3 u. ff. lautet die Clavierbegleitung zu den Worten »eine hohe Priesterin Dianens« in der ersten Ausgabe so:

Schon die ungeschickte graphische Darstellungsart dieser Stelle deutet darauf, was das Autograph sichtbar bezeugt, dass diese Aenderung vom Verleger herrührt, der sich dazu durch den Text verleiten liess. Das ist erwähnenswerth, weil es zur Beurtheilung einer ähnlichen Stelle in Nr. 496 dient.

Nr. 383. Der entsühnte Orest.

Nr. 384. Freiwilliges Versinken.

Vorlage: Die erste Ausgabe. Siehe Nr. 382.

Nr. 385. Der Jüngling auf dem Hügel.

Vorlage: 1. Das Autograph im Besitze der Gesellschaft der Musikfreunde in Wien. 2. Die Originalausgabe. Siehe Nr. 306.

Nr. 386. Sehnsucht.

Vorlage: Die Originalausgabe. Siehe Nr. 306.

Nr. 387.   Der zürnenden Diana.

Zu Nr. 387a.   Vorlage: Das Autograph (erste Niederschrift) im Besitze von Dr. Joh. Brahms in Wien.

Bemerkungen: Das Autograph enthält einzelne mit Bleistift angedeutete Aenderungen von Schubert, die schon die zweite Fassung vorbereiten.   So: S. 5, Takt 1 und S. 5, Z. 4, Takt 3:

Ferner: S. 5, Takt 4:

S. 6, Takt 5 und 7 war die Melodie ursprünglich bloss:

lin - de
war - men

Dieses schmückte Schubert noch während des Niederschreibens der ersten Fassung aus.

Zu Nr. 387b.   Vorlagen: 1. Das Autograph (Reinschrift) im Besitze von Nic. Dumba in Wien.

2. Die Originalausgabe. Siehe Nr. 368.

Bemerkungen: Beide Vorlagen führen den Titel: »Die zürnende Diana«. Im Autograph wird die *As*dur-Vorzeichnung bis zum Eintritte des *C*dur benützt; die *E*dur-Partie ist in *Fes* dur geschrieben.   Die Originalausgabe hat »Risoluto« als Tempobezeichnung. Die wesentlichsten melodischen Abweichungen des Autographs von der Originalausgabe sind mit kleinen Noten angegeben.

Nr. 388.   Im Walde.

Vorlage: Das Autograph im Besitze der Gesellschaft der Musikfreunde in Wien.

Bemerkung: Das Autograph ist sehr rasch geschrieben; es ist, als sähe man den Schriftzügen die Gewalt der Eingebung an.   Da darf es nicht Wunder nehmen, dass Schubert einige Worte verschrieben hat. S. 4 schreibt er »in des Morgenglanzes Thau«, S. 7 »Trauer doch in linden Tönen«, S. 12 bald »kühler«, bald »dunkler Waldesnacht«. Schlegel hat in der ersten Strophe »kühler«, in der letzten »dunkler Waldesnacht«, und so hat es Schubert auch gemeint.

Nr. 389. Die gefangenen Sänger.

Vorlagen: 1. Die erste Ausgabe; Nachlass, Lieferung 33. Verlagsnummer 7411.
2. Die Abschrift bei Witteczek.

Nr. 390. Der Unglückliche.

Vorlagen. **Zu Nr. 390a:** Das Autograph im Besitze von Capellmeister A. Müller in Wien.

Zu Nr. 390b: Die Originalausgabe. Siehe Nr. 358.

Bemerkung: Dies ist eines der wenigen Lieder, zu denen Schubert eine Skizze gemacht hat. Als Beispiel mag sie hier stehen. Das Autograph davon befindet sich im Besitze von Nic. Dumba in Wien. Es zeigt gar keine Correctur. Das letzte Blatt fehlt.

leicht nur noch die Arg-list und der Schmerz, und jetzt da ich durch

nichts ge-stö-ret wer-de lass dei-ne Wun-den blu-ten, ar-mes

Herz. Ver - sen - ke dich in dei - nes Kum - mers

Tie - fen ver-sen-ke dich in dei-nes Kum-mers

Tie - fen und wenn viel-leicht in der zer-riss-nen Brust

längst verjährte Lei-den schliefen, so we-cke sie, we-cke sie mit

all-zuschönes Traumbild kehrte wie-der. zur bessern Welt, aus der es

kam, zurück. Zerrissen   sind nun al-le süssen

Nr. 391. Versunken.

Vorlagen: 1. Die erste Ausgabe; Nachlass, Lieferung 38. Verlagsnummer 7416.
2. Die Abschrift bei Witteczek.

Bemerkung: Schubert hat in Goethe's Gedicht einige Verse weggelassen. Von S. 5, Takt 1 angefangen lautet der Text bei Goethe:

Das Ohr versagt sich nicht dem Spiel,
Hier ist nicht Fleisch, hier ist nicht Haut,
So zart zum Scherz, so liebeviel!
Doch wie man auf dem Köpfchen kraut,

Man wird in solchen reichen Haaren
Für ewig auf und nieder fahren.
So hast du, Hafis, auch gethan,
Wir fangen es von vornen an.

Nr. 392. Geheimes.

Vorlage: Die Originalausgabe. Sie erschien im December 1822 bei Cappi und Diabelli in Wien unter dem Titel: »Suleika und Geheimes aus dem westöstlichen Divan von Goethe, für eine Singstimme mit Begleitung des Pianoforte in Musik gesetzt, und seinem Freunde Franz Ritter von Schober gewidmet von Franz Schubert. 14tes Werk.« Verlagsnummer 1163.

Nr. 393. Grenzen der Menschheit.

Vorlage: Das Autograph im Besitze von Dr. Max Friedländer in Berlin.

Nr. 394 und 395. Mignon.

Vorlage: Das Autograph im Besitze von Nic. Dumba in Wien; beide Lieder in einem Heft.

Bemerkungen: In Nr. 394 wurde S. 2, Z. 4, Takt 7 und vier Takte später in der Singstimme die Schreibweise Schubert's beibehalten. Vielleicht soll durch die Vermeidung des Punktes bei der Note ein besonderer Nachdruck angedeutet sein.

Den Text von Nr. 395 hatte Schubert im September 1816 schon einmal vorgenommen. Auf dem Autograph von Nr. 257 findet sich folgender Entwurf vor:

Mignon. 1. Weise.

Auf demselben Blatte steht ein Bruchstück einer anderen Composition dieses Textes, die verloren gegangen ist, aber allem Anscheine nach vollständig ausgeführt war. Es lautet:

sich   der   fri - sche   Blick,   ich

Nr. 396. Suleika. I.

Vorlage: Die Originalausgabe. Siehe Nr. 492.

Bemerkungen: Die letzte Note der Singstimme auf S. 7 ist in der Vorlage *h*. Die Analogie mit S. 8, Z. 3, Takt 3 und der Umstand, dass bei Schubert der Septimenaccord auf der 4. Stufe in dieser Verwendung nicht vorkommt, liessen einen Stichfehler annehmen. Auch müsste der schärfere melodische Ausdruck logischerweise an zweiter Stelle stehen, wie's Schubert nie anders macht. Auffallend ist der Eintritt des neuen Orgelpunktes S. 8, Z. 4, Takt 5; aber er erfolgt im schwereren Takte und wurde desshalb belassen. Immerhin ist es möglich, dass hier ein Stichfehler oder ein Schreibfehler Schubert's vorliegt; nur ist es dann kaum möglich, endgiltig zu entscheiden, wie die Correctur sein soll.

Nr. 397. Suleika. II.

Vorlage: Die Originalausgabe. Sie erschien im August 1825 bei A. Pennauer in Wien unter dem Titel: »Suleika's II[ter] Gesang aus dem west-östlichen Divan von Göthe. In Musik gesetzt, für eine Singstimme mit Begleitung des Pianoforte und der wohlgebornen Frau Anna Milder, Königl. preuss. Hof-Opern-Sängerin, gewidmet von Franz Schubert. 31. Werk.« Verlagsnummer 130. »Dasselbe ist auch für die Guitarre eingerichtet zu haben«.

Nr. 398. Der Jüngling an der Quelle.

Vorlagen: 1. Die erste Ausgabe; Nachlass, Lieferung 36. Verlagsnummer 7414. 2. Die Abschrift bei Witteczek.

Bemerkung: Durch den zufälligen Reim verführt, hat Schubert die letzten zwei Worte des Gedichtes geändert und »dir nach« statt »mir zu« geschrieben. So steht's in beiden Vorlagen. Da sich aber darin keine besondere Absicht erkennen liess, wurden die Worte des Dichters wieder hergestellt.

Nr. 399. Der Blumen Schmerz.

Vorlagen: 1. Das Autograph im Besitze von C. Meinert in Dessau.

2. Die erste Ausgabe. Sie erschien als Beilage zur »Wiener Zeitschrift für Kunst, Literatur, Theater und Mode« vom 8. December 1821.

Bemerkung: Die Pralltriller S. 3, Takt 5 stehen im Autograph, fehlen aber in der ersten Ausgabe.

Nr. 400. Sei mir gegrüsst!

Vorlage: Die Originalausgabe. Siehe Nr. 316.

Bemerkung: Nottebohm giebt in seinem thematischen Verzeichnisse der Werke von Franz Schubert 1821 als das Compositionsjahr dieses Liedes an. Die erste Ausgabe der »östlichen Rosen« von Rückert trägt aber die Jahreszahl 1822. Da es aber sehr häufig vorkommt, dass ein Buch, wenn es gegen Ende eines Jahres ausgegeben wird, die erst kommende Jahreszahl erhält, so wurde Nottebohm's Angabe beibehalten, und das Lied als letztes der im Jahre 1821 componirten eingereiht.

Nr. 401. Der Wachtelschlag.

Vorlagen: 1. Die erste Ausgabe. Sie erschien als Beilage zur »Wiener Zeitschrift für Kunst, Literatur, Theater und Mode« vom 30. Juli 1822.

2. Die Originalausgabe. Sie erschien im März 1827 bei A. Diabelli und Comp. in Wien unter dem Titel: »Der Wachtelschlag (Il canto della Quaglia). In Musik gesetzt für eine Singstimme mit Begleitung des Pianoforte von Franz Schubert. 68tes Werk.« Verlagsnummer 2451. Mit dem deutschen und einem vom Verleger untergelegten italienischen Text.

Nr. 402. Ihr Grab.

Vorlage: Das Autograph im Besitze von Hofrath Spaun in Wien.

Bemerkungen: Das Autograph ist am oberen Rande stark beschnitten, und das Datum, das jedenfalls da war, ist nicht mehr zu erkennen. Das Gedicht steht im »Taschenbuch zum geselligen Vergnügen auf das Jahr 1822«, und da die Schriftzüge nicht dagegen sprachen, wurde das Lied hier eingereiht.

S. 2, letzter Takt, weicht auch im Autograph von dem drei Takte früher stehenden etwas ab.

Nr. 403. Nachtviolen.

Vorlage: Die Abschrift bei Witteczek.

Nr. 404. Aus Heliopolis. I.

Vorlage: Die Originalausgabe. Siehe Nr. 268.

Nr. 405. Aus Heliopolis. II.

Vorlage: Das Autograph im Besitze der königl. Bibliothek in Berlin; in einem Heft mit Nr. 406 und 407. Alles Reinschrift.

Bemerkung: Auffallend ist, dass S. 2, Takt 8 und 9 der Singstimme mit Takt 4 und 5 nicht übereinstimmen. Das Autograph verräth, dass Schubert im 8. Takt als zweite Note ursprünglich *es* geschrieben hatte, wie im 4. und 5. Takt, dieses aber bald durchstrich und *g* dafür setzte; der 9. Takt hatte als zweite Note von allem Anfang an *g*, ohne alle Correctur. Demnach ist es schwer anzunehmen, dass Schubert's Correctur im 8. Takt ein Versehen war. Andererseits ist es aber auch schwer, einen Grund für die nicht eben vortheilhafte Aenderung der schwungvollen Melodie zu finden. Vielleicht lag der ersten Ausgabe dieses Liedes (Nachlass, Lieferung 37), in der Takt 8 und 9 mit Takt 4 und 5 übereinstimmen, ein anderes Autograph zu Grunde; aber diese Ausgabe ist im Ganzen so unverlässlich, dass sie in zweifelhaften Fällen am allerwenigsten zu Rathe gezogen werden kann.

Nr. 406. Selige Welt.

Vorlagen: 1. Das Autograph im Besitze der königl. Bibliothek in Berlin. Siehe Nr. 405.

2. Die Originalausgabe. Sie erschien im August 1823 bei Sauer und Leidesdorf in Wien unter dem Titel: »Die Liebe hat gelogen. Die selige Welt. Schwanengesang. Schatzgräbers Begehr. Vier Gedichte in Musick gesetzt für eine Singstimme mit Begleitung des Pianoforte von Franz Schubert. 23^t Werk.« Verlagsnummer 367.

Bemerkung: In der Originalausgabe steht die Singstimme im Violinschlüssel, im Autograph im Bassschlüssel. Vergl. Nr. 344.

Nr. 407. Schwanengesang.

Vorlagen: 1. Das Autograph im Besitze der königl. Bibliothek in Berlin. Siehe Nr. 405.

2. Die Originalausgabe. Siehe Nr. 406.

Bemerkungen: Zur Charakterisirung der Originalausgaben Schubert'scher Lieder sei bemerkt, dass der siebente Takt dieses Liedes in der Originalausgabe folgende Orthographie aufweisst:

S. 3, Z. 3, Takt 2 lautet das zweite Viertel der rechten Hand der Begleitung in beiden Vorlagen: . Mit Rücksicht darauf, dass Schubert auf einen reinen Satz in der Clavierbegleitung stets grossen Werth legte, wurde ein Schreibfehler angenommen, der auch in die Originalausgabe überging.

Nr. 408. Die Rose.

Vorlagen. Zu Nr. 408a: 1. Die Originalausgabe. Sie erschien im Mai 1827 bei Ant. Diabelli und Comp. in Wien unter dem Titel: »Die Rose Gedicht von Fried. Schlegel. In Musik gesetzt für eine Singstimme mit Begleitung des Pianoforte von Franz Schubert. 73tes Werk.« Verlagsnummer 2490.

2. Die erste Ausgabe. Sie erschien als Beilage zur »Wiener Zeitschrift für Kunst, Literatur, Theater und Mode« vom 7. Mai 1822.

Diese Ausgaben stimmen mit einander überein.

Zu Nr. 408b: 1. Das Autograph im Besitze von Hofrath Spaun in Wien.

?. Das Autograph im Besitze von Dr. Max Friedländer in Berlin. In diesem rührt nur die Clavierpartie von Schubert's Hand her; die Singstimme steht im Tenorschlüssel und ist von fremder Hand geschrieben.

Sonst stimmen die Autographe mit einander überein.

Nr. 409. Du liebst mich nicht.

Vorlagen. **Zu Nr. 409 a:** Das Autograph im Besitze des Benedictiner-Stiftes zu Kremsmünster.

Zu Nr. 409 b: Die Originalausgabe. Sie erschien im September 1826 bei Sauer und Leidesdorf in Wien unter dem Titel: »Vier Gedichte, von Rückert und Graf Platen in Musik gesetzt für eine Singstimme mit Begleitung des Pianoforte von Franz Schubert. op. . . .« Verlagsnummer 932.

Nr. 410. Die Liebe hat gelogen.

Vorlage: Die Originalausgabe. Siehe Nr. 406.

Nr. 411. Todesmusik.

Vorlage: Die erste Ausgabe. Sie erschien im Jahre 1829 bei M. J. Leidesdorf in Wien unter dem Titel: »Uiber Wildemann von Ernst Schulze. Erinnerung von Kosegarten. Todeskuss von Schober. In Musik gesetzt für Gesang mit Begleitung des Pianoforte von Franz Schubert. op. 108.« Verlagsnummer 1102.

Bemerkung: In der Vorlage lautet S. 5, Z. 4, Takt 1 die dritte Note der Singstimme *g*; es wurde ein Stichfehler angenommen.

Nr. 412. Schatzgräbers Begehr.

Vorlage: Die Originalausgabe. Siehe Nr. 406.

Bemerkung: Die Vorlage ist ziemlich unverlässlich. Die meisten Fehler konnten ohne weiteres beseitigt werden. Das Fehlen der Terz im Schlussaccord schien nicht dazu zu gehören.

Nr. 413. Schwestergruss.

Vorlage: Das Autograph im Besitze von Nic. Dumba in Wien.

Nr. 414. An die Leyer.

Nr. 415. Im Haine.

Vorlage: Die Originalausgabe. Sie erschien im April 1826 bei A. Pennauer in Wien unter dem Titel: »Willkommen und Abschied, Gedicht von Goethe. An die Leyer (nach Anacreon), Im Haine, Gedichte von Bruchmann. In Musik gesetzt für eine Singstimme mit Begleitung des Pianoforte und gewidmet Herrn Carl Pinterics von seinem Freunde Franz Schubert. 56tes Werk. NB. Mit unterlegtem italienischem Texte.« Zwei Hefte. Verlagsnummern 258 und 259.

Nr. 416. Der Musensohn.

Vorlagen. **Zu Nr. 416a:** Das Autograph im Besitze der königl. Bibliothek in Berlin; in einem Hefte mit Nr. 417, 418 und 419 a.

Zu Nr. 416b: Die Originalausgabe. Siehe Nr. 174 d.

Nr. 417. An die Entfernte.

Nr. 418. Am Flusse.

Vorlage: Das Autograph im Besitze der königl. Bibliothek in Berlin. Siehe Nr. 416 a.

Nr. 419. Willkommen und Abschied.

Vorlagen. **Zu Nr. 419a:** Das Autograph im Besitze der königl. Bibliothek in Berlin. Siehe Nr. 416 a.

Zu Nr. 419b: Die Originalausgabe. Siehe Nr. 414.

Nr. 420. Wanderers Nachtlied.

Vorlagen: 1. Die Originalausgabe. Sie erschien im Sommer 1828 unter dem Titel: »Die Sterne von Leitner. Jaegers Liebeslied von Schober. Wanderers Nachtlied von Göthe. und Fischerweise von Schlechta. in Musik gesetzt für eine Singstimme mit Begleitung des Piano-Forte und Ihrer fürstl. Gnaden der Frau Fürstin von Kinsky, geb. Freyin von Kerpen, Sternkreuz Ordens Dame, Dame du Palais Ihrer Majestät der Kaiserin und Oberhofmeisterin Ihrer k. k. Hoheit der Durchlauchtigsten Frau Erzherzogin Sophie in tiefester Ehrfurcht geweiht von Franz Schubert.« Ohne Angabe eines Verlegers und Ortes, ohne Verlagsnummer, ohne Opus-Zahl.

2. Die im December 1828 bei H. A. Probst in Leipzig erschienene Ausgabe, deren Titel lautet: »Vier Lieder: Im Frühling von E. Schulze, Trost im Liede von Schober, Der blinde Knabe von Craigher, Wanderers Nachtlied: »Ueber allen Gipfeln ist Ruh« von Göthe, mit Begleitung des Pianoforte in Musik gesetzt von Franz Schubert. op. . . .« Verlagsnummer 431.

3. Die erste Ausgabe. Sie erschien als Beilage zur »Wiener Zeitschrift für Kunst, Literatur, Theater und Mode« vom 23. Juni 1827, zusammen mit Nr. 313.

Bemerkungen: Die Vorlagen 2 und 3 stimmen mit einander überein und weichen nur wenig von der Originalausgabe ab. Im Gegensatz zu dieser haben sie die in Klammern gesetzten Mordente und verstärken das dritte und vierte Viertel des Basses im vierten Takt durch die untere Octave.

Nr. 421. Der zürnende Barde.

Vorlagen: 1. Die erste Ausgabe; Nachlass, Lieferung 9. Verlagsnummer 3706.

2. Die Abschrift bei Witteczek.

Bemerkung: Aus der zweiten Vorlage ergiebt es sich, dass das Lied für eine Bassstimme geschrieben ist. Die erste Ausgabe hat die Singstimme im Violinschlüssel. S. 2, Z. 4, Takt 4 und S. 2, Z. 5, Takt 5 stehen in beiden Vorlagen so.

Nr. 422. Am See.

Vorlage: Die erste Ausgabe; Nachlass, Lieferung 9. Verlagsnummer 3706.

Nr. 423.   Viola.

Vorlagen: 1. Das Autograph im Besitze von Dr. Max Friedländer in Berlin. Es ist allem Anscheine nach eine Abschrift von Schubert's Hand. Von S. 9, Takt 2 bis S. 14, Takt 3 ist der Text von fremder Hand geschrieben.

2. Die erste Ausgabe. Sie erschien im November 1830 bei A. Pennauer in Wien unter dem Titel: »Viola, Gedicht von Schober. In Musik gesetzt für eine Singstimme mit Pianoforte-Begleitung von Franz Schubert. 123tes Werk.« Verlagsnummer 484.

Bemerkung: Der ersten Ausgabe lag wahrscheinlich ein anderes, früheres Autograph zu Grunde. Aus der Zahl der kleinen Abweichungen von dem für unsere Ausgabe massgebenden Autograph seien hervorgehoben: S. 5, Z. 2 »Etwas geschwinder«; S. 9,

Takt 1 »Geschwinder«; S. 6, Z. 4, Takt 3 rechte Hand der Begleitung:

u. s. w., aber nur an dieser Stelle so; S. 8, Z. 2, Takt 7, Singstimme:

S. 11, Z. 2, Takt 2, rechte Hand der Begleitung: kein ♭ vor *d*. Dieser Takt steht (mit den drei vorhergehenden und dem ihm nachfolgenden Takte) in Friedländer's Autograph zweimal. Schubert hatte in der Eile des Schreibens eine Seite übersprungen; er strich dann diese fünf Takte durch und setzte sie auf die richtige Seite. Beide mal schreibt er in dem erwähnten Takt deutlich ♭ vor *d*. Die Tempobezeichnungen S. 8, Takt 1 und S. 16, Takt 1 und Z. 3, Takt 4 fehlen.

S. 15, Takt 1 wurde die Takt- und die Tempobezeichnung aus der ersten Ausgabe herübergenommen. Sie fehlen im Autograph. Ob der C-Takt S. 16, Takt 1 oder erst S. 16, Z. 3, Takt 4 wieder eintreten soll, ist aus den Vorlagen nicht zu ersehen.

S. 2, Z. 3, Takt 2 lautet der Text im Autograph: »immer zu«. Hier wurde in Uebereinstimmung mit Schober's Gedichten der ersten Ausgabe der Vorzug gegeben. S. 11, Z. 2 steht in beiden Vorlagen »Nahender sich zeigt«; des Reimes wegen wurde Schober's Text wieder hergestellt. S. 16, Takt 4 lautet der Text in der ersten Ausgabe: »das liebe Kind«, im Autograph wie in Schober's Gedichten »das liebe Herz«.

Nr. 424.   Drang in die Ferne.

Vorlagen: 1. Die Originalausgabe. Sie erschien im Februar 1827 bei A. Diabelli und Comp. in Wien unter dem Titel: »Drang in die Ferne. Gedicht von Carl Gottfried v. Leitner. In Musik gesetzt für eine Singstimme mit Begleitung des Piano-Forte von Franz Schubert. 71tes Werk.« Verlagsnummer 2486.

2. Die erste Ausgabe. Sie erschien als Beilage zur »Wiener Zeitschrift für Kunst, Literatur, Theater und Mode« vom 25. März 1823.

Bemerkungen: Die Originalausgabe hat alle in der Clavierbegleitung vorkommenden Vortragszeichen auch in die Singstimme gesetzt. Das geschah gewiss ohne Wissen Schubert's, der in die Singstimme nur äusserst selten Vortragszeichen schrieb, und es dem Sänger überliess, an der Hand des Textes das Richtige zu treffen. So verschwenderisch er sonst in den Vortragszeichen ist, bei Einzelgesängen (auch in den Opern und Kirchenmusikwerken) wahrt Schubert immer die künstlerische Freiheit des Ausführenden. Es wurde daher der ersten Ausgabe, die auch sonst sorgfältiger ist als die Originalausgabe, der Vorzug gegeben.

S. 2, Z. 2, Takt 3 weicht die Melodie in beiden Vorlagen von S. 1, Z. 2, Takt 3 etwas ab. Das kann aber auch ein Stichfehler oder ein Schreibversehen Schubert's sein.

Nr. 425. Der Zwerg.

Nr. 426. Wehmuth.

Vorlage: Die Originalausgabe. Sie erschien im Mai 1823 bei Sauer und Leidesdorf in Wien unter dem Titel: »Der Zwerg und Wehmuth. Zwey Gedichte in Musick gesetzt für eine Singstimme mit Begleitung des Pianoforte und dem Verfasser derselben
Herrn Matthäus Edlen von Collin gewidmet von Franz Schubert. op. 22. Diese Gesänge
sind auch mit Begleitung der Guitarre zu haben.« Verlagsnummer 337.

Bemerkungen. Zu Nr. 425: Einige Ergänzungen wurden, da die Vorlage nicht
sehr verlässlich ist, so weit sie selbstverständlich waren, in Klammern gesetzt. Ob in der
Singstimme S. 6, Z. 5, Takt 3 die letzte Note (*c*) und S. 7, Takt 1 die erste Note (*f*) Druckfehler sind, dürfte schwer zu entscheiden sein. Auffallend ist, dass S. 7, Takt 1 die zweite
Note der Singstimme von der Clavierbegleitung unterstützt wird, was in den vorhergehenden 7 Parallelstellen kein einziges mal vorkommt. Dies verleitet zur Annahme, dass
kein Druckfehler vorliegt. Auch die erste Note der Singstimme S. 7, Takt 3 scheint dafür
zu sprechen.

Nr. 427. Lied.

Vorlagen: 1. Das Autograph im Besitze von Nic. Dumba in Wien. Es fehlen die
letzten 4 Takte. Das Autograph hat das Datum und kann, dem Aeusseren nach, die erste
Niederschrift sein.

2. Die autographe Singstimme im Besitze von Dr. Max Friedländer in Berlin. Hier
steht das Lied in *As*. Von der Clavierbegleitung ist nur das Vorspiel da. Das Blatt ist
sehr sauber und schön geschrieben und war offenbar für den Sänger bestimmt.

3. Die Abschrift bei Witteczek.

Bemerkung: Nottebohm giebt August 1815 als Compositionsdatum dieses Liedes
an. Das ist wahrscheinlich ein Irrthum. Die im August 1815 componirten Lieder von
Stolberg (Nr. 126 und 133) stehen ihrem Charakter nach diesem Liede ganz fern, und die
Nähe von Nr. 428 ist eher zu begreifen.

Nr. 428. Auf dem Wasser zu singen.

Vorlagen: 1. Die Originalausgabe. Sie erschien im Februar 1827 bei Anton Dia-
belli und Comp. in Wien unter dem Titel: »Auf dem Wasser zu singen. Gedicht von
Leopold Grafen zu Stollberg. In Musik gesetzt für eine Singstimme mit Begleitung des
Pianoforte von Franz Schubert. 72tes Werk.« Verlagsnummer 2487.

2. Die erste Ausgabe. Sie erschien als Beilage zur »Wiener Zeitschrift für Kunst,
Literatur, Theater und Mode« vom 30. December 1823.

Bemerkung: Ueber die beiden Vorlagen gilt dasselbe, was über die Vorlagen zu
Nr. 424 bemerkt worden ist.

Nr. 429. Pilgerweise.

Vorlage: Das Autograph im Besitze von Nic. Dumba in Wien.

Nr. 430. Vergissmeinnicht.

Vorlagen: 1. Die Abschrift bei Witteczek.

2. Die erste Ausgabe; Nachlass, Lieferung 21. Verlagsnummer 4269.

Bemerkungen: S. 11, Takt 5 ist in beiden Vorlagen so. S. 12 ist die erste Note der Singstimme in der Abschrift *cis*, nicht *h*; wenn man geneigt ist, darin mehr als einen Schreibfehler zu sehen, dann muss man daran denken, dass die Begleitung von dieser ausdrucksvollen Aenderung der Melodie nichts wissen will.

Nr. 431. Das Geheimniss.

Vorlage: Das Autograph im Besitze von A. Cranz in Wien; in einem Heft mit Nr. 432.

Bemerkungen: Das Autograph weist gegen das Ende hin immer flüchtigere Schriftzüge auf; in der Eile schreibt Schubert S. 5, Z. 2, Takt 2 die oberste Note der Clavierbegleitung *d* (statt *e*). Nach Analogie der anderen Strophen wurde der Nonenaccord wiederhergestellt. Aber alle anderen feinen Abweichungen der Strophen von einander wurden beibehalten. Zu ihnen zählt wohl auch, dass S. 3, Z. 5, Takt 2 im Bass kein ♭ vor *e* steht.

Nr. 432. Der Pilgrim.

Vorlagen: 1. Das Autograph im Besitze von A. Cranz in Wien.   Siehe Nr. 431. Es ist nicht vollständig erhalten; nach S. 5, Z. 2, Takt 2 bricht es ab.

2. Die Originalausgabe. Siehe Nr. 332.

Bemerkungen: Das Autograph hat das Lied in *E* dur, die Originalausgabe in *D* dur. Durch dieses Transponiren, das wohl nur dem Verleger zu lieb geschah, hat die Stelle S. 5, Takt 4 und 5 am meisten gelitten; denn da die damaligen Claviere das Contra-*Es* nicht hatten, lautet in diesen Takten der Bass der Clavierbegleitung in der Originalausgabe:

und bleibt dann bis zum Eintritte des ³/₄-Takts eine Octave höher, als er urprünglich gedacht ist. Sonst weist die Originalausgabe dem Autograph gegenüber, das sich als die erste Niederschrift des Liedes zeigt, manche Verbesserung und Ausfeilung des Einzelnen in der Clavierbegleitung auf, die berücksichtigt werden musste.

Nr. 433—452. Die schöne Müllerin.

Vorlagen: 1. Die Originalausgabe. Sie erschien im März 1824 bei Sauer und Leidesdorf in Wien unter dem Titel: »Die schöne Müllerin, ein Cyclus von Liedern gedichtet von Wilhelm Müller. In Musik gesetzt für eine Singstimme mit Pianoforte-Begleitung dem Carl Freyherrn von Schönstein gewidmet von Franz Schubert. 25. Werk.« In fünf Heften. Verlagsnummern 502, 503, 651, 653 und 654.

2. Das Autograph von Nr. 447 (Eifersucht und Stolz) im Besitze von Victor Graf Wimpffen in Kainberg bei Graz.

Bemerkungen: Die Originalausgabe ist sehr fehlerhaft; und liessen sich auch viele ihrer Fehler als Druckfehler leicht beseitigen, so blieben doch noch viele Stellen zweifelhaft. Das Erwähnenswerthe ist im Folgenden zusammengefasst.

Zu **Nr. 433. Das Wandern**: Bei W. Müller lautet der Titel dieses Liedes: »Wanderschaft«. In der dritten Strophe hat Schubert Müller's Vers »Die sich mein Tag nicht müde drehn« vielleicht nur unwillkürlich so geändert, dass er besser klingt. Die ⌢ im vierten Takt ist, wie so oft bei Schubert, wohl nur als Schlusszeichen und nicht als immer wiederkehrende Haltung aufzufassen.

Zu **Nr. 436. Danksagung an den Bach**: S. 2, Z. 4, Takt 3 fehlt in der Vorlage die zweite Vorschlagsnote (*g* vor *fis*); es wurde ein Druckfehler angenommen. Vergl. S. 1, Z. 2, Takt 3.

Zu **Nr. 437. Am Feierabend**: S. 4, Z. 3, Takt 3 ist die zweite Note der Singstimme in der Vorlage *d*. Auch hier wurde ein Druckfehler angenommen.

Zu **Nr. 438. Der Neugierige**: Diesem Liede folgt in W. Müller's Cyclus ein Lied, das Schubert nicht componirt hat. Es lautet:

Das Mühlenleben.

Seh' ich sie am Bache sitzen,
Wenn sie Fliegennetze strickt,
Oder Sonntags für die Fenster
Frische Wiesenblumen pflückt;

Seh' ich sie zum Garten wandeln,
Mit dem Körbchen in der Hand,
Nach den ersten Beeren spähen
An der grünen Dornenwand:

Dann wird's eng' in meiner Mühle,
Alle Mauern ziehn sich ein,
Und ich möchte flugs ein Fischer,
Jäger oder Gärtner sein.

Und der Steine lustig Pfeifen,
Und des Wasserrads Gebraus,
Und der Werke emsig Klappern,
's jagt mich fast zum Thor hinaus.

Aber wenn in guter Stunde
Plaudernd sie zum Burschen tritt,
Und als kluges Kind des Hauses
Seitwärts nach dem Rechten sieht,

Und verständig lobt den einen,
Dass der andre merken mag,
Wie er's besser treiben solle,
Geht er ihrem Danke nach —

Keiner fühlt sich recht getroffen,
Und doch schiesst sie nimmer fehl;
Jeder muss von Schonung sagen,
Und doch hat sie keinen Hehl.

Keiner wünscht, sie möchte gehen,
Steht sie auch als Herrin da,
Und fast wie das Auge Gottes
Ist ihr Bild uns immer nah:

Ei, da mag das Mühlenleben
Wohl des Liedes würdig sein,
Und die Räder, Stein' und Stampfen
Stimmen als Begleitung ein.

Alles geht in schönem Tanze
Auf und ab, und ein und aus:
Gott gesegne mir das Handwerk
Und des guten Meisters Haus!

Zu **Nr. 441. Des Müllers Blumen**: In der Vorlage fehlt jeder Anhaltspunkt dafür, ob das Vorspiel auch als Nachspiel zu dienen hat.

Zu **Nr. 443. Mein**: S. 4, Z. 2, Takt 1 fehlt in der Vorlage das ♮ vor *c*.

Zu **Nr. 444. Pause**: S. 3, Takt 1 weicht die Clavierbegleitung auch in der Vorlage von S. 2, Z. 5, Takt 1 ab.

Zu **Nr. 445. Mit dem grünen Lautenbande**: Im zweiten Takt des Vorspiels steht in der Vorlage: [notation] hier wurde angenommen, dass der Zweiunddreissigstel-Balken aus Versehen, oder weil er undeutlich geschrieben war, in eine Note verwandelt wurde. Auch bei diesem Liede bleibt es zweifelhaft, ob das Vorspiel nicht auch als Nachspiel zu dienen hat.

Zu **Nr. 447. Eifersucht und Stolz**: Die Partie der rechten Hand in der Clavierbegleitung S. 3, Z. 2, Takt 2 sieht im Autograph so aus: [notation], womit angedeutet ist, das die zweite Hälfte des vorhergehenden Taktes zweimal wiederholt werden soll; denn für die Wiederholung des ganzen vorhergehenden Taktes setzt Schubert bloss ein ⸪ in den Takt. S. 4, Z. 3, Takt 4 lautet die Singstimme im Autograph:

nach dem gros-sen

S. 5, Z. 2, Takt 5 und Z. 4, Takt 1 lauten im Antograph:

Diesem Liede folgt in W. Müller's Cyclus ein Lied, das Schubert nicht componirt hat. Es lautet:

Erster Schmerz, letzter Scherz.

Nun sitz' am Bache nieder
Mit deinem hellen Rohr,
Und blas' den lieben Kindern
Die schönen Lieder vor.

Die Lust ist ja verrauschet,
Das Leid hat immer Zeit;
Nun singe neue Lieder
Von alter Seligkeit.

Noch blühn die alten Blumen,
Noch rauscht der alte Bach,
Es scheint die liebe Sonne
Noch wie am ersten Tag.

Die Fensterscheiben glänzen
Im klaren Sonnenschein,
Und hinter den Fensterscheiben
Da sitzt die Liebste mein.

Ein Jäger, ein grüner Jäger,
Der liegt in ihrem Arm —
Ei, Bach, wie lustig du rauschest!
Ei, Sonne, wie scheinst du so warm!

Ich will einen Strauss dir pflücken,
Herzliebste, von buntem Klee,
Den sollst du mir stellen ans Fenster,
Damit ich den Jäger nicht seh'.

Ich will mit Rosenblättern
Den Mühlensteg bestreun;
Der Steg hat mich getragen
Zu dir, Herzliebste mein!

Und wenn der stolze Jäger
Ein Blättchen mir zertritt,
Dann stürz', o Steg, zusammen
Und nimm den Grünen mit,

Und trag ihn auf dem Rücken
Ins Meer, mit gutem Wind,
Nach einer fernen Insel,
Wo keine Mädchen sind.

Herzliebste, das Vergessen,
Es kommt dir ja nicht schwer —
Willst du den Müller wieder?
Vergisst dich nimmermehr.

Zu Nr. 449. Die böse Farbe: S. 4, Z. 3, Takt 1 fehlt in der Vorlage das ♯ vor *d.* S. 5, Z. 2, Takt 1 beginnt in der Vorlage mit dem Terzquartaccord auf *e.* Beide Fälle wurden zu den Stichfehlern gerechnet.

Auch diesem Liede folgt in W. Müller's Cyclus ein Lied, das Schubert nicht componirt hat. Es lautet:

Blümlein Vergissmein.

Was treibt mich jeden Morgen
So tief ins Holz hinein?
Was frommt mir, mich zu bergen
Im unbelauschten Hain?

Es blüht auf allen Fluren
Blümlein Vergissmeinnicht,
Es schaut vom heitern Himmel
Herab in blauem Licht.

Und soll ich's niedertreten,
Bebt mir der Fuss zurück,
Es fleht aus jedem Kelche
Ein wohlbekannter Blick.

Weisst du, in welchem Garten
Blümlein Vergissmein steht?
Das Blümlein muss ich suchen,
Wie auch die Strasse geht.

's ist nicht für Mädchenbusen,
So schön sieht es nicht aus;
Schwarz, schwarz ist seine Farbe,
Es passt in keinen Strauss;

Hat keine grünen Blätter,
Hat keinen Blüthenduft,
Es windet sich am Boden
In mächtig dumpfer Luft;

Wächst auch an einem Ufer,
Doch unten fliesst kein Bach,
Und willst das Blümlein pflücken,
Dich zieht der Abgrund nach:

Das ist der rechte Garten,
Ein schwarzer, schwarzer Flor,
Darauf magst du dich betten —
Schleuss zu das Gartenthor!

Zu Nr. 451. Der Müller und der Bach: S. 3, Z. 3, Takt 3 steht auch in der Vorlage kein ♯ vor *c*. Wahrscheinlich ist das auch bloss ein Stichfehler.

Zu Nr. 452. Des Baches Wiegenlied: Der Rhythmus der beiden äusseren Stimmen der (vierstimmigen) Clavierbegleitung ist fast durch das ganze Lied | ♩ ♩ | ♩ ♩ |. In der Vorlage stehen im 2., 4., 6. und 8. Takt Legato-Bogen, die die halben Noten mit einander zu verbinden scheinen. Diese wurden auf die Mittelstimmen bezogen, da Schubert in diesen Takten in den Aussenstimmen g a n z e Noten geschrieben hätte, wenn er ihnen den Rhythmus | ♩ ♩ | 𝅗𝅥 | hätte geben wollen. Dass von je vier rhythmisch zusammengehörigen Halben immer nur die drei ersten ein ⌣ haben, ist eine Vortragsfeinheit, die in der Natur dieses Rhythmus liegt; denn die vierte Halbe hat von Haus aus eine schwächere Betonung.

Zum Liedercyclus »Die schöne Müllerin« hat W. Müller auch einen Prolog und einen Epilog gedichtet; diese hängen aber nur äusserlich mit dem Inhalte des Ganzen zusammen und können hier entbehrt werden.

Nr. 453. Dass sie hier gewesen.

Nr. 454. Du bist die Ruh.

Nr. 455. Lachen und Weinen.

Vorlage: Die Originalausgabe. Siehe Nr. 409 b.

Bemerkungen. Zu Nr. 454: S. 4, Z. 3, Takt 5 u. ff. lautet die Singstimme in

der Vorlage:  Die ersten nach der Originalausgabe ge-

dei - nem Glanz al - lein

machten Ausgaben dieses berühmten Liedes haben an dieser Stelle Stichfehler angenommen und die ganze Stelle so gestaltet, wie sie S. 4, Z. 1 steht. Neuere Ausgaben haben die Stelle nach der Originalausgabe wiederhergestellt, weil sie in dieser Melodieänderung eine Erhöhung des Ausdrucks sahen. Das ♮ vor *f* (im dritten dieser Takte) liess namentlich das vorhergehende *fes* als eine besondere Absicht Schubert's erkennen. Aber dieses ♮ kann, wenn man im vorhergehenden *fes* einen Stichfehler annimmt, auch von einem übereiligen Corrector der Originalausgabe herrühren; und das *fes* (im ersten dieser Takte) steht an so hervorragender Stelle, dass gar nicht anzunehmen ist, dass Schubert eine so bedeutsame Melodieänderung ohne Unterstützung in der Begleitung gelassen hätte, am allerwenigsten in einem Satze, wie der vorliegende, wo die Melodie von Anfang bis zu Ende, Ton für Ton, von der Begleitung aufs kräftigste unterstützt und getragen wird. Die Annahme von Stichfehlern wurde daher als gerechtfertigt angesehen.

Zu Nr. 455: S. 3, Z. 2, Takt 1 lautet in der Vorlage der erste Accord der rechten Hand: ; es wurde ein Stichfehler angenommen, der aus der Analogie mit den zwei nächstfolgenden Accorden hervorging.

Nr. 456. Greisengesang.

Vorlage: Die Originalausgabe. Sie erschien im Juni 1826 bei Cappi und Czerny in Wien unter dem Titel: »Greisengesang aus den östlichen Rosen von F. Rückert und Dythyrambe von F. v. Schiller. In Musik gesetzt für eine Bassstimme mit Begleitung des Pianoforte von Franz Schubert. 60tes Werk.« Verlagsnummer 192.

Bemerkungen: Die ersten Drucke der Originalausgabe haben keine Tempobezeichnung. Diese steht erst in späteren Drucken, rührt aber allem Anscheine nach von Schubert her. Dagegen lassen die unschöne Behandlung der leichten Silben am Schlusse der beiden Strophen und das unbegründete *f* im vorletzten Takt des Nachspiels einen leisen Zweifel an der Treue der Originalausgabe aufkommen, der bei der Betrachtung von Nr. 457 nur noch gesteigert wird.

In den »gesammelten Gedichten« Rückert's (1836—1838) steht dieses Gedicht unter dem Titel: »Vom künftigen Alter« und hat noch folgende vier Verse:

Ich habe Wein und Rosen in jedem Lied,
Und habe solcher Lieder noch tausendfach.
Vom Abend bis zum Morgen und Nächte durch
Will ich dir singen Jugend und Liebesach.

Nr. 457. Dithyrambe.

Vorlagen: 1. Das Autograph im Besitze von Dr. Max Friedländer in Berlin.
2. Die Originalausgabe. Siehe Nr. 456.

Bemerkungen: Im Allgemeinen war das Autograph massgebend, und die nicht sehr verlässliche Originalausgabe wurde nur dort zu Rathe gezogen und befolgt, wo sie das in raschen und kühnen Zügen geschriebene Autograph, das auch kleine Flüchtigkeiten aufweist, wirklich ergänzte. Die Originalausgabe benutzt das Vor- (und Zwischen-) Spiel auch als Nachspiel, und vom Nachspiel des Autographs dann nur den letzten Takt. S. 2, Z. 3, Takt 3 hat sie in der Singstimme wie in der Begleitung *c* statt *his*, und im 4. Takt

des Vorspiels als erstes Achtel der rechten Hand

Im Autograph lautet die Singstimme S. 2 im letzten und S. 3 im ersten Takt:

der Herr-li - che,   fin - det sich ein.

aber das kleine Zwischenspiel darauf ist wie in der Originalausgabe. S. 3, Takt 3 fehlt im Autograph der Doppelschlag in der Singstimme; er steht nur in Takt 4. Die Vorschläge S. 3, Z. 3, Takt 1 und 4 sind im Autograph ausgeschrieben:

er - füllt   sich

Nr. 458. Der Sieg.

Vorlagen: 1. Das Autograph im Besitze von Vict. Graf Wimpffen in Kainberg; es enthält nur die letzten 11 Takte dieses Liedes, auf einem Blatte mit Nr. 459.
2. Die Abschrift bei Witteczek.

Nr. 459. Abendstern.

Vorlage: Das Autograph im Besitze von Vict. Graf Wimpffen in Kainberg. Siehe Nr. 458.

Nr. 460. Auflösung.

Vorlage: Das Autograph im Besitze von Frau Ida Conrat in Wien.

Nr. 461. Gondelfahrer.

Vorlage: Das Autograph im Besitze von A. Artaria in Wien.

Nr. 462. Glaube, Hoffnung und Liebe.

Vorlage: Die Originalausgabe. Sie erschien im October 1828 bei A. Diabelli und Comp. in Wien als Nr. 240 der Sammlung »Philomele« unter dem Titel: »Glaube, Hoffnung und Liebe. Gedicht von Christ. Kuffner, für eine Singstimme, mit Begleitung des Pianoforte, in Musik gesetzt von Franz Schubert. 97tes Werk.« Verlagsnummer 2905.

Bemerkungen: Wie alle Diabelli'schen Ausgaben Schubert'scher Werke musste auch diese mit Vorsicht aufgenommen werden. Einige Vortragzeichen, die die Singstimme in der Originalausgabe hat, konnten weggelassen werden, weil sie mit jenen in der Begleitung übereinstimmten. Vergl. Nr. 424. Ob der Mordent im vorletzten Takt der Singstimme von Schubert herrührt, bleibt zweifelhaft. Bei diesem Liede fehlt jeder Anhaltspunkt für die Zeitbestimmung.

Nr. 463. Im Abendroth.

Vorlage: Das Autograph im Besitze von Prof. Jul. Epstein in Wien; auf einem Bogen mit Nr. 468 b. Es ist eine Reinschrift und hat das Datum: Februar 1825.

Bemerkung: Das Autograph ist ausserordentlich sauber und mit grosser Liebe geschrieben. S. 3, Takt 2 und Z. 4, Takt 4 ist beim ersten Accord der rechten Hand sogar ausdrücklich angegeben, dass der Daumen beide Obertasten zu greifen hat.

Nr. 464. Lied eines Kriegers.

Vorlage: Die erste Ausgabe; Nachlass, Lieferung 35. Verlagsnummer 7413.

Bemerkungen: Die Singstimme steht in der Vorlage im Violinschlüssel. Nottebohm, der das Autograph sah, sagt, sie sei ursprünglich im Bassschlüssel geschrieben. S. 3, Z. 4, Takt 3 hat die Singstimme in der Vorlage ein ∾ auf der letzten Viertelnote. Das wurde als eine Zuthat des Verlegers betrachtet. Ob das Vorspiel nicht auch eine solche ist, mag dahingestellt bleiben; auffallend ist sein Auftreten vor der zweiten Strophe.

Nr. 465. Der Einsame.

Vorlagen. Zu Nr. 465 a: Die erste Ausgabe. Sie erschien als Beilage zur »Wiener Zeitschrift für Kunst, Literatur, Theater und Mode« vom 12. März 1825.

Zu Nr. 465 b: Die Originalausgabe. Sie erschien im Jahre 1826 bei Ant. Diabelli und Comp. in Wien unter dem Titel: »Der Einsame, Gedicht v. Carl Lappe. In Musik gesetzt für eine Singstimme mit Begleit. des Pianoforte von Franz Schubert, 41tes Werk.« Verlagsnummer 2251.

Nr. 466. Des Sängers Habe.

Vorlage: Das Autograph im Besitze von O. A. Schulz in Leipzig.

Nr. 467. Todtengräbers Heimwehe.

Vorlage: Das Autograph im Besitze von Nic. Dumba in Wien; in einem Heft mit Nr. 468 a.

Nr. 468.   Der blinde Knabe.

Vorlagen. Zu Nr. 468 a: Das Autograph (erste Niederschrift) im Besitze von Nic. Dumba in Wien; siehe Nr. 467.

Zu Nr. 468 b: 1. Das Autograph (Reinschrift) im Besitze von Prof. Jul. Epstein in Wien; siehe Nr. 463.

2. Die erste Ausgabe. Sie erschien als Beilage zur »Wiener Zeitschrift für Kunst, Literatur, Theater und Mode« vom 25. September 1827.

3. Die bei Nr. 420 erwähnte Ausgabe von Probst in Leipzig.

Bemerkungen: Die beiden eben genannten Ausgaben stimmen mit der autographen Reinschrift überein, bis auf das erste Viertel im vierten Takt, wo sie in der rechten Hand der Begleitung ⎼⎼⎼ haben. Das kann ein Druckfehler, aber auch eine ängstliche Correctur sein. In diesem Falle muss sie aber nicht von Schubert herrühren, den die zufälligen Quintenfolgen in beiden Autographen nicht gestört haben.

Bald nach Schubert's Tode erschien das Lied bei A. Diabelli und Comp. in Wien als op. 101; in dieser Ausgabe weist die Singstimme mehrere Verzierungen auf, die nicht von Schubert sind.

Nr. 469.   Die junge Nonne.
Nr. 470.   Nacht und Träume.

Vorlage: Die Originalausgabe. Sie erschien im Juli 1825 bei A. Pennauer in Wien unter dem Titel: »Die junge Nonne, Gedicht von Craigher. Nacht und Träume, Gedicht von Fr. Schiller. In Musik gesetzt für eine Singstimme mit Begleitung des Pianoforte von Franz Schubert 43tes Werk.« Verlagsnummer 136. Mit der Bemerkung: »Dieses Gesangstück ist auch mit Begleitung der Guitarre eingerichtet zu haben.«

Bemerkungen: Der Titel der Originalausgabe dürfte, wie die Titel der meisten Originalausgaben Schubert'scher Werke, die keine besondere Widmung tragen, vom Verleger herrühren. Denn es ist schwer anzunehmen, dass Schubert bei seiner umfassenden Literaturkenntnis sich in der Bezeichnung eines Dichters irrt, den er so gerne liest, wie Schiller.

In Nr. 469, S. 4, Z. 3, Takt 1 und 2 hat die Vorlage in der rechten Hand der Begleitung:

Es wurde ein Stichfehler angenommen. Dass er viermal nebeneinander auftritt, ist durch das Ausstechen der Wiederholungszeichen ✗ ✗ ✗ zu erklären, deren sich Schubert in solchen Fällen fast immer bedient. Dass es aber wirklich ein Stichfehler ist, schien aus der Analogie mit S. 3, Takt 4 u. ff. unbedingt hervorzugehen; denn da die Partie S. 4, Takt 1 bis S. 5, Takt 5 eine Zusammenziehung der Partie S. 2, Z. 3, Takt 1 bis S. 3, Z. 3, Takt 6 ist, so müssen wohl die beiden Stellen analog gebaut sein. Es ist auch gar kein Grund vorhanden, das schöne harmonische Ebenmass dieser Stellen zu zerstören, und Fortschreitungen, wie sie so ganz von Schubert'scher Eigenart sind, zu verwischen. Schwerer zu entscheiden ist, ob die Originalausgabe, die S. 2, Z. 4, Takt 4 und S. 4, Z. 2, Takt 2 im sechsten Achtel des Basses jedesmal deutlich ♯ vor h hat, nicht auch hierin Stichfehler aufweist. Es ist jedenfalls auffallend, dass die Stichfehler genau an derselben Stelle wiederkehren sollten. Wenn sie trotzdem als solche angenommen wurden, so war dafür hauptsächlich der Umstand bestimmend, dass die Singstimme in der Nachahmung des Basses an beiden Stellen deutlich ein ♮ vor h hat und es durchaus nicht in der gesunden Empfindungsweise Schubert's liegt, ein Motiv bei der Nachahmung im melodischen Ausdruck gemildert auftreten zu lassen. Gilt dies schon für S. 3, so gilt es für S. 4, wo die rhythmische Zusammenziehung der ganzen Partie die Motive in Bass und Singstimme einander näher bringt, um so mehr. Auch die Analogie mit S. 2, Takt 1, 5 und 8 und S. 4, Takt 1 spricht dafür. Mit S. 2, Z. 3, Takt 5, dann mit S. 3, Takt 4 und den entsprechenden Takten auf S. 4 kann aber keine Analogie herrschen, weil es sich an diesen Stellen nicht um den Dreiklang, sondern um den Sextaccord handelt.

Nr. 471. Ellens Gesang I.

Nr. 472. Ellens Gesang II.

Nr. 473. Normans Sang.

Nr. 474. Ellens Gesang III.

Nr. 475. Lied des gefangenen Jägers.

Vorlage: Die Originalausgabe. Sie erschien im April 1826 im Verlage von Math. Artaria in Wien unter dem Titel: »Sieben Gesänge aus Walter Scott's Fräulein vom See in Musik gesetzt mit Begleitung des Pianoforte und der Hochgebornen Frau Frau Sophie Gräfin v. Weissenwolf geborne Gräfin v. Breunner hochachtungsvoll gewidmet von Franz Schubert op. 52.« In zwei Heften. Verlagsnummern 813 und 814.

Bemerkungen: Der dritte dieser sieben Gesänge steht in unserer Ausgabe in Serie 16, Nr. 10; der vierte in Serie 18, Nr. 1.

Der Verleger der Originalausgabe hat sich alle Mühe gegeben, dieselbe auch Engländern zugänglich zu machen, und hat unter Schubert's Weisen zuerst den englischen, dann den deutschen Text stechen lassen. Da aber die deutsche Übersetzung, die Schubert benutzte, sich nicht streng an das Versmass des englischen Originals hielt, so ist der Versuch ziemlich kläglich ausgefallen, ja bei Nr. 473 ging er gar nicht, daher hat dieses Stück in der Originalausgabe keinen englischen Text, und bei Nr. 475 ging er nur so mühsam, dass eine besondere englische Ausgabe gemacht werden musste. Bei den anderen Stücken sind durch das Ineinandergreifen der verschiedenen Versmasse in der Partie der Singstimme so schwerfällige graphische Bilder entstanden, dass sich der für den deutschen Text bestimmte Rhythmus der Melodie nur mühsam und nicht immer mit unbedingter Sicherheit herausschälen liess.

Nr. 476. Im Walde.

Nr. 477. Auf der Bruck.

Vorlage: Die Originalausgabe. Sie erschien im Mai 1828 bei J. A. Kienreich in Graz (lithographirt) unter dem Titel: »Im Walde und auf der Brücke. Zwei Gedichte von Ernst Schulze in Musik gesetzt für eine Singstimme und Pianoforte-Begleitung von Franz Schubert während seiner Anwesenheit in Gratz. Op. 90.« Ohne Verlagsnummer.

Bemerkungen: In Schulze's »Poetischem Tagebuch« lauten die Titel der Gedichte: »Im Walde hinter Falkenhagen. Den 22. Julius 1814.« und »Auf der Bruck. Den 25. Julius 1814.« Falkenhagen ist, wie die Bruck, ein Ort bei Göttingen.

Nr. 478. Das Heimweh.

Vorlagen: 1. Das Autograph im Besitze der königl. Bibliothek in Berlin. Es zeigt beide Bearbeitungen.

2. Die Originalausgabe. Sie erschien im Mai 1827 bei Tobias Haslinger in Wien unter dem Titel: »Das Heimweh. Die Allmacht. Gedichte von Joh. Ladislaus Pyrker. In Musik gesetzt für eine Singstimme mit Begleitung des Piano-Forte und Sr. Excellenz dem

hochgebornen und hochwürdigsten Herrn Herrn Johann Ladislaus Pyrker von Felsö-Eör, Patriarchen von Venedig, Primas von Dalmatien, Grosdignitar und Kroncaplan des Lombardisch-Venetianischen Königreiches, Sr. k. k. Majestät wirklichen geheimen Rathe & & in tiefer Ehrfurcht gewidmet von Franz Schubert. 79tes Werk.« Verlagsnummer 5027.

Bemerkungen: In der Originalausgabe steht das Stück in *G*-moll; aber aus dem Autograph ist ersichtlich, dass beide Bearbeitungen von Schubert in *A*-moll geschrieben wurden. Die Tempobezeichnung zu Anfang lautete ursprünglich »Etwas geschwind« und beim Eintritt des ³/₄-Takts »Nicht zu geschwind«.

Nr. 479. Die Allmacht.

Vorlage: Die Originalausgabe. Siehe Nr. 478.

Nr. 480. Fülle der Liebe.

Nr. 481. Wiedersehn.

Vorlage: Das Autograph im Besitze der königl. Bibliothek in Berlin. Beide Lieder auf einem Bogen.

Bemerkungen. Zu Nr. 480: Die Tempobezeichnung war ursprünglich »Etwas geschwind«. S. 3, Z. 4, Takt 5 ist die Vorschlagsnote im Autograph deutlich *f*.

Zu Nr. 481: Das Autograph hat nur eine Strophe, aber beide Wiederholungszeichen.

Nr. 482. Abendlied für die Entfernte.

Vorlage: Die Originalausgabe. Siehe Nr. 314 b.

Bemerkungen: Schubert hat die dritte Strophe des Gedichtes nicht componirt. Sie lautet:

Und rief' auch die Vernunft mir zu:	Doch könnt' ich nicht die Schmeichlerin
Du musst der Ahndung zürnen,	Aus meinem Busen jagen:
Es wohnt entzückte Seelenruh	Oft hat sie meinen irren Sinn
Nur über den Gestirnen;	Gestärkt empor getragen.

Der letzte Vers der vierten Strophe lautet bei Schlegel:

Wärst dann du Menschenleben!

Nr. 483 u. 484. Zwei Scenen aus dem Schauspiele »Lacrimas«.

Vorlage: Die erste Ausgabe. Sie erschien im October 1829 bei A. Pennauer in Wien unter dem Titel: »Zwey Scenen aus dem Schauspiele: Lacrimas von A. W. Schlegel. In Musik gesetzt für eine Singstimme mit Begleitung des Pianoforte von Franz Schubert. 124tes Werk.« Verlagsnummer 453.

Bemerkungen: Das Schütz'sche Schauspiel ist ohne Angabe des Dichters von A. W. Schlegel herausgegeben worden; dadurch erklärt sich der Irrthum auf dem Titelblatte unserer Vorlage. In dieser steht auch, im Gegensatz zum Schauspiel, zuerst die Scene der Delphine, dann jene Florio's.

Zu Nr. 483: S. 2, Z. 3, Takt 3 und 4 lautet der Text bei Schütz:

Voller Gift in süssem Scherbet.

Zu Nr. 484: S. 6, Z. 2, Takt 2:

möcht' ich hell brennen,

und S. 7, Z. 5, Takt 1:

durch Treue.

Die Vorlage hat ziemlich viele Druckfehler. Zu ihnen wurde auch gezählt in Nr. 484, S. 8, Takt 1 zweite Viertelnote in der Singstimme *e*.

Nr. 485. An mein Herz.

Vorlage: Das Autograph im Besitze von A. Cranz in Wien.
Bemerkung: Der Titel rührt von Schubert her. In Schulze's »Poetischem Tagebuch« ist das Gedicht überschrieben: »Am 23. Januar 1816«.

Nr. 486. Der liebliche Stern.

Vorlagen: 1. Das Autograph im Besitze von A. Cranz in Wien. Es ist unvollständig; ihm fehlen die ersten 34 Takte.
2. Die erste Ausgabe; Nachlass, Lieferung 13. Verlagsnummer 4013.
Bemerkungen: Der Titel dürfte auch hier von Schubert herrühren. In Schulze's »Poetischem Tagebuch« ist das Gedicht überschrieben: »Am 28. April 1814«.

S. 5, Takt 1 hat Schubert, wohl nur im Drange des musikalischen Schaffens, »wogenden« statt »schwankenden Kahns« geschrieben.

Nr. 487. Tiefes Leid.

Vorlage: Das Autograph im Besitze von Dr. Max Friedländer in Berlin.
Bemerkungen: Im Autograph lautet der Titel wie in Schulze's »Poetischem Tagebuch«: »Am 17. Januar 1817«. Eine fremde Hand setzte »Tiefes Leid« hinzu. Da diese Aenderung wahrscheinlich auf Schubert selbst zurückgeht (siehe Nr. 485), so wurde sie beibehalten. Im siebenten Vers der ersten Strophe schreibt Schulze: »Doch mag ich«; Schubert's kräftigeres »will« erscheint durch den Eintritt der neuen Partie in der Musik begründet.

Nr. 488—491. Gesänge aus »Wilhelm Meister«.

Vorlagen: 1. Das Autograph im Besitze der königl. Privatbibliothek in Dresden. Es enthält nur die NNr. 488, 489 und 490. Aus der Platteneintheilung ist zu ersehen, dass dieses Autograph der Originalausgabe als Stichvorlage diente.
2. Die Originalausgabe. Sie erschien im März 1827 bei Anton Diabelli und Comp. in Wien unter dem Titel: »Gesänge aus Wilhelm Meister von Göthe mit Begleitung des Pianoforte. Nr. 1. Duett: Mignon und der Harfner (Nur wer die Sehnsucht kennt). Nr. 2. Lied der Mignon (Heiss mich nicht reden, heiss mich schweigen). Nr. 3. Lied der Mignon (So lasst mich scheinen, bis ich werde). Nr. 4. Lied der Mignon (Nur wer die Sehnsucht kennt). In Musik gesetzt und der Fürstin Mathilde zu Schwarzenberg ehrfurchtsvoll zugeeignet von Franz Schubert. 62tes Werk.« Verlagsnummer 2253.
Bemerkungen. **Zu Nr. 489:** Die Tempobezeichnung war ursprünglich »Sehr langsam«. S. 2, Z. 3 Takt 3 lautet das letzte Achtel der rechten Hand der Begleitung im

Autograph . Das hier beginnende Zwischenspiel erscheint in einer (später zu erwähnenden) unvollständigen Reinschrift Schubert's folgendermassen verziert:

wodurch Schubert dem Zweifel über jene Auftakt-Note aus dem Wege gegangen ist. S. 3, Z. 2, Takt 3 u. ff. war Schubert's Plan ursprünglich dieser:

Zu Nr. 490: S. 3, Z. 3, Takt 1 lautete die Melodie ursprünglich so wie S. 2, Z. 3, Takt 2. Mit der Aenderung der Melodie änderte Schubert auch eine Note der Begleitung, offenbar um die Quintenfortschreitungen zu vermeiden, die, an sich erklärlich, hier durch den Nachdruck in der Melodie und durch das langsame Tempo gehoben, doch unangenehm wirken konnten. Dass er aber die Melodie an beiden Stellen verschieden haben wollte, beweist eine angefangene Reinschrift, in der die Stellen deutlich wieder so stehen.

Diese autographe Reinschrift, im Besitze von Nic. Dumba in Wien, enthält, wie das Dresdner Autograph, auch nur die ersten drei Lieder. Sie ist nicht vollständig ausgeführt, sondern enthält nur die Singstimmen und von der rechten Hand der Clavierbegleitung so viel als zur Kenntnis des Zusammenhanges nöthig ist. Das Aeussere der beiden Autographe, wie auch die Beschaffenheit der Lieder selbst, lässt vermuthen, dass Nr. 491 eine spätere, vielleicht nicht ganz freiwillige Zugabe Schubert's ist. Es ist auffallend, dass in der Originalausgabe nur bei diesem Liede die Vortragszeichen der Clavierbegleitung auch in der Partie der Singstimme stehen; dies und eine Vergleichung mit Nr. 201 verstärken nur jene Vermuthung.

Nr. 492. Am Fenster.

Vorlagen: 1. Das Autograph im Besitze von Nic. Dumba in Wien; in einem Heft mit Nr. 493, 494 und 495.

2. Die Originalausgabe. Sie erschien am 21. November 1828 (Schubert's Begräbnistag) bei Joseph Czerny in Wien unter dem Titel: »Widerspruch. Wiegenlied. Am Fenster. Sehnsucht. Vier Gedichte von J. G. Seidl. In Musik gesetzt für eine Singstimme mit Begleitung des Pianoforte von Franz Schubert. 105tes Werk.« Verlagsnummer 329.

Bemerkung: Das Autograph war, wie man aus der Platteneintheilung ersieht, die Vorlage für die Originalausgabe. S. 4. Z. 3, Takt 2 und Z. 4, Takt 1 steht in beiden Vorlagen vor der ersten der kleinen Noten weder ein ♭ noch ein ♮.

Nr. 493. Sehnsucht.

Vorlagen: Das Autograph und die Originalausgabe. Siehe Nr. 492.
Bemerkung: Im Autograph lautet der Bass der letzten 4 Takte:

Diese kleine Aenderung muss Schubert bei der Correctur gemacht haben, denn das Autograph hat (wie bei Nr. 492) der Originalausgabe als Stichvorlage gedient.

Nr. 494. Im Freien.

Vorlagen: 1. Das Autograph im Besitze von Nic. Dumba in Wien. Siehe Nr. 492.
2. Die Originalausgabe. Sie erschien im Mai 1827 bei Tobias Haslinger in Wien unter dem Titel: »Der Wanderer an den Mond. Das Zügenglöcklein. Im Freyen. Gedichte von J. G. Seidl. In Musik gesetzt für eine Singstimme mit Begleitung des Pianoforte und Herrn Joseph Witteczek freundschaftlich gewidmet von Franz Schubert. 80tes Werk.« Verlagsnummer 5028.
Bemerkungen: Da der Originalausgabe ein anderes, späteres, Autograph zu Grunde lag, so wurde sie als massgebend betrachtet. Die Abweichungen vom vorliegenden Autograph sind nur gering. Dieses hat als Tempobezeichnung »Mässig«, ferner:

S. 3, Takt 2:

Ar - me

S. 4, Z. 3, Takt 2 und 4 Takte später:

durch die blan -ken Schei - ben sehn Au - gen, die mir gut.

S. 7, Z. 3, Takt 2 die Clavierbegleitung wie Z. 2, Takt 2, und das *ritard.* am Schluss schon S. 7, Z. 4, Takt 1.

Nr. 495. Fischerweise.

Vorlagen. Zu Nr. 495a: Das Autograph im Besitze von Nic. Dumba in Wien. Siehe Nr. 492.
Zu Nr. 495b: Die Originalausgabe. Siehe Nr. 420.
Bemerkungen: Die kleine Textänderung in der letzten Strophe scheint Schubert nicht unbewusst gemacht zu haben. Auch hat er je zwei Strophen des Dichters in eine zusammengezogen, und die fünfte der vierzeiligen Strophen gestrichen. Diese lautet:

Und schlüpft auf glatten Steinen
Und badet sich und schnellt,
Der Grosse frisst den Kleinen
Wie auf der ganzen Welt.

Nr. 496.　Todtengräberweise.

Vorlage: Die erste Ausgabe; Nachlass, Lieferung 15.　Verlagsnummer 4015.

Bemerkungen: S. 3, Z. 1, Takt 6 fehlen in der Vorlage die beiden ♮ vor *d* im Bass.　Es schien zweifellos, dass sie hingehören, weil sonst mit Rücksicht auf die vorhergehenden Takte trotz der allgemeinen Vorzeichnung 2 ♯ da ständen.　Unwillkührlich nimmt der Componist beim Schreiben mehr Rücksicht auf die Tonart, in der er sich eben befindet, als auf die Vorzeichnung, die für eine grössere Partie gilt.

S. 5, Z. 4, hat die Vorlage bei den letzten Worten »jugendlich entschwingen« ein 8va ⌒⌒⌒⌒-Zeichen für die Partie der rechten Hand der Begleitung.　Aber die Partie der linken Hand ist so zwischen dem oberen und dem unteren System vertheilt, dass es sich nicht genau angeben lässt, für welche Noten das 8va ⌒⌒⌒-Zeichen gilt.　Dies, wie auch die Vergleichung mit einer auffallend ähnlichen Stelle in Nr. 382, und endlich auch die gleiche Stelle S. 4, Z. 4 lassen das 8va ⌒⌒⌒⌒-Zeichen als eine Zuthat des Verlegers erkennen.

Nr. 497.　Im Frühling.

Vorlagen: 1. Die erste Ausgabe.　Sie erschien als Beilage zur »Wiener Zeitschrift für Kunst, Literatur, Theater und Mode« vom 16. September 1828.

2. Die bei Nr. 420 erwähnte Ausgabe von Probst.

Bemerkung: Das Gedicht ist in Schulze's »Poetischem Tagebuch« überschrieben: »Am 31. März 1815«.　Unser Titel rührt, wie die erste Ausgabe zeigt, von Schubert her.

Nr. 498.　Lebensmuth.

Vorlagen: 1. Die Abschrift bei Witteczek.

2. Die erste Ausgabe; Nachlass, Lieferung 17.　Verlagsnummer 4017.

Bemerkung: Auch bei diesem Liede rührt der Titel von Schubert her.　In Schulze's »Poetischem Tagebuch« ist das Gedicht überschrieben: »Am 1. April 1815«.

Nr. 499.　Um Mitternacht.

Vorlagen: 1. Ein unvollständiges Autograph im Besitze von A. Cranz in Wien.　Es enthält bloss die letzten 13 Takte.

2. Die Originalausgabe.　Siehe Nr. 314b.

Bemerkung: Der Titel rührt von Schubert her.　In Schulze's »Poetischem Tagebuch« ist das Gedicht überschrieben: »Am 5. März 1815, Nachts um 12 Uhr«.

Nr. 500.　Ueber Wildemann.

Vorlage: Die erste Ausgabe.　Siehe Nr. 411.

Bemerkungen: In Schulze's »Poetischem Tagebuch« ist das Gedicht überschrieben: »Ueber Wildemann, einem Bergstädtchen am Harz.　Am 28. April 1816«.　Schubert schrieb bloss: »Ueber Wildemann«.

Die kleine Abweichung S. 5, Z. 3, Takt 2 von S. 2, Z. 4, Takt 1 steht auch in der Vorlage.

Nr. 501.　Romanze des Richard Löwenherz.

Vorlage: Die Originalausgabe.　Sie erschien im März 1828 bei A. Diabelli und Comp. in Wien unter dem Titel: »Romanze des Richard Löwenherz, aus Walter Scott's

Ivanhoe. Für eine Singstimme mit Begleitung des Piano-Forte, in Musik gesetzt von Franz Schubert. 86tes Werk.« Verlagsnummer 2878.

Nr. 502. Trinklied.

Vorlage: Das Autograph von Nic. Dumba in Wien; in einem Heft mit Nr. 503, 504 und 505. Das kleine, zierliche Heft besteht aus 8 Blättern Regalpapier, auf denen sich Schubert die Notenlinien selbst mit Bleistift gezogen hat. Währing, jetzt ein Theil von Wien, war zu Schubert's Zeit ein ausserhalb der Stadt liegender Vor- und Ausflugsort.

Bemerkung: Im Autograph steht, wie in Shakespeare's Drama, nur eine Strophe. Die Wiederholungszeichen gelten daher für denselben Text, was in diesem Falle der Situation nicht unangemessen ist.

Nr. 503. Ständchen.

Vorlage: Das Autograph im Besitze von Nic. Dumba in Wien. Siehe Nr. 502.

Bemerkungen: Schubert schrieb in der Eile des Schaffens: »mit allem was da reizend ist«; des hier schwer zu entbehrenden Reimes wegen wurde Schlegel's Text wieder hergestellt, da es nicht anzunehmen ist, dass Schubert absichtlich änderte. Die später für die erste Ausgabe hinzugedichteten Strophen von Reil kannte Schubert nicht. Die Vortragszeichen in der Singstimme stehen im Autograph.

Nr. 504. Hippolit's Lied.

Vorlage: Das Autograph im Besitze von Nic. Dumba in Wien. Siehe Nr. 502.

Nr. 505. Gesang (An Sylvia).

Vorlagen: 1. Das Autograph im Besitze von Nic. Dumba in Wien. Siehe Nr. 502. 2. Die Originalausgabe. Sie erschien im Jahre 1828 lithographirt ohne Angabe des Verlegers und des Ortes und ohne Opuszahl unter dem Titel: »Heimliches Lieben. Das Weinen von Leitner. Vor meiner Wiege von Leitner. An Sylvia von Shakespeare. In Musik gesetzt für eine Singstimme mit Begleitung des Piano-Forte und der Wohlgebornen Frau Marie Pachler gewidmet von Franz Schubert.«

Bemerkungen: Im Autograph lautet der Titel (wie bei Shakespeare): »Gesang«. Der zweite Titel entspricht eigentlich dem Inhalte nicht ganz genau. Sonst war die Originalausgabe massgebend. Sie ist nur in einigen Kleinigkeiten genauer als das Autograph. Erwähnenswerth ist, dass im Autograph S. 3, Z. 3, Takt 3 über derselben Clavierbegleitung: steht. Der letzte Takt auf S. 2 zeigt sich als ein von Schubert später eingeschobener Takt.

Nr. 506. Der Wanderer an den Mond.

Vorlagen: 1. Das Autograph im Besitze der königl. Bibliothek in Berlin. 2. Die Originalausgabe. Siehe Nr. 494.

Bemerkung: In beiden Vorlagen steht »aus Westens Wieg' in Ostens Grab«, ein Irrthum, oder vielleicht ein Druckfehler, der in der ersten Ausgabe von Seidl's Gedichten steht, von diesem aber gleich corrigirt wurde.

Nr. 507.　Das Zügenglöcklein.

Vorlagen: 1. Das Autograph im Besitze der königl. Bibliothek in Berlin.
2. Die Originalausgabe. Siehe Nr. 494.
Bemerkung: Die kleinen melodischen Abweichungen in den einzelnen Strophen stehen in beiden Vorlagen so. Eine besondere Absicht Schubert's verrathen sie aber nicht.

Nr. 508—511.　Vier Refrain-Lieder.

Vorlage: Die Originalausgabe. Sie erschien im August 1828 »in der Kunst- und Musikhandlung des k. k. Hoftheater-Kapellmeisters Thadé Weigl« in Wien unter dem Titel: »Die Unterscheidung. Bey dir allein! Die Männer sind mechant! Irdisches Glück! Refrain-Lieder von Joh. Gab. Seidl. In Musik gesetzt für Eine Singstimme mit Pianoforte-Begleitung und dem Dichter freundschäftlichst gewidmet von Franz Schubert. 95tes Werk.« Verlagsnummer 2794.
Bemerkung: Ob das Taktzeichen in Nr. 511 nicht ₵ sein soll, bleibt dahingestellt.

Nr. 512.　Wiegenlied.

Vorlage: Die Originalausgabe. Siehe Nr. 492.
Bemerkung: Wie in Nr. 507 giebt es auch hier kleine melodische Abweichungen in den einzelnen Strophen, die der Vorlage getreu beibehalten wurden.

Nr. 513.　Das Echo.

Vorlage: Die erste Ausgabe. Sie erschien im Juli 1830 im Verlage des k. k. Hoftheater-Kapellmeisters Thad. Weigl in Wien unter dem Titel: »Das Echo. Gedicht von J. F. Castelli. In Musik gesetzt für eine Singstimme mit Begleitung des Piano-Forte von Franz Schubert.« Verlagsnummer 2935.

Nr. 514.　Der Vater mit dem Kind.

Vorlage: Das Autograph im Besitze von Vict. Graf Wimpffen in Kainberg.
Bemerkung: Anfangs wollte Schubert dieses Lied im $^6/_8$-Takt schreiben, mit dem Rhythmus:

Nr. 515.　Jägers Liebeslied.

Vorlage: Die Originalausgabe. Siehe Nr. 420.
Bemerkung: Den etwas unklaren Text der letzten Strophe hat Schober später geändert; er schrieb: »dann fühl ich, wie dem Wild geschieht« und »ich fühl's mit allem Glück vereint«.

Nr. 516.　Schiffers Scheidelied.

Vorlagen: 1. Die erste Ausgabe; Nachlass, Lieferung 24. Verlagsnummer 4272.
2. Die Abschrift bei Witteczek.

Nr. 517—540. Winterreise.

Vorlagen: 1. Das Autograph im Besitze von C. Meinert in Dessau.

2. Die Originalausgabe. Sie erschien in zwei Heften, das erste im Januar 1828, das zweite im Januar 1829 bei Tobias Haslinger in Wien unter dem Titel: »Winterreise. Von Wilhelm Müller. In Musik gesetzt für eine Singstimme mit Begleitung des Pianoforte von Franz Schubert. 89tes Werk.« Verlagsnummern 5101 bis 5124.

Bemerkungen: Die Reihenfolge der Lieder ist

bei Müller:	bei Schubert:
Gute Nacht.	Gute Nacht.
Die Wetterfahne.	Die Wetterfahne.
Gefrorne Thränen.	Gefrorne Thränen.
Erstarrung.	Erstarrung.
Der Lindenbaum.	Der Lindenbaum.
Die Post.	Wasserfluth.
Wasserfluth.	Auf dem Flusse.
Auf dem Flusse.	Rückblick.
Rückblick.	Irrlicht.
Der greise Kopf.	Rast.
Die Krähe.	Frühlingstraum.
Letzte Hoffnung.	Einsamkeit.
Im Dorfe.	Die Post.
Der stürmische Morgen.	Der greise Kopf.
Täuschung.	Die Krähe.
Der Wegweiser.	Letzte Hoffnung.
Das Wirthshaus.	Im Dorfe.
Das Irrlicht.	Der stürmische Morgen.
Rast.	Täuschung.
Die Nebensonnen.	Der Wegweiser.
Frühlingstraum.	Das Wirthshaus.
Einsamkeit.	Muth.
Muth.	Die Nebensonnen.
Der Leiermann.	Der Leiermann.

Aber nicht nur die Reihenfolge der Lieder, auch einzelne Verse und einzelne Wörter hat Schubert geändert. Davon wurde zunächst nur das wiederhergestellt, was des Reimes wegen nöthig war, weil angenommen wurde, dass Schubert solche Aenderungen nur unwillkürlich gemacht hat. (Siehe Nr. 539.) Denn wo er eine Textänderung für nöthig hielt, durch die das Reimwort ausgeschieden werden musste, dort verstand er es, den Reim geschickt wieder herzustellen, wie man es bei Nr. 483 sehen kann. Eine Vergleichung der Vorlagen zeigt, dass Schubert bei der Herausgabe der »Winterreise« manche beim Componiren der Lieder unwillkürlich gemachte Textänderung wieder aufhob. Gewiss hat er dabei eine aus falscher Analogie hervorgegangene Aenderung in der »Erstarrung«, die den Ausdruck des Verses zwar erhöht, aber den Sinn der Strophe schädigt (»Mein Herz ist wie erstorben«, statt »erfroren«), nur übersehen. Die übrigen Textänderungen Schubert's wurden beibehalten. Die wesentlichsten sind:

in Nr. 517, S. 5	bei Müller:	»Ich schreibe nur im Gehen« und »Ich hab' an dich gedacht«.
in Nr. 520, S. 2	- -	»Hier wo wir oft gewandelt Selbander durch die Flur«.
in Nr. 522, S. 2	- -	»Sag' mir, wohin geht dein Lauf«.
in Nr. 533, S. 2 und 3	- -	»Die Menschen schnarchen in ihren Betten«
in Nr. 541	- -	»Und die Hunde brummen«.

Die beiden für unsere Ausgabe benutzten Vorlagen weichen hauptsächlich darin von einander ab, dass das Autograph fünf Lieder (Nr. 522, 526, 528, 538 und 540) in anderen Tonarten enthält, als die Originalausgabe.   Bei Nr. 526 ordnet Schubert im Autograph selbst die Transponirung an; bei Nr. 538 und 540 thut's der Verleger, und dieser dürfte die Transponirung aller überhaupt veranlasst haben.   Er mag aus praktischen Gründen gewünscht haben, dass kein Lied sich bis ins hohe *a* aufschwinge, und die kleinen Noten in Nr. 523 entsprachen gewiss auch nur seinem Wunsche.   Dass die transponirten Lieder den anderen gegenüber auffallend tief liegen, störte ihn gewiss nicht.   Schubert hatte aber, wie aus dem Autograph ersichtlich ist, fast durchwegs eine hohe Stimme im Sinne.   Es war daher in diesem Punkte das Autograph mehr massgebend als die Originalausgabe. Aber diese wurde doch soweit berücksichtigt, dass die Tonarten der transponirten Lieder angegeben und, wenn die Lieder beim Transponiren auch nur geringe Aenderungen erfahren hatten, beide Fassungen aufgenommen wurden.

Zur Zeit als Schubert die »Winterreise« schrieb, unterschied er (schon seit längerer Zeit) genau Staccatostriche und Staccatopunkte, ganz in dem heutigen Sinne dieser Zeichen. Die Originalausgabe der »Winterreise« setzte, wie fast alle Originalausgaben Schubert'scher Werke, immer Staccatostriche, wo Schubert Punkte gesetzt hatte.   Auch in der Bezeichnung der Vorschläge und der Vortragszeichen ist sie nicht genau.   In allen diesen Dingen war das Autograph massgebend.

Auch die Tempobezeichnungen sind in den Vorlagen nicht überall gleich.   Die der Originalausgabe konnten hie und da durch die des Autographs ergänzt werden.   Wichen diese aber ab, so wurden sie in Fussnoten als die ursprünglichen notirt.

Im Einzelnen ist zu erwähnen:

Zu Nr. 518.   Die Wetterfahne: S. 2, Z. 4, Takt 1—4 lautet im Autograph:

S. 3, Z. 4 ist die Wiederholung des Textes und die damit verbundene Steigerung (von der Mitte des 3. bis zur Mitte des 5. Taktes) eine spätere Einschiebung Schubert's.   Auch hatte das Lied ursprünglich gar keine Haltungen (⌢).

Zu Nr. 519.   Gefror'ne Thränen: Das Vorspiel hatte an Stelle des 5. Taktes ursprünglich folgende 4 Takte:

Zu Nr. 520.   Erstarrung: Der erste Entwurf der Melodie lautete:

sie an mei-nem Ar - me durchstrich die grü - ne Flur, wo sie an mei-nem

Ar - me durchstrich die grü - ne Flur. Ich will den u. s. w.

Schubert muss die Aenderung erst nach der Vollendung des Liedes gemacht haben, denn die Strophe »Soll denn kein Angedenken« war ursprünglich auch so behandelt.

Das Zwischenspiel S. 4, Z. 3 war anfangs um einen Takt kürzer. Der Bass lautete:

Im Autograph lautet die erste Note der Singstimme S. 5, Takt 2 *f*, wie vier Takte früher; die grössere Symmetrie der Melodie hat Schubert also durch Reflexion gewonnen.

Zu Nr. 521. Der Lindenbaum: S. 4, Z. 1 lautete die Melodie ursprünglich:

die kal - ten Win - de blie - sen mir grad' in's An - ge - sicht.

Der Schluss hätte ursprünglich durch eine Kürzung gemacht werden sollen:

Nun bin ich man-che Stun - de ent - fernt von die - sem Ort, und

im - mer hör' ich's rau-schen: du fän - dest Ru - he dort, und

im - mer hör' ich's rau-schen, du fän - dest Ru - he dort.

Zu Nr. 523. Auf dem Flusse: Auffallend ist im Autograph der Anfang:

Der du so lus - tig

Die in Klammern gesetzten Pralltriller stehen im Autograph, aber nicht in der Originalausgabe. Die kleinen Noten S. 5, Z. 3, Takt 3 fehlen im Autograph; das *dis* der Clavierbegleitung gehört also nur zur Begleitung der unteren Melodienoten.

S. 4, Z. 2, Takt 2 hat der Bass im Autograph die kühne Vorausnahme:

Dabei waren die Accorde der rechten Hand, wie sie jetzt sind.

Von S. 5, Takt 5 an lautet der Bass im Autograph:

S. 3, Z. 5, Takt 1 fehlt in der Originalausgabe das ♮ vor dem *c* der Begleitung; aber die darauffolgenden ♯ vor *c* in der Begleitung und in der Singstimme bezeugen, dass es nur in Folge eines Stichfehlers ausgeblieben ist. Dies wird auch vom Autograph bestätigt.

Zu Nr. 525. Irrlicht: S. 2, Z. 3, Takt 1 steht die ⌢ über dem Taktstrich nur im Autograph. Vielleicht ist sie in der Originalausgabe nur aus Versehen weggeblieben.

S. 3, Z. 3, Takt 5 und Z. 4, Takt 4 lautet der erste Accord der rechten Hand in der Originalausgabe: ; auch im Autograph war er ursprünglich so, aber Schubert radirte an beiden Stellen das *e* sorgfältig aus. Diese Stimmführungsfeinheit wurde daher aufgenommen.

S. 3, Z. 5, Takt 1 gilt die ⌢, wie das Autograph zeigt, für alle vier Noten. Dass sie in der Originalausgabe auf der zweiten Note allein steht, wurde als eine Nachlässigkeit des Stechers betrachtet.

Zu Nr. 527. Frühlingstraum: Anfangs wollte Schubert dieses Lied in *G* dur niederschreiben. Er hatte auch schon das ganze Vorspiel in dieser Tonart aufgeschrieben, als er sich für das hellere *A* dur entschloss. Er schritt also auch hier an die Ausführung eines Kunstwerkes noch bevor er eine bestimmte Vorstellung von dessen Inhalt und Charakter hatte, und trug keine Bedenken, eine höhere Tonart zu wählen, sobald er gewahr wurde, dass die ursprüngliche dem in seinem Geiste sich nach und nach ausgestaltenden Charakter des Stückes nicht entsprach. Zeugt das Eine für die Unmittelbarkeit seines Schaffens, so darf das Andere bei der Beurtheilung der Transponirungen, die seine Lieder noch zu seinen Lebzeiten erfuhren, nicht ausser Acht gelassen werden.

Die Tempobezeichnungen lauteten ursprünglich: Etwas geschwind; nach 14 Takten: Etwas geschwinder; beim $^2/_4$-Takt: Langsamer. Die in Klammern gesetzten Pralltriller stehen nur im Autograph. In diesem zeigen sich auch S. 3, Z. 2, Takt 3 und 4 als eingeschobene Takte, und die Takte S. 3, Z. 3, Takt 4 bis Z. 4, Takt 2 (incl.) haben den Text der darauffolgenden (nicht der ihnen vorangehenden) vier Takte. Das gilt auch für die zweite Strophe.

Zu Nr. 528. Einsamkeit: Den ersten Entwurf für dieses Lied machte Schubert so:

Wie ei - ne trü - be Wol-ke durch hei-tre Lüf-te   geht, wenn in der Tannen

Wip-fel ein mat-tes Lüftchen weht: so zieh ich meine Stra-sse da - hin mit trägem

Fuss   durch hel - les fro - hes Le-ben ein - sam und oh-ne Gruss.   Ach

dass die Luft so   ru - hig,   ach dass die Welt so   licht!   Als

noch   die   Stür - - me   tob-ten,   war   ich   so   e - lend

nicht! Ach dass die Luft so   ru - hig, ach dass die Welt so   licht!

Zu Nr. 539. Die Nebensonnen: Die erste Niederschrift dieses Liedes befindet sich autograph im Besitze der Gesellschaft der Musikfreunde in Wien. Die sieben Takte S. 2, Z. 3, Takt 4 bis S. 3, Takt 2 (incl.) sind aus dem Blatte weggeschnitten. Die anderen zeigen aber manches, was erwähnenswerth ist. Im zweiten Verse der ersten Strophe schreibt Schubert unabsichtlich »angeschaut«, corrigirt aber gleich »angesehn«. Trotzdem schrieb er in der Reinschrift (Autograph Meinert) wieder »angeschaut« und das Wort ging auch in die Originalausgabe über. Es ist klar, dass man es hier mit einem Flüchtigkeitsversehen zu thun hat, das Schubert corrigirte, sobald er es gewahr wurde; denn er mochte offenbar den Reim nicht entbehren. Aber ein solches Versehen wird man eher gewahr, wenn der Reim schon im nächsten Verse auftritt, als wenn die Verspaare kreuzweise reimen. Und so mag unser oben geschildertes Vorgehen auch hierdurch seine Begründung erfahren.

In der ersten Niederschrift steht der Takt S. 2, Z. 3, Takt 1 zweimal hintereinander, so dass dieses Zwischenspiel zwei Takte enthält, und die Takte S. 3, Z. 3, Takt 1 und 2 lauten:

Nr. 541. Lied der Anne Lyle.

Nr. 542. Gesang der Norna.

Vorlage: Die Originalausgabe. Sie erschien im März 1828 bei Ant. Diabelli und Comp. in Wien unter dem Titel: »Lied der Anne Lyle aus Walter Scott's: Montrose. Gesang der Norna aus Walter Scott's: Pirat. Für eine Singstimme mit Begleitung des Pianoforte in Musik gesetzt von Franz Schubert. 85tes Werk.« Verlagsnummer 2877.

Nr. 543. Das Lied im Grünen.

Vorlage: Die erste Ausgabe. Siehe Nr. 207.

Bemerkung: Die schlechte Declamation S. 3, Z. 4, Takt 5 und ff. und S. 5, Z. 4, Takt 4 (zweite Strophe) legt die Vermuthung nahe, dass das Stück in der uns von der ersten Ausgabe überlieferten Form nicht ganz von Schubert ist. Diese Ausgabe ist auch in den anderen Liedern, die sie enthält, nicht sehr verlässlich. Wahrscheinlich hat Schubert nur einige Strophen des Reil'schen Gedichts componirt, und eine fremde Hand — die des Dichters oder Verlegers — hat die anderen Strophen in seine Musik hineingezwängt.

Nr. 544. Heimliches Lieben.

Vorlagen. Zu Nr. 544a: Das Autograph im Besitze von A. Cranz in Wien; in einem Hefte mit Nr. 545 b.

Zu Nr. 544 b: Die Originalausgabe. Siehe Nr. 505.

Nr. 545. Eine altschottische Ballade.

Vorlagen. Zu Nr. 545 a: Die Abschrift bei Witteczek.

Zu Nr. 545 b: Das Autograph im Besitze von A. Cranz in Wien. Siehe Nr. 544 a.

Nr. 546. Das Weinen.

Nr. 547. Vor meiner Wiege.

Vorlage: Die Originalausgabe. Siehe Nr. 505.

Nr. 548. Der Wallensteiner Lanzknecht beim Trunk.

Nr. 549. Der Kreuzzug.

Vorlage: Das Autograph im Besitze von C. Meinert in Dessau; beide Lieder in einem nicht ganz erhaltenen Hefte, in dem noch die ersten vier Takte von Nr. 550 zu sehen sind.

Nr. 550. Des Fischers Liebesglück.

Vorlagen: 1. Das unvollständige Autograph im Besitze von C. Meinert in Dessau. Es enthält bloss die ersten vier Takte. Siehe Nr. 548.

2. Die Abschrift bei Witteczek.

3. Die erste Ausgabe; Nachlass, Lieferung 27. Verlagsnummer 5031.

Nr. 551. Der Winterabend.

Vorlagen: 1. Die Abschrift bei Witteczek.

2. Die erste Ausgabe; Nachlass, Lieferung 26. Verlagsnummer 5030.

Bemerkung: S. 5 hat Schubert den Text Leitner's gekürzt. Dieser lautet:

> Nur der Mondenschein
> Kommt leise zu mir ins Gemach herein.
> Ich brauche mich aber nicht zu geniren,
> Nicht zu spielen, zu conversiren,
> Oder mich sonst aimable zu zeigen,
> Er kennt mich schon u. s. w.

Nr. 552. Die Sterne.

Vorlage: Die Originalausgabe. Siehe Nr. 420.

Nr. 553. Widerschein.

Vorlage: Die erste Ausgabe; Nachlass, Lieferung 15. Verlagsnummer 4015.

Bemerkung: Der erste Vers des Gedichtes lautet in der Vorlage: »Tom lehnt harrend auf der Brücke«; dabei ergiebt sich eine schlechte Declamation für das zweite Wort. Nottebohm erwähnt, dass Schubert ursprünglich einen anderen Text hatte; aber er citirt den Vers nicht ganz richtig. Wie sich aus dem ganzen Liede ergiebt, hat Schubert den Text aus der ersten Ausgabe der Gedichte von Schlechta genommen, die in Wien im Jahre 1824 im Hirschfeld'schen Verlage erschienen ist. Darnach wurde der erste Vers wieder hergestellt.

Nr. 554—567. Schwanengesang.

Vorlagen: 1. Das Autograph im Besitze von C. Meinert in Dessau.

2. Die erste Ausgabe. Sie erschien im Mai 1829 bei Tobias Haslinger in Wien in zwei Heften unter dem Titel: »Schwanengesang. In Musik gesetzt für eine Singstimme mit Begleitung des Pianoforte von Franz Schubert.« Verlagsnummern 5371 bis 5384.

Bemerkungen: Der Titel der Sammlung rührt nicht von Schubert her; er wurde aber als zutreffend und allgemein bekannt beibehalten. Das Autograph zeigt, dass die Zusammenstellung und die Reihenfolge der Lieder von Schubert herrührt, dass aber die Sammlung noch mehr Stücke enthalten sollte.

Die erste Ausgabe wurde nach dem Autograph gemacht. Sie ist auch, einige kleine Druckfehler und Versehen abgerechnet, treu und verlässlich. Genauere Vortragszeichen wurden nach dem Autograph ergänzt.

Ein im Besitze der Gesellschaft der Musikfreunde in Wien befindliches Skizzenblatt zeigt, dass Schubert diese Liedersammlung anfangs mit der Composition von Rellstab's »Lebensmuth« eröffnen wollte. Was er davon niederschrieb, wird unter Nr. 602 mitgetheilt. Dann entwarf er eine Skizze zur »Liebesbotschaft«. Dieser sollte die »Frühlingssehnsucht« folgen, mit folgender Melodie:

Nr. 568. Auf dem Strom.

Vorlage: Die erste Ausgabe. Sie erschien im October 1829 bei M. J. Leidesdorf in Wien unter dem Titel: »Auf dem Strom. Gedicht von Rellstab. In Musik gesetzt für Gesang mit Begleitung des Pianoforte und Waldhorn oder Violoncelle (obligat) von Franz Schubert. op. 119.« Verlagsnummer 1161.

Bemerkung: Schubert schrieb dieses Lied unmittelbar vor seinem am 26. März 1828 gegebenen Concert, in welchem es auch aufgeführt wurde. Offenbar wollte er dadurch eine Abwechslung im Programm erreichen.

Nr. 569. Der Hirt auf dem Felsen.

Vorlage: Das Autograph, früher im Besitze von Dr. Jos. Standthartner in Wien. Es enthält zwei Notizen von Ferdinand Schubert's Hand: 1. »Am 2. Sept. 1829 von mir copirt und am 4. Herrn von Vogel zur Uebersendung an die Mad. Milder in Berlin eingehändiget. Ferd. Schubert.« 2. »Dieses Werk habe ich heute Herrn v. Haslinger als sein rechtmässiges Eigenthum überlassen. Wien, am 24. Sept. 1829. Ferd. Schubert.«

Bemerkungen: Von Wilhelm Müller's Gedicht, das ursprünglich »Der Berghirt« heisst, hat Schubert nur die ersten vier Strophen benutzt. Die weiteren Strophen lauten:

Viel steile Berge vor mir stehn,
Die Flüsse schäumend sich ergehn
    Im Thale.

Der Aar sich in den Wolken schwingt,
Die Gemse durch die Klüfte springt
    Hinüber!

Die Wolken ruhen auf der Höh',
Und durch die Nebel glänzt der Schnee
    Der Gipfel.

Je stolzer mir mein Mädchen thut,
Je höher steigt empor mein Muth
    In Liebe.

Ein Glöckchen klingt im stillen Thal,
Die Essen rauchen überall
    Im Dorfe.

Ach Mädchen, Mädchen, nimm mich bald!
Es ist so öd, es ist so kalt
    Hier oben.

Es ist klar, dass Schubert mit diesem Liede nur ein Concertstück für die berühmte Sängerin Frau Anna Milder-Hauptmann schaffen wollte. Dieses Ziel im Auge, musste er von der Composition des ganzen Müller'schen Gedichtes absehen, das mit seinen kurzen, metrisch scharf ausgeprägten Strophen keine rhythmische Abwechslung, mit seinem Inhalte keinen Stimmungscontrast gestattete. Vom Dichter nahm er daher nur die erste Anregung. Für den Mittelsatz, in welchem die Sängerin Gelegenheit haben sollte, sich im getragenen Gesang auszuzeichnen, und für den Schlusssatz, der ihrer Kehlfertigkeit gewidmet war, musste er sich den Text entsprechend zurechtlegen. Die Behandlung der Singstimme zeigt auch, dass er sich die Stimme der Milder (deren Charakter und Umfang wir aus Beethoven's »Fidelio« kennen) bei der Composition dieses Liedes immer vergegenwärtigt hat.

Nr. 570. Misero pargoletto.

Nr. 571. Pensa, che questo istante.

Nr. 572. Son fra l'onde.

Vorlagen. **Zu Nr. 570**: Das Autograph im Besitze von Dr. Max Friedländer in Berlin.

Zu Nr. 571 und 572: Die Autographe im Besitze von Nic. Dumba in Wien.

Bemerkungen: Die drei Stücke schrieb Schubert unter Salieri's Leitung, dessen Unterricht er kurze Zeit genoss. Jeden dieser Texte hat er mehrmals entworfen, und auch einigemale ausgeführt, zumeist in verschiedenen Ton- und Taktarten. Es scheint sich hierbei mehr um die Behandlung der italienischen Sprache, als um die Beherrschung der musikalischen Form gehandelt zu haben.

Nr. 573. Arie.

Vorlage: Das Autograph im Besitze von Nic. Dumba in Wien.

Bemerkung: Auch zu dieser Arie hat Schubert mehrere Entwürfe gemacht; sie haben alle den Zweck, dem Stücke die feste Form zu geben, die es hat.

Nr. 574. La pastorella.

Vorlage: Das Autograph im Besitze der königl. Bibliothek in Berlin.

Nr. 575—578. Vier Canzonen.

Vorlage: Das Autograph im Besitze von Baron Roner in Wien.

Nr. 579—581. Drei Gesänge.

Vorlagen: 1. Die Originalausgabe. Sie erschien im September 1827 bei Tobias Haslinger in Wien unter dem Titel: »Nr. I. L'incanto degli occhi. (Die Macht der Augen.) Nr. II. Il traditor deluso. (Der getäuschte Verräther.) Nr. III. Il modo di prender moglie. (Die Art ein Weib zu nehmen.) Gedichte von Metastasio. In Musik gesetzt für eine Bass-Stimme mit Begleitung des Pianoforte und Herrn Ludwig Lablache gewidmet von Franz Schubert. 83tes Werk.« Verlagsnummern 5061—5063.

2. Eine autographe Skizze zu Nr. 580 im Besitze von Nic. Dumba in Wien.

Bemerkungen: Zur Ausscheidung von kleinen Stichfehlern der Originalausgabe leistete die Skizze gute Dienste. In ihr erscheint das Stück viel länger, als in der fertigen Ausführung, da nach der Wiederkehr des Hauptthemas (S. 6 und 7) der Mittelsatz »Qual notte profonda« mit neuen kühnen Modulationen wiederkehrt und dann erst der Schluss-satz (S. 7) eintritt. Schubert hat also auch bei weniger wichtigen Aufgaben Erfindung und Ueberlegung zu paaren gewusst.

Nr. 582. Zur Namensfeier des Herrn Andreas Siller.

Vorlage: Das Autograph im Besitze von Nic. Dumba in Wien.

Bemerkung: Ein Theil des Autographs enthält den ersten vom 28. October 1813 datirten Entwurf des Stückes. Hier steht das Stück in *B*dur; die Begleitung weicht etwas ab, die Melodie gar nicht. Das Gedicht hatte offenbar mehrere Strophen.

Nr. 583. Auf den Sieg der Deutschen.

Vorlage: Die Abschrift bei Witteczek.

Bemerkung: Eine andere Composition dieses Textes steht in Ser. 19, Nr. 21. Im Vereine mit Nr. 584 zeigen diese Stücke, dass die Ereignisse jener Zeit auch in der Seele des Knaben einen Wiederhall fanden.

Nr. 584. Die Befreier Europa's in Paris.

Vorlage: Das Autograph im Besitze von Nic. Dumba in Wien.

Bemerkung: Das Autograph enthält das Stück auch in einer früheren, von Schubert durchgestrichenen Fassung, und zeigt, dass es ihm nicht leicht aus der Feder floss und erst nach vielen Correcturen fertig wurde. Auch dieses Gedicht hatte offenbar mehrere Strophen.

Nr. 585. Lied.

Vorlage: Das Autograph im Besitze von Nic. Dumba in Wien.

Bemerkungen: Das Autograph hat keine nähere Bezeichnung, als »Lied«. Die

Strophen, auf die die Wiederholungszeichen hindeuten, fehlen. Das Stück scheint für eine Feier im Waisenhause bestimmt gewesen zu sein. Für dieses schrieb Schubert auch die Antiphonen Ser. 14, Nr. 18.

Nr. 586. Abschied.

Vorlage: Die Abschrift bei Witteczek.

Nr. 587. Namenstagslied.

Vorlage: Das Autograph im Besitze von Emil Sulzbach in Frankfurt am Main.

Nr. 588. Herrn Joseph Spaun.

Vorlage: Das Autograph im Besitze von Baron Roner in Wien.
Bemerkung: Ein musikalischer Schwank mit einer sehr deutlichen Satyre auf das conventionelle Pathos der italienischen Oper seiner Zeit.

Nr. 589. Herbst.

Vorlage: Eine nach dem Autograph gemachte Abschrift von Dr. Joh. Brahms in Wien.

Nr. 590. Der Geistertanz.

Vorlage: Das Autograph im Besitze von Dr. Max Friedländer in Berlin.
Bemerkungen: In beiden Versuchen ist Schubert nicht weiter gekommen. Aber sie zeigen, wie ihn das Gedicht schon in der frühesten Zeit angezogen hat. Vergl. Nr. 29 und Ser. 16, Nr. 32.

Nr. 591. Die drei Sänger.

Vorlage: Das Autograph im Besitze von Nic. Dumba in Wien.
Bemerkung: Allem Anscheine nach hat Schubert das Stück vollendet. Der erste Bogen des Autographs ist vollgeschrieben, es fehlt der zweite Bogen.

Nr. 592. Lorma.

Vorlage: Das Autograph im Besitze von Nic. Dumba in Wien.
Bemerkung: Auch dieses Stück hat sich nicht ganz erhalten; nach der Vorlage zu urtheilen scheint mehr davon vorhanden gewesen zu sein.

Nr. 593. Pflicht und Liebe.

Vorlage: Die erste Ausgabe. Sie erschien im October 1885 bei C. F. Peters in Leipzig unter dem Titel: »Nachgelassene (bisher ungedruckte) Lieder für eine Singstimme mit Pianofortebegleitung von Franz Schubert revidirt und herausgegeben von Max Friedländer.« Verlagsnummer 6896.

Bemerkungen: Der ersten Ausgabe lag ein Autograph zu Grunde. Sie enthält das Stück unter Nr. 17 mit einem vom Herausgeber hinzugefügten Schluss. Der Schubert'sche Schluss ist verloren gegangen.

Nr. 594. Gesang der Geister über den Wassern.

Vorlage: Das Autograph im Besitze von Nic. Dumba in Wien. Siehe Nr. 252.

Bemerkung: Gewiss war auch dieses Stück ganz vorhanden und sind die übrigen Theile verloren gegangen. Es wird mitgetheilt, weil sich Schubert zu diesem Texte öfter hingezogen fühlte. Vergl.: Ser. 16, Nr. 3 und Nr. 33.

Nr. 595. Mahomet's Gesang.

Vorlage: Das Autograph im Besitze von Nic. Dumba in Wien.

Bemerkung: Von diesem Stück, das Schubert wahrscheinlich vollendet hat, hat sich nur der erste Bogen erhalten. Das Autograph zeichnet sich durch ungemein schwunghafte Schriftzüge aus, und Schubert dürfte das Ganze in e i n e m Zug niedergeschrieben haben.

Nr. 596. Gretchen.

Vorlage: Das Autograph im Besitze von Baronin Cornaro in Wien.

Bemerkung: Auch eines jener Stücke, die sich nicht vollständig erhalten haben, die aber Schubert wahrscheinlich vollendet hat. In der ersten Ausgabe (Nachlass, Lieferung 29, Verlagsnummer 5033) hat es einen vom Verleger gemachten Schluss.

Nr. 597. Die Entzückung an Laura.

Vorlagen. **Zu I:** Das Autograph im Besitze der königl. Bibliothek in Berlin.

Zu II: Das Autograph im Besitze von Nic. Dumba in Wien.

Bemerkungen: Wie man sieht, hat die zwischen den beiden Autographen liegende Partie existirt, aber sie ist verloren gegangen. Vollendet hat Schubert das Stück nicht. Es interessirt im Vergleich zu Nr. 195.

Nr. 598. Lied eines Kindes.

Vorlage: Die Abschrift bei Witteczek.

Nr. 599. Ueber allen Zauber Liebe.

Vorlage: Das Autograph im Besitze von Nic. Dumba in Wien.

Bemerkungen: Schubert hat das Stück nicht vollendet. Der letzte Vers der ersten Strophe steht nicht mehr im Autograph; er wurde des Zusammenhangs wegen angefügt. Die zweite Strophe lautet:

> Das zierliche Kind, wie's vor mir schwebt!
> Aus Lilien und Rosen zart gewebt,
> Mit Augen gleich den Sternen:
> »Blüht mir dein holdes Angesicht,
> Dann mag, fürwahr ich zage nicht,
> Der Mayen sich entfernen.
> Färbet nur des Lebens Trübe
> Liebe:
> Über allen Zauber Liebe!«

Nr. 600. Mahomet's Gesang.

Vorlage: Die Abschrift bei Witteczek. Sie zeigt, dass Schubert das Stück unvollendet gelassen hat.

Nr. 601. Johanna Sebus.

Vorlage: Das Autograph im Besitze von Nic. Dumba in Wien.

Nr. 602. Lebensmuth.

Vorlage: Das Autograph im Besitze der Gesellschaft der Musikfreunde in Wien.
Bemerkung: Ueber den Zusammenhang dieses Fragmentes mit dem »Schwanengesang« siehe die Bemerkungen zu Nr. 554—567. Schubert hatte von diesem Liede nicht mehr geschrieben, als er auch gleich an die Composition der »Liebesbotschaft« schritt. Rellstab's Gedicht hat noch zwei Strophen. Diese lauten:

Muthigen Sprung gewagt;	Muthig umarmt den Tod!
Nimmer gewinnt, wer zagt;	Trifft euch sein Machtgebot.
Schnell ist das Wechselglück,	Nehmt euer volles Glas,
Dein ist der Augenblick.	Stosst an sein Stundenglas;
Wer keinen Sprung versucht,	Des Todes Brüderschaft
Bricht keine süsse Frucht.	Öffnet des Lebens Haft.
Auf! Wer das Glück erjagt,	Neu glänzt ein Morgenroth:
Muthigen Sprung gewagt.	Muthig umarmt den Tod!

Das Lied gehört den geselligen Liedern Rellstab's an. Schubert mag es in der ersten Begeisterung lebhaft angefasst, sich aber dann um so intensiver den Liebesliedern Rellstab's zugewandt, und das begonnene seiner den anderen etwas fernliegenden Eigenart wegen dann nicht mehr ausgeführt haben.

Nr. 603. Abschied von der Erde.

Vorlage: Das Autograph im Besitze der Gesellschaft der Musikfreunde in Wien; es dürfte der Handschrift nach aus den Jahren 1817 oder 1818 stammen.
Bemerkung: Dieses Stück ist wahrscheinlich für eine der »Schubertiaden« componirt, von denen uns der Biograph Kreissle und Andere berichten.

Nachtrag

zum

Revisionsbericht zu Serie XX.

Nr. 4.   Der Vatermörder.

Dr. W. Englmann in Wien hat nachgewiesen, dass das Gedicht von Pfeffel ist.

Nr. 287 u. 288.   Alinde und An die Laute.

Das Autograph dieser Lieder stammt aus dem Jahre 1827; sie sind daher im Frühjahr 1827 componirt, fallen also in die Zeit der „Winterreise".

Nr. 386.   Sehnsucht.

Der erste Entwurf zu diesem Liede steht auf einem Blatte, auf dem sich ein Theil des Clavierstückes Ser. 21, Nr. 21 befindet, und lautet:

Nr. 517—540.   Winterreise.

Dr. Max Friedländer in Berlin macht darauf aufmerksam, dass Schuberts Vorlage wahrscheinlich das Taschenbuch „Urania" vom Jahre 1823 gewesen sei. In diesem stehen die ersten 12 Lieder der „Winterreise" in der von Schubert benützten Reihenfolge. Diese rührt daher von Müller, nicht von Schubert her. Aus dem Taschenbuch ergiebt sich auch, dass die Textänderungen an den Stellen „Ich schreibe nur im Gehen" und „Hier wo wir oft gewandelt selbander durch die Flur" von Müller herrühren. Diese Erkenntnis ist wichtig, weil sie neuerlich zeigt, wie sehr Schubert das Wort des Dichters schätzte.

Nr. 569.   Der Hirt auf dem Felsen.

Gleichfalls von Dr. Friedländer rührt der Nachweis her, dass in diesem Liede der Text der zweiten Partie „In tiefem Gram" u. s. w. von Helmina von Chezy ist, der Text der Schlusspartie „Der Frühling will kommen" u. s. w. von Wilh. Müller, aus dem Gedichte „Liebesgedanken".

Es wird gebeten, in Serie 20 folgende Stichfehler zu verbessern:
Band II. Seite 156 Takt 13 rechte Hand: eis statt e.
  »   »   »   157   »   8   »   »   ebenso.
  »   »   »   160 Metronombezeichnung: ♩ = 72 statt 27.
  »   »   »   208 Takt 8 Singstimme: ♮ vor e schon bei der Vorschlagsnote.
  »   »   »   210   »   8 rechte Hand: Achtelpause nach dem ersten Accord.
  »   III. »   52   »   12 Singstimme: erste Note c statt b.
  »   V.   »   120 Zeitangabe: Mai 1817 statt März.
  »   VI.   »   193 Singstimme: fühlt' statt fühl'.

  »   VII. »   128 Takt 7 rechte Hand: statt

  »   IX.   »   40   »   11 Singstimme: Tannen statt Tanne
  »   X.   »   16 Zeitangabe: October 1828 statt 1827.

SCHUBERT'S WERKE.
Revisionsbericht.

———◆‑◆———

Serie XXI. Supplement.

Nr. 1. Ouverture in B.

Nr. 2. Ouverture in D.

Vorlagen: Die autographen Partituren im Besitze von Charles Malherbe in Paris.

Bemerkung: Zur Zeit, als die Ouverturen Schubert's in der Gesammtausgabe (Serie 2) herausgegeben wurden (1886), lagen von den hier veröffentlichten zwei Ouverturen nur die im Archiv der Gesellschaft der Musikfreunde in Wien befindlichen Stimmen und Partituren beider Werke in Abschrift vor, die für die Echtheit derselben nicht genügende Gewähr boten. Erst später kamen die autographen Partituren zum Vorschein und in den erwähnten Besitz.

———

Nr. 3. Concertstück.

Nr. 4. Rondo.

Nr. 5. Trio.

Vorlagen: Partiturabschriften im Besitze von A. Sauerwald in Köln.

Bemerkung: Diese Abschriften sind nach den Autographen gemacht, die früher im Besitze von C. A. Spina in Wien waren.

———

Nr. 6. Ouverture in G.

Vorlage: Das Autograph im Besitze von Nicolaus Dumba in Wien.

Bemerkung: Während der Stichvorbereitungen für den Supplementband fand sich dieses Autograph ganz zufällig im Nachlasse eines Wiener Musikfreundes aus Ferdinand Schubert's Zeit. Es ist äusserst sauber und schön geschrieben und verräth sich schon dadurch als ein nach einer Orchesterpartitur gefertigter Clavierauszug. Wie manche andere hat Schubert auch diese Ouverture gewiss zuerst für Orchester componirt und dann für Pianoforte zu vier Händen gesetzt. Vergl. die nächste Nr.

———

Nr. 7. Ouverture zu Fierrabras.

Vorlage: Das Autograph im Besitze von Charles Malherbe in Paris.

Bemerkung: Ob die auffallende Abweichung von der Orchesterpartitur an der Stelle S. 5 Z. 3 T. 1 ein Versehen oder eine — jedenfalls unerklärliche — Absicht Schubert's ist, dürfte kaum zu entscheiden sein, da sie öfter wiederkehrt.

Nr. 8.   Sonate in E dur.

Vorlage: Das Autograph im Besitze von Nicolaus Dumba.

Bemerkung: Schubert hat dieses Stück mehrmals angefangen, aber nie zu Ende geführt.

Nr. 9.   Sonate in Des dur.

Vorlage: Das Autograph im Besitze von Nicolaus Dumba in Wien.

Bemerkung: Das Autograph hat sich leider nicht vollständig erhalten. Es bringt aber diese Sonate, die nach Schubert's Tode als op. 122 vielfach verändert und nach Es dur transponirt erschienen ist, jedenfalls in ihrer ursprünglichen Gestalt. Sie ist im Autograph als »Sonate II« bezeichnet.

Nr. 10.   Sonate in Fis moll.

Vorlage: Das Autograph im Besitze von Nicolaus Dumba in Wien.

Bemerkungen: Diese Sonate trägt im Autograph den Titel: »Sonate V«. Aus dem Autograph ist ersichtlich, dass Schubert sie unvollendet gelassen hat.

Nr. 11.   Sonate in C dur.

Vorlage: Das Autograph im Besitze von Nicolaus Dumba in Wien.

Bemerkung: Das Autograph hat sich nicht vollständig erhalten. Es ist daher möglich und auch wahrscheinlich, dass Schubert das Werk, oder doch diesen Satz vollendet hat.

Nr. 12.   Sonate in F moll.

Vorlage: Eine Abschrift in der Spaun-Witteczek'schen Sammlung im Archiv der Gesellschaft der Musikfreunde in Wien.

Bemerkungen: Schubert hat dieses Werk unvollendet gelassen. Was im letzten Satze in der Vorlage, und gewiss auch im Autograph, als selbstverständlich fehlt, wurde durch kleineren Stich kenntlich gemacht.

Nr. 13. Sonate in Cismoll.

Vorlage: Das Autograph im Besitze von Nicolaus Dumba in Wien.
Bemerkung: Diese Sonate ist unvollendet geblieben.

Nr. 14. Sonate in Cdur.

Vorlage: Die erste Ausgabe. Sie erschien im Jahre 1861 bei F. Whistling in Leipzig unter dem Titel: »Reliquie. Letzte Sonate (unvollendet) für das Pianoforte von Franz Schubert«.

Nr. 15. Pianofortestück in Cdur.

Vorlage: Das Autograph im Besitze von Nicolaus Dumba in Wien.
Bemerkung: Das Aussehen des Autographs lässt vermuthen, dass ein Theil desselben verloren gegangen ist; doch zeigt es deutlich, dass Schubert das Stück unvollendet gelassen hat.

Nr. 16. Allegretto in Cmoll.

Nr. 17. Allegretto in Cdur.

Nr. 18. Allegro moderato in Cdur.

Vorlagen: Die Autographe im Besitze von Nicolaus Dumba aus Wien.
Bemerkung: Diese drei Stücke hat Schubert unvollendet gelassen.

Nr. 19. Andantino in Cdur.

Vorlage: Das Autograph im Besitze von Nicolaus Dumba in Wien.
Bemerkung: Schubert schrieb dieses Stück auf die Rückseiten zweier Blätter, die die Menuette 20 und 19 der in Ser. XII Nr. 30 veröffentlichten zwanzig Menuette enthielten. Diese Menuette stehen auf losen Blättern und einige davon — darunter gewiss auch dasjenige, das den Schluss des Andantino enthielt — sind verloren gegangen.

Nr. 20. Allegro und Scherzo.

Vorlage: Das Autograph im Besitze von Nicolaus Dumba in Wien.
Bemerkung: Das Allegro ist unvollendet geblieben.

Nr. 21. Adagio in Cdur.

Vorlage: Das Autograph im Besitze von Nicolaus Dumba in Wien.

Bemerkungen: Das Autograph dieses Stückes beginnt auf der Rückseite eines Blattes, das zu den bei **Nr. 19** erwähnten Menuetten gehört und wird auf einem besonderen Blatte fortgesetzt. Allem Anschein nach ist es auf einem dritten Blatte zu Ende geführt worden. Diesem Adagio ging ein E dur-Satz voran, von dem sich im Autograph nur folgende Schlusstakte erhalten haben.

Nr. 22. Adagio in Gdur.

Vorlage: Das Autograph im Besitze von Nicolaus Dumba in Wien.

Bemerkung: Die zweite Fassung dieses Stückes hat sich nicht vollständig erhalten; es scheint aber, dass Schubert sie zu Ende geführt hat.

Nr. 23. Zwölf Wiener Deutsche.

Nr. 24. Menuett in Adur.

Nr. 25. Menuett in Edur.

Nr. 26. Menuett in Ddur.

Nr. 27. Menuett in Cismoll.

Nr. 28. Zwei Menuette.

Vorlagen: Die Autographe im Besitze von Nicolaus Dumba in Wien.

Nr. 29. Acht Ecossaisen.

Vorlage: Das Autograph im Besitze von Graf Victor Wimpffen in Kainberg bei Graz.

Nr. 30. Drei Ecossaisen.

Vorlage: Das Autograph im Besitze von Baron Spaun in Wien.

Bemerkungen: Die Vorlage, mit dem Datum »Februar 1817«, enthält acht Ecossaisen, fünf davon, und zwar die Nr. 1, 2, 3, 6 und 8 sind in Ser. XII, Seite 100 und 101 bereits nach anderen Vorlagen veröffentlicht. Die drei übrig gebliebenen sind in der Vorlage die Nr. 4, 5 und 7. Zur letzten dieser acht Ecossaisen, Ser. XII, Seite 101, Nr. 5 bemerkt Schubert selbst: »Nach einem Volkslied.«

Nr. 31. Albumblatt.

Vorlage: Eine alte Abschrift aus dem im Archiv der Gesellschaft der Musikfreunde in Wien befindlichen Nachlasse von Dr. Ludwig Ritter v. Köchel.

Nr. 32. Tantum ergo.

Nr. 33. Offertorium.

Vorlagen: Die ersten Ausgaben. Sie erschienen 1890 bei C. F. Peters in Leipzig unter dem Titel: »Zwei Chöre aus Schuberts Nachlass (bisher ungedruckt) .... revidirt und herausgegeben von Max Friedländer«. Verlagsnummer 7380 und 7381.

Bemerkung: Jede der Vorlagen ist mit einem Vorworte des Herausgebers versehen, in dem über die als Quellen benutzten Abschriften Ferdinand Schubert's ausführlich Bericht erstattet wird.

Nr. 34. Gesang der Geister über den Wassern.

Vorlage: Das Autograph im Besitze von Gräfin Amadei in Wien.

Nr. 35. Fischerlied.

Vorlage: Das Autograph im Besitze von A. Cranz in Wien.

Nr. 36. Frühlingslied.

Vorlage: Zu 36 a: Das Autograph im Besitze von Dr. Richard Kerry in Wien. Zu 36 b: Eine nach dem Autograph gemachte Abschrift im Besitze von Prof. R. Weinwurm in Wien.

Nr. 37—43. Terzette.

Vorlage: Ausgeschriebene Stimmen in dem im Archiv der Gesellschaft der Musikfreunde in Wien befindlichen Nachlasse von Dr. Ludwig Ritter v. Köchel.

Bemerkung: Die Vorlage enthält zehn Terzette. Drei davon sind nach anderen Vorlagen bereits in Serie XIX Nr. 9, 11 und 14 veröffentlicht.

Nr. 44. Die Schlacht.

Vorlage: Das Autograph im Besitze von Nicolaus Dumba in Wien.

Bemerkung: Der gross gedruckte Text steht im Autograph; der klein gedruckte wurde, weil über seine Verwendung nirgends Zweifel aufkommen konnten, zum Zwecke leichteren Verständnisses hinzugefügt.

CONCORDANCE OF COMPOSITION NUMBERS
AND DEUTSCH CATALOGUE NUMBERS

F.S.	Breitkopf & Härtel Complete Works SERIES	NO.	DOVER VOL.	Deutsch THEMATIC CATALOGUE		F.S.	Breitkopf & Härtel Complete Works SERIES	NO.	DOVER VOL.	Deutsch THEMATIC CATALOGUE
1	I	1	1	82		51	VII	4	3	929
2	I	2	1	125		52	VII	5	3	897
3	I	3	1	200						
4	I	4	1	417		53	VIII	1	3	895
5	I	5	1	485		54	VIII	2	3	384
6	I	6	1	589		55	VIII	3	3	385
7	I	7	1	944		56	VIII	4	3	408
8	I	8	1	759		57	VIII	5	3	934
						58	VIII	6	3	574
9	II	1	1	4		59	VIII	7	3	802
10	II	2	1	26		60	VIII	8	3	821
11	II	3	1	470						
12	II	4	1	556		61	IX	1	4	602
13	II	5	1	590		62	IX	2	4	819
14	II	6	1	591		63	IX	3	4	733
15	II	7	1	648		64	IX	4	4	859
16	II	8	1	89		65	IX	5	4	885
17	II	9	1	90		66	IX	6	4	886
18	II	10	1	86		67	IX	7	4	928
						68	IX	8	4	675
19	III	1	2	803		69	IX	9	4	597
20	III	2	2	72		70	IX	10	4	592
21	III	3	2	79		71	IX	11	4	617
						72	IX	12	4	812
22	IV	—	2	956		73	IX	13	4	951
						74	IX	14	4	608
23	V	1	2	18		75	IX	15	4	624
24	V	2	2	32		76	IX	16	4	813
25	V	3	2	36		77	IX	17	4	908
26	V	4	2	46		78	IX	18	4	603
27	V	5	2	68		79	IX	19	4	818
28	V	6	2	74		80	IX	20	4	823
29	V	7	2	94		81	IX	21	4	823
30	V	8	2	112		82	IX	22	4	823
31	V	9	2	173		83	IX	23	4	947
32	V	10	2	87		84	IX	24	4	940
33	V	11	2	353		85	IX	25	4	824
34	V	12	2	703		86	IX	26	4	599
35	V	13	2	804		87	IX	27	4	814
36	V	14	2	810		88	IX	28	4	952
37	V	15	2	887		89	IX	29	4	968
						90	IX	30	4	1
38	VI	—	2	471		91	IX	31	4	9
						92	IX	32	4	48
48	VII	1	3	667		93	X	1	5	157
49	VII	2	3	487		94	X	2	5	279
50	VII	3	3	898		95	X	3	5	557

Breitkopf & Härtel Complete Works				Deutsch	Breitkopf & Härtel Complete Works				Deutsch
F.S.	SERIES	NO.	DOVER VOL.	THEMATIC CATALOGUE	F.S.	SERIES	NO.	DOVER VOL.	THEMATIC CATALOGUE
96	X	4	5	566	150b	XII	29	5	158
97	X	5	5	575	150c	XII	30	5	41
98	X	6	5	537	150d	XII	31	5	610
99	X	7	5	568	150e	XII	—	5	—
100	X	8	5	784					
101	X	9	5	845	151	XIII	1	6	105 (185)
102	X	10	5	664	152	XIII	2	6	167
103	X	11	5	850	153	XIII	3	6	324
104	X	12	5	894	154	XIII	4	6	452 (961)
105	X	13	5	958	155	XIII	5	6	678
106	X	14	5	959	156	XIII	6	6	950
107	X	15	5	960	157	XIII	7	6	872
108	XI	1	5	760	158	XIV	1	6	136
109	XI	2	5	899	159	XIV	2	6	223
110	XI	3	5	935	160	XIV	3	6	676
111	XI	4	5	780	161	XIV	4	6	181
112	XI	5	5	505, 506	162	XIV	5	6	184
113	XI	6	5	156	163	XIV	6	6	739
114	XI	7	5	576	164	XIV	7	6	460
115	XI	8	5	718	165	XIV	8	6	750
116	XI	9	5	29	166	XIV	9	6	106
117	XI	10	5	604	167	XIV	10	6	488
118	XI	11	5	612	168	XIV	11	6	486
119	XI	12	5	915	169	XIV	12	6	175
120	XI	13	5	946	170	XIV	13	6	383
121	XI	14	5	459	171	XIV	14	6	31
122	XI	15	5	593	172	XIV	15	6	49
123	XI	16	5	606	173	XIV	16	6	66
					174	XIV	17	6	379
124	XII	1	5	365	175	XIV	18	6	696
125	XII	2	5	145	176	XIV	19	6	811
126	XII	3	5	783	177	XIV	20	6	386
127	XII	4	5	779	178	XIV	21	6	45
128	XII	5	5	734	179	XIV	22	6	962
129	XII	6	5	969					
130	XII	7	5	924	180	XV	1	7	84
131	XII	8	5	146 (135)	181	XV	2	7	190
132	XII	9	5	790	182	XV	3	7	220
133	XII	10	5	366	183	XV	4	7	326
134	XII	11	5	420 (529)	184	XV	5	8	647
135	XII	12	5	378	185	XV	6	8	787
136	XII	13	5	970	186	XV	7	8	644
137	XII	14	5	971	187	XV	8	9	797 (732)
138	XII	15	5	972	188	XV	9	9	732
139	XII	16	5	973	189	XV	10	10	796
140	XII	17	5	974	190	XV	11	11	239
141	XII	18	5	769	191	XV	12	11	11
142	XII	19	5	722	192	XV	13	11	435
143	XII	20	5	975	193	XV	14	11	137
144	XII	21	5	643	194	XV	15	11	723
145	XII	22	5	976					
146	XII	23	5	735	195	XVI	1	12	913
147	XII	24	5	925	196	XVI	2	12	964
148	XII	25	5	781	197	XVI	3	12	714
149	XII	26	5	977	198	XVI	4	12	641
150	XII	27	5	421	199	XVI	5	12	724
150a	XII	28	5	697	200	XVI	6	12	747

Concordance of Composition Numbers

Breitkopf & Härtel Complete Works				Deutsch	Breitkopf & Härtel Complete Works				Deutsch
F.S.	SERIES	NO.	DOVER VOL.	THEMATIC CATALOGUE	F.S.	SERIES	NO.	DOVER VOL.	THEMATIC CATALOGUE
201	XVI	7	12	740	258	XVII	18	12	440
202	XVI	8	12	422	259	XVII	19	12	953
203	XVI	9	12	809					
204	XVI	10	12	835	260	XVIII	1	12	836
205	XVI	11	12	903	261	XVIII	2	12	706
206	XVI	12	12	865	262	XVIII	3	12	757
207	XVI	13	12	892	263	XVIII	4	12	921
208	XVI	14	12	920	264	XVIII	5	12	269
209	XVI	15	12	710	265	XVIII	6	12	140
210	XVI	16	12	75					
211	XVI	17	12	267	266	XIX	1	12	37
212	XVI	18	12	268	267	XIX	2	12	930
213	XVI	19	12	513	268	XIX	3	12	666
214	XVI	20	12	983	269	XIX	4	12	80
215	XVI	21	12	983	270	XIX	5	12	441
216	XVI	22	12	983	271	XIX	6	12	236
217	XVI	23	12	983	272	XIX	7	12	277
218	XVI	24	12	825	273	XIX	8	12	148
219	XVI	25	12	825	274	XIX	9	12	53
220	XVI	26	12	825	275	XIX	10	12	58
221	XVI	27	12	875	276	XIX	11	12	60
222	XVI	28	12	912	277	XIX	12	12	55
223	XVI	29	12	847	278	XIX	13	12	63
224	XVI	30	12	848	279	XIX	14	12	71
225	XVI	31	12	709	280	XIX	15	12	147
226	XVI	32	12	494	281	XIX	16	12	129
227	XVI	33	12	538	282	XIX	17	12	427
228	XVI	34	12	572	283	XIX	18	12	242
229	XVI	35	12	656	284	XIX	19	12	243
230	XVI	36	12	657	285	XIX	20	12	38
231	XVI	37	12	901	286	XIX	21	12	88
232	XVI	38	12	331	287	XIX	22	12	54
233	XVI	39	12	337	288	XIX	23	12	69
234	XVI	40	12	338	289	XIX	24	12	357
235	XVI	41	12	893	290	XIX	25	12	130
236	XVI	42	12	948	291	XIX	26	12	988
237	XVI	43	12	110	292	XIX	27a	12	244
238	XVI	44	12	407	293	XIX	27b	12	244
239	XVI	45	12	704	294	XIX	28a	12	131
240	XVI	46	12	598	295	XIX	28b	12	131
					296	XIX	29	12	56
241	XVII	1	12	689	297	XIX	30	12	199
242	XVII	2	12	472	298	XIX	31	12	202
243	XVII	3	12	748	299	XIX	32	12	203
244	XVII	4	12	294	300	XIX	33	12	204
245	XVII	5	12	954	301	XIX	34	12	205
246	XVII	6	12	985	302	XIX	35	12	65
247	XVII	7	12	986	303	XIX	36	12	619
248	XVII	8	12	232					
249	XVII	9	12	942	304	XX	1	13	5
250	XVII	10	12	815	305	XX	2	13	6
251	XVII	11	12	763	306	XX	3	13	7
252	XVII	12	12	439	307	XX	4	13	10
253	XVII	13	12	609	308	XX	5	13	30
254	XVII	14	12	826	309	XX	6	13	23
255	XVII	15	12	936	310	XX	7	13	44
256	XVII	16	12	168	311	XX	8	13	50
257	XVII	17	12	987	312	XX	9	13	52

Breitkopf & Härtel Complete Works				Deutsch	Breitkopf & Härtel Complete Works				Deutsch
F.S.	SERIES	NO.	DOVER VOL.	THEMATIC CATALOGUE	F.S.	SERIES	NO.	DOVER VOL.	THEMATIC CATALOGUE
313	XX	10	13	59	371	XX	60	13	180
314	XX	11	13	73	372	XX	61	13	182
315	XX	12a	13	77	373	XX	62	13	183
316	XX	12b	13	111	374	XX	63	13	187
317	XX	13	13	93	375	XX	64	13	188
318	XX	14	13	93	376	XX	65	13	186
319	XX	15	13	93	377	XX	66	13	189
320	XX	16	13	99	378	XX	67a	13	191
321	XX	17	13	100	379	XX	67b	13	191
322	XX	18	13	101	380	XX	68	13	192
323	XX	19	13	97	381	XX	69	13	193
324	XX	20	13	102	382	XX	70	13	194
325	XX	21	13	107	383	XX	71	13	195
326	XX	22	13	108	384	XX	72	13	196
327	XX	23	13	109	385	XX	73	13	197
328	XX	24	13	98	386	XX	74	13	198
329	XX	25	13	95	387	XX	75	13	206
330	XX	26a	13	113	388	XX	76	13	207
331	XX	26b	13	113	389	XX	77	13	208, 212
332	XX	26c	13	113	390	XX	78	13	210
333	XX	27	13	114	391	XX	79	13	211
334	XX	28	13	115	392	XX	80	13	213
335	XX	29	13	116	393	XX	81	13	214
336	XX	30	13	117	394	XX	82	13	216
337	XX	31	13	118	395	XX	83	13	217
338	XX	32	13	119	396	XX	84	13	218
339	XX	33	13	120	397	XX	85	13	219
340	XX	34a	13	121	398	XX	86	13	222
341	XX	34b	13	121	399	XX	87	13	224
342	XX	35	13	123	400	XX	88	13	225
343	XX	36	13	124	401	XX	89	13	226
344	XX	37a	13	126	402	XX	90	13	227
345	XX	37b	13	126	403	XX	91	13	228
346	XX	38	13	122	404	XX	92	13	229
347	XX	39	13	151	405	XX	93	13	230
348	XX	40	13	152	406	XX	94	13	231
349	XX	41	13	153	407	XX	95	13	221
350	XX	42	13	155	408	XX	96	13	233
351	XX	43	13	141	409	XX	97	13	234
352	XX	44	13	150	410	XX	98	13	209
353	XX	45a	13	149	411	XX	99	13	134
354	XX	45b	13	149	412	XX	100	13	235
355	XX	46	13	159	413	XX	101	13	237
356	XX	47	13	160	414	XX	102	13	238
357	XX	48a	13	161	415	XX	103	13	240
358	XX	48b	13	161	416	XX	104	13	241
359	XX	49a	13	162	417	XX	105	14	250
360	XX	49b	13	162	418	XX	106	14	251
361	XX	50	13	163	419	XX	107a	14	245
362	XX	51	13	165	420	XX	107b	14	587
363	XX	52	13	166	421	XX	108	14	252
364	XX	53	13	169	422	XX	109	14	246
365	XX	54	13	170	423	XX	110	14	253
366	XX	55	13	171	424	XX	111	14	254
367	XX	56	13	174	425	XX	112	14	255
368	XX	57	13	176	426	XX	113	14	256
369	XX	58	13	177	427	XX	114	14	257
370	XX	59	13	179	428	XX	115	14	258

Breitkopf & Härtel Complete Works				Deutsch	Breitkopf & Härtel Complete Works				Deutsch
F.S.	SERIES	NO.	DOVER VOL.	THEMATIC CATALOGUE	F.S.	SERIES	NO.	DOVER VOL.	THEMATIC CATALOGUE
429	XX	116	14	259	487	XX	165	14	318
430	XX	117	14	260	488	XX	166	14	319
431	XX	118	14	261	489	XX	167	14	320
432	XX	119	14	247	490	XX	168	14	321
433	XX	120	14	558	491	XX	169	14	322
434	XX	121	14	559	492	XX	170	14	298
435	XX	122	14	560	493	XX	171	14	297
436	XX	123	14	263	494	XX	172	14	323
437	XX	124	14	264	495	XX	173	14	325
438	XX	125	14	265	496	XX	174a	14	142
439	XX	126	14	266	497	XX	174b	14	142
440	XX	127	14	270	498	XX	174c	14	142
441	XX	128	14	271	499	XX	174d	14	142
442	XX	129	14	272	500	XX	175a	14	295
443	XX	130	14	273	501	XX	175b	14	295
444	XX	131	14	274	502	XX	176	14	296
445	XX	132	14	275	503	XX	177	14	138
446	XX	133	14	276	504	XX	178a	14	328
447	XX	134	14	262	505	XX	178b	14	328
448	XX	135	14	248	506	XX	178c	14	328
449	XX	136	14	283	507	XX	178d	14	328
450	XX	137	14	284	508	XX	179	14	633
451	XX	138a	14	285	509	XX	180	14	634
452	XX	138b	14	285	510	XX	181	14	143
453	XX	139	14	280	511	XX	182	14	330
454	XX	140a	14	286	512	XX	183	14	372
455	XX	140b	14	286	513	XX	184	14	373
456	XX	141a	14	287	514	XX	185a	14	292
457	XX	141b	14	287	515	XX	185b	14	371
458	XX	142	14	288	516	XX	186	14	377
459	XX	143a	14	289	517	XX	187	14	375
460	XX	143b	14	289	518	XX	188	14	282
461	XX	144	14	290	519	XX	189	14	381
462	XX	145a	14	291	520	XX	190	14	382
463	XX	145b	14	291	521	XX	191	14	397
464	XX	145c	14	291	522	XX	192	14	402
465	XX	146	14	293	523	XX	193a	14	388
466	XX	147	14	278	524	XX	193b	14	388
467	XX	148	14	281	525	XX	194	14	389
468	XX	149	14	301	526	XX	195	14	390
469	XX	150	14	302	527	XX	196	14	391
470	XX	151	14	303	528	XX	197	14	392
471	XX	152	14	304	529	XX	198	14	393
472	XX	153	14	305	530	XX	199	14	394
473	XX	154	14	306	531	XX	200	14	404
474	XX	155	14	307	532	XX	201a	14	403
475	XX	156	14	308	533	XX	201b	14	403
476	XX	157	14	309	534	XX	202	14	405
477	XX	158a	14	310	535	XX	203	14	350
478	XX	158b	14	310	536	XX	204	14	351
479	XX	159a	14	312	537	XX	205	14	395
480	XX	159b	14	312	538	XX	206	14	409
481	XX	160	14	313	539	XX	207	14	410
482	XX	161	14	314	540	XX	208	14	406
483	XX	162	14	315	541	XX	209	14	411
484	XX	163a	14	316	542	XX	210	14	412
485	XX	163b	14	316	543	XX	211	14	413
486	XX	164	14	317	544	XX	212	14	414

Breitkopf & Härtel Complete Works				Deutsch	Breitkopf & Härtel Complete Works				Deutsch
F.S.	SERIES	NO.	DOVER VOL.	THEMATIC CATALOGUE	F.S.	SERIES	NO.	DOVER VOL.	THEMATIC CATALOGUE
545	XX	213	14	415	603	XX	265	14	483
546	XX	214	14	418	604	XX	266a	14	489
547	XX	215	14	419	605	XX	266b	14	493
548	XX	216	14	436	606	XX	267	14	490
549	XX	217	14	398	607	XX	268	14	360
550	XX	218	14	399	608	XX	269	14	491
551	XX	219	14	400	609	XX	270	14	492
552	XX	220	14	401	610	XX	271	14	495
553	XX	221	14	429	611	XX	272	14	361
554	XX	222	14	430	612	XX	273	14	530
555	XX	223	14	431	613	XX	274	14	496
556	XX	224a	14	432	614	XX	275	14	504
557	XX	224b	14	432	615	XX	276	14	497
558	XX	225	14	433	616	XX	277	14	498
559	XX	226	14	434	617	XX	278	14	499
560	XX	227	14	442	618	XX	279	14	500
561	XX	228	14	443	619	XX	280	14	362
562	XX	229	14	444	620	XX	281	14	501
563	XX	230	14	445	621	XX	282	14	502
564	XX	231	14	446	622	XX	283	14	507
565	XX	232	14	447	623	XX	284	14	508
566	XX	233	14	448	624	XX	285	14	509
567	XX	234	14	449	625	XX	286	14	352
568	XX	235	14	358	626	XX	287	14	904
569	XX	236a	14	450	627	XX	288	14	905
570	XX	236b	14	450	628	XX	289	15	520
571	XX	237	14	457	629	XX	290	15	521
572	XX	238	14	342	630	XX	291	15	522
573	XX	239	14	454	631	XX	292	15	523
574	XX	240	14	455	632	XX	293	15	517
575	XX	241	14	456	633	XX	294	15	711
576	XX	242	14	458	634	XX	295a	15	524
577	XX	243	14	468	635	XX	295b	15	524
578	XX	244	14	462	636	XX	296	15	525
579	XX	245	14	463	637	XX	297	15	526
580	XX	246	14	464	638	XX	298	15	527
581	XX	247	14	465	639	XX	299	15	519
582	XX	248	14	466	640	XX	300	15	514
583	XX	249a	14	473	641	XX	301	15	515
584	XX	249b	14	473	642	XX	302	15	531
585	XX	250a	14	474	643	XX	303	15	532
586	XX	250b	14	474	644	XX	304	15	533
587	XX	251	14	475	645	XX	305	15	534
588	XX	252	14	476	646	XX	306	15	539
589	XX	253	14	477	647	XX	307	15	540
590	XX	254a	14	478	648	XX	308	15	541
591	XX	255a	14	479	649	XX	309	15	542
592	XX	256	14	480	650	XX	310a	15	543
593	XX	257	14	480	651	XX	310b	15	543
594	XX	254b	14	478	652	XX	311	15	544
595	XX	258	14	480	653	XX	312a	15	545
596	XX	255b	14	479	654	XX	312b	15	545
597	XX	259	14	481	655	XX	313	15	546
598	XX	260	14	359	656	XX	314a	15	547
599	XX	261	14	367	657	XX	314b	15	547
600	XX	262	14	368	658	XX	315	15	551
601	XX	263	14	369	659	XX	316	15	552
602	XX	264	14	482	660	XX	317	15	553

Concordance of Composition Numbers

F.S.	SERIES	NO.	DOVER VOL.	THEMATIC CATALOGUE	F.S.	SERIES	NO.	DOVER VOL.	THEMATIC CATALOGUE
	Breitkopf & Härtel Complete Works			*Deutsch*		*Breitkopf & Härtel Complete Works*			*Deutsch*
661	XX	318	15	536	719	XX	370	15	674
662	XX	319	15	554	720	XX	371a	15	677
663	XX	320	15	561	721	XX	371b	15	677
664	XX	321	15	562	722	XX	372	15	687
665	XX	322	15	563	723	XX	373	15	691
666	XX	323	15	569	724	XX	374	15	692
667	XX	324	15	565	725	XX	375	15	693
668	XX	325	15	573	726	XX	376	15	690
669	XX	326	15	518	727	XX	377	15	694
670	XX	327a	15	550	728	XX	378	15	684
671	XX	327b	15	550	729	XX	379	15	685
672	XX	327c	15	550	730	XX	380a	15	686
673	XX	327d	15	550	731	XX	380b	15	686
674	XX	328	15	583	732	XX	381	15	698
675	XX	329	15	584	733	XX	382	15	548
676	XX	330	15	585	734	XX	383	15	699
677	XX	331	15	586	735	XX	384	15	700
678	XX	332	15	588	736	XX	385	15	702
679	XX	333	15	594	737	XX	386	15	516
680	XX	334a	15	595	738	XX	387a	15	707
681	XX	334b	15	595	739	XX	387b	15	707
682	XX	335	15	579	740	XX	388	15	708
683	XX	336	15	611	741	XX	389	15	712
684	XX	337	15	614	742	XX	390a	15	713
685	XX	338	15	616	743	XX	390b	15	713
686	XX	339	15	620	744	XX	391	15	715
687	XX	340	15	622	745	XX	392	15	719
688	XX	341	15	623	746	XX	393	15	716
689	XX	342	15	343	747	XX	394	15	726
690	XX	343	15	626	748	XX	395	15	727, 469
691	XX	344	15	627	749	XX	396	15	720
692	XX	345	15	628	750	XX	397	15	717
693	XX	346	15	629	751	XX	398	15	300
694	XX	347	15	630	752	XX	399	15	731
695	XX	348	15	631	753	XX	400	15	741
696	XX	349	15	632	754	XX	401	16	742
697	XX	350	15	646	755	XX	402	16	736
698	XX	351	15	649	756	XX	403	16	752
699	XX	352	15	650	757	XX	404	16	753
700	XX	353	15	651	758	XX	405	16	754
701	XX	354	15	652	759	XX	406	16	743
702	XX	355	15	653	760	XX	407	16	744
703	XX	356	15	654	761	XX	408a	16	745
704	XX	357a	15	636	762	XX	408b	16	745
705	XX	357b	15	636	763	XX	409a	16	756
706	XX	358	15	637	764	XX	409b	16	756
707	XX	359a	15	638	765	XX	410	16	751
708	XX	359b	15	638	766	XX	411	16	758
709	XX	360	15	659	767	XX	412a&b	16	761
710	XX	361	15	660	768	XX	413	16	762
711	XX	362	15	661	769	XX	414	16	737
712	XX	363	15	662	770	XX	415	16	738
713	XX	364	15	658	771	XX	416a	16	764
714	XX	365	15	669	772	XX	416b	16	764
715	XX	366	15	670	773	XX	417	16	765
716	XX	367	15	671	774	XX	418	16	766
717	XX	368	15	672	775	XX	419a	16	767
718	XX	369	15	673	776	XX	419b	16	767

Breitkopf & Härtel Complete Works				Deutsch	Breitkopf & Härtel Complete Works				Deutsch
F.S.	SERIES	NO.	DOVER VOL.	THEMATIC CATALOGUE	F.S.	SERIES	NO.	DOVER VOL.	THEMATIC CATALOGUE
777	XX	420	16	768	835	XX	476	16	834
778	XX	421	16	785	836	XX	477	16	853
779	XX	422	16	746	837	XX	478a	16	851
780	XX	423	16	786	838	XX	478b	16	851
781	XX	424	16	770	839	XX	479	16	852
782	XX	425	16	771	840	XX	480	16	854
783	XX	426	16	772	841	XX	481	16	855
784	XX	427	16	788	842	XX	482	16	856
785	XX	428	16	774	843	XX	483	16	857
786	XX	429	16	789	844	XX	484	16	857
787	XX	430	16	792	845	XX	485	16	860
788	XX	431	16	793	846	XX	486	16	861
789	XX	432	16	794	847	XX	487	16	876
790	XX	433	16	795	848	XX	488	16	877
791	XX	434	16	795	849	XX	489	16	877
792	XX	435	16	795	850	XX	490	16	877
793	XX	436	16	795	851	XX	491	16	877
794	XX	437	16	795	852	XX	492	16	878
795	XX	438	16	795	853	XX	493	16	879
796	XX	439	16	795	854	XX	494	16	880
797	XX	440	16	795	855	XX	495a	16	881
798	XX	441	16	795	856	XX	495b	16	881
799	XX	442	16	795	857	XX	496	16	869
800	XX	443	16	795	858	XX	497	16	882
801	XX	444	16	795	859	XX	498	16	883
802	XX	445	16	795	860	XX	499	16	862
803	XX	446	16	795	861	XX	500	16	884
804	XX	447	16	795	862	XX	501	16	907
805	XX	448	16	795	863	XX	502	16	888
806	XX	449	16	795	864	XX	503	16	889
807	XX	450	16	795	865	XX	504	16	890
808	XX	451	16	795	866	XX	505	16	891
809	XX	452	16	795	867	XX	506	16	870
810	XX	453	16	775	868	XX	507	16	871
811	XX	454	16	776	869	XX	508	16	866
812	XX	455	16	777	870	XX	509	16	866
813	XX	456	16	778	871	XX	510	16	866
814	XX	457	16	801	872	XX	511	16	866
815	XX	458	16	805	873	XX	512	16	867
816	XX	459	16	806	874	XX	513	16	868
817	XX	460	16	807	875	XX	514	16	906
818	XX	461	16	808	876	XX	515	16	909
819	XX	462	16	955	877	XX	516	16	910
820	XX	463	16	799	878	XX	517	17	911
821	XX	464	16	822	879	XX	518	17	911
822	XX	465a	16	800	880	XX	519	17	911
823	XX	465b	16	800	881	XX	520	17	911
824	XX	466	16	832	882	XX	521	17	911
825	XX	467	16	842	883	XX	522	17	911
826	XX	468a	16	833	884	XX	523	17	911
827	XX	468b	16	833	885	XX	524	17	911
828	XX	469	16	828	886	XX	525	17	911
829	XX	470	16	827	887	XX	526a	17	911
830	XX	471	16	837	888	XX	526b	17	911
831	XX	472	16	838	889	XX	527	17	911
832	XX	473	16	846	890	XX	528a	17	911
833	XX	474	16	839	891	XX	528b	17	911
834	XX	475	16	843	892	XX	529	17	911

Concordance of Composition Numbers

F.S.	SERIES	NO.	DOVER VOL.	THEMATIC CATALOGUE	F.S.	SERIES	NO.	DOVER VOL.	THEMATIC CATALOGUE
893	XX	530	17	911	951	XX	585	17	535
894	XX	531	17	911	952	XX	586	17	578
895	XX	532	17	911	953	XX	587	17	695
896	XX	533	17	911	954	XX	588	17	749
897	XX	534	17	911	955	XX	589	17	945
898	XX	535	17	911	956	XX	590a&b	17	15
899	XX	536	17	911	957	XX	591	17	329
900	XX	537	17	911	958	XX	592	17	376
901	XX	538	17	911	959	XX	593	17	467
902	XX	539	17	911	960	XX	594	17	484
903	XX	540a	17	911	961	XX	595	17	549
904	XX	540b	17	911	962	XX	596	17	564
905	XX	541	17	830	963	XX	597a&b	17	577
906	XX	542	17	831	964	XX	598	17	596
907	XX	543	17	917	965	XX	599	17	682
908	XX	544a	17	922	966	XX	600	17	721
909	XX	544b	17	922	967	XX	601	17	728
910	XX	545a	17	923	968	XX	602	17	937
911	XX	545b	17	923	969	XX	603	17	829
912	XX	546	17	926					
913	XX	547	17	927	970	XXI	1	18	11
914	XX	548	17	931	971	XXI	2	18	12
915	XX	549	17	932	972	XXI	3	18	345
916	XX	550	17	933	973	XXI	4	18	438
917	XX	551	17	938	974	XXI	5	18	581
918	XX	552	17	939	975	XXI	6	18	668
919	XX	553	17	949	976	XXI	7	18	798
920	XX	554	17	957	977	XXI	8	18	154
921	XX	555	17	957	978	XXI	9	18	567
922	XX	556	17	957	979	XXI	10	18	571
923	XX	557	17	957	980	XXI	11	18	613
924	XX	558	17	957	981	XXI	12	18	625
925	XX	559	17	957	982	XXI	13	18	655
926	XX	560	17	957	983	XXI	14	18	840
927	XX	561	17	957	984	XXI	15	18	605
928	XX	562	17	957	985	XXI	16	18	900
929	XX	563	17	957	986	XXI	17	18	346
930	XX	564	17	957	987	XXI	18	18	347
931	XX	565	17	957	988	XXI	19	18	348
932	XX	566	17	957	989	XXI	20	18	570
933	XX	567	17	957	990	XXI	21	18	349
934	XX	568	17	943	991	XXI	22	18	178
935	XX	569	17	965	992	XXI	23	18	128
936	XX	570	17	42	993	XXI	24	18	334
937	XX	571	17	76	994	XXI	25	18	335
938	XX	572	17	78	995	XXI	26	18	336
939	XX	573	17	510	996	XXI	27	18	600
940	XX	574	17	528	997	XXI	28	18	380
941	XX	575	17	688	998	XXI	29	18	299
942	XX	576	17	688	999	XXI	30	18	529
943	XX	577	17	688	1000	XXI	31	18	844
944	XX	578	17	688	1001	XXI	32	18	962
945	XX	579	17	902	1002	XXI	33	18	963
946	XX	580	17	902	1003	XXI	34	18	705
947	XX	581	17	902	1004	XXI	35	18	364
948	XX	582	17	83	1005	XXI	36a	18	914
949	XX	583	17	81	1006	XXI	36b	18	919
950	XX	584	17	104	1007	XXI	37	18	51

Breitkopf & Härtel Complete Works				Deutsch	Breitkopf & Härtel Complete Works				Deutsch
F.S.	SERIES	NO.	DOVER VOL.	THEMATIC CATALOGUE	F.S.	SERIES	NO.	DOVER VOL.	THEMATIC CATALOGUE
1008	XXI	38	18	57	1012	XXI	42	18	67
1009	XXI	39	18	61	1013	XXI	43	18	43
1010	XXI	40	18	62	1014	XXI	44	18	387
1011	XXI	41	18	64					